人即媒体

2050年传媒大预测

杜积西　严小芳◎编著

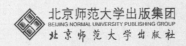

北京师范大学出版集团
BEIJING NORMAL UNIVERSITY PUBLISHING GROUP
北京师范大学出版社

图书在版编目(CIP)数据

人即媒体:2050年传媒大预测/杜积西,严小芳编著. —北京:北京师范大学出版社,2016.4

ISBN 978－7－303－18480－4

Ⅰ.①人… Ⅱ.①杜… ②严… Ⅲ.①传播媒介—研究 Ⅳ.①G206.2

中国版本图书馆 CIP 数据核字(2016)第 028033 号

营 销 中 心 电 话　010-58805072　58807651
北师大出版社社学术著作与大众读物分社　http://xueda.bnup.com

REN JI MEI TI

出版发行:北京师范大学出版社 www.bnupg.com
　　　　　北京市海淀区新街口外大街 19 号
　　　　　邮政编码:100875
印　　刷:北京京师印务有限公司
经　　销:全国新华书店
开　　本:787 mm×1092 mm　1/16
印　　张:13
字　　数:240 千字
版　　次:2016 年 4 月第 1 版
印　　次:2016 年 4 月第 1 次印刷
定　　价:36.00 元

策划编辑:倪　花　　　　　责任编辑:薛　萌
美术编辑:袁　麟　　　　　装帧设计:卓义云天
责任校对:陈　民　　　　　责任印制:马　洁

媒介大变革的时代

大众传播媒介的变化从来没有如现在这样快速，这应该是大多数人的感觉。

实际上这已经不仅仅是感觉，而是一种融合进大众生活的事实，想无视它已经不可能。

在这样的环境中，回看媒介变化的轨迹是有意义的。15 世纪欧洲古登堡活字印刷技术的发明促进了印刷出版商的兴起，然而出版印刷发展必须以传播内容的生产为基础，于是出现了由专业群体主导的内容生产的机构，也就是媒体雏形。这种内容生产的运作形式在报纸、收音机、电视等媒介形态技术出现之后得以延续和强化，专业记者、编辑成为传媒领域的重要组成部分，并促进了整个社会信息的交流和传播。

循着这一轨迹，我们不难发现，20 世纪可以说是广播、电视、报纸和杂志等媒体发展的黄金时代。在这一时期这些媒体获得了快速的发展并带来巨额商业利润，媒体集团化、专业化、全球化发展成为一种趋势。但是，传播技术的革命性变化极大地主宰了这种轨迹的方向。自 20 世纪 90 年代以来的互联网浪潮影响之下，以广播、电视和纸质媒体为主的传统媒体发展遇到了越来越多的问题，只有那些及时改革和不断改革创新的媒体才得以生存和发展。广播这一听觉媒体开始成为小众化的边缘媒体，报纸则处于生死攸关的关键时期。美国是报业大国，创造了媒体发展上的诸多辉煌和奇迹，但一直处境堪忧。2008 年，拥有 161 年历史的美国第二大报业集团论坛报业集团申请破产保护；2009 年，有近 150 年历史的丹佛《洛杉矶新闻》因财政困难宣布停刊；2012 年年底，有近 80 年历史的美国知名新闻类周刊《新闻周刊》停止发行印刷版，并全面转向数字版。这些迹象足以表明，传统媒体已经远离发展的黄金时代，在新媒体的冲击下走向被淘汰或转型的道路。

事实上，"传统媒体"和"新媒体"这样的表述在不长的时间内可能也不会再是一种意义鲜明的概念。我们可以这样假设，在未来几年传统媒体将被完全卷入数字化大浪中，它们的媒介资源成为新媒体传播内容的来源之一，曾经由其主导的传媒形态和链条会被逆转，而新媒体也不再是过去所认识的互联网的狭义指示，而是包含了电视、杂志、报纸、广播、户外之外的所有媒体形式。如果这一假设成为现实，那么大众传播媒介的形态和业态都会发生现在还难以想象的状况。

从互联网 1.0 时代的门户媒体到以微博为代表的社会化媒体在 21 世纪的头一个十年就展开了激烈的角逐，论坛、博客、社交网站、微博等新媒体形态和应用和我们的传统媒体一样，在制造奇迹的同时更新换代。媒介的变革动摇了媒体的运作管理机制，重置了社会信息传播结构，影响着信息社会舆论生态和思想观念的生成。当我们今天在议论微博之时，难免会有一丝疑虑：说不定哪一天就会有另外一种新的媒介形态将微博替代了。

如果说各种新媒介的不断涌现体现了媒体不断裂变和分化的趋势，在内容传播上趋于自由和开放的管理，如微博信息的裂变式传播。那么，媒体的另外一个显著趋势即是不断趋于融合和相互渗透，这主要是基于信息处理技术和媒体传输技术的去边界化发展，如报纸、广播、电视和互联网所依赖的技术逐渐趋同。同时，在媒体融合的过程中又会有产生新媒介的可能。在媒体融合和裂变的两大发展趋势之中，传媒运营理念和内容制播模式相应有了新的特征和需求，时段和版面不再是媒体在时空上的黄金资源，"受众"转为"用户"，从"以内容为中心"转向"以用户为中心"，从 Web1.0 时期的单向传播转向 Web2.0 时代的互动传播。

在媒体发生深刻变革的同时，媒体的重要表现形态——屏幕也在日新月异。从帷幔、银幕、荧屏、计算机显示器到各种移动终端，从二维图像到三维图像，从纯观看界面到交互性界面，从固定显示到移动显示，从真实显示到虚拟显示，我们已经进入一个多屏的时代。屏幕基本决定着我们媒体内容的表现形式和传播体验，同时也细数着媒体变革的脚步。就阅读而言，我们已经从读纸时代走向了读图时代，也走到了读屏时代。过去拿着报纸看新闻，到通过电脑浏览新闻，如今已是通过手机看新闻了，或许不久的将来我们还能通过智能眼镜操作信息阅读。"世界是'屏'的"，也是本书作者对未来媒体形态非常合理的判断和设想。

中国媒介正处于大变革时代，整个传媒空间都发生了巨大的变化，媒体的生存、竞争和发展都值得我们媒体人永久地面对和探索。未来的媒体会发展到什么程度?新旧媒体在博弈中如何进化?当前热门的移动互联网能给未来媒体带来怎样的转变?社会化网络是否是媒体未来的必然方向?这些都是媒体人需要关注的课题。

无论是媒体从业人员、传媒教育者,还是媒体研究专家,甚至是传媒的学习者,面对媒介发展的大趋势,都要善于用未来眼光来看待媒体。因为只有关注媒体的兴衰存亡、善于学习运用各种新兴媒介、能够理性认识媒体的变革与发展,以及能把握媒体发展主要趋势,才是契合时代的需要,这样的媒体人也才能在传媒领域走得更远。

因此,从我个人的视角看,这本关于未来媒体畅想的书是具有时代价值的,它体现了作者在"用未来眼光看未来",无论是对未来的媒体形态、人们的生活方式,还是对未来人们的价值观、媒体观,作者的眼光都不仅仅局限于当前,而是在看方向和趋势。当然,对未来方向和趋势的看法和判断肯定有很多不准确、不合理和不成熟的内容,但是作者的想象力和创造力在字里行间得到了尽情地发挥,读来仿若置身 2050 年,正在驾驭未来媒体和享受未来空间。

期望这本书能够为读者带来新的信息、新的观点、新的判断,为新传播环境中的媒介发展和研究提供新的思想。

第十一届全国政协委员

新华社原副社长兼常务副总编辑

重庆大学新闻学院首任院长、名誉院长

序二
需要提前适应未来媒体

　　我和媒体的缘分可以追溯到我小时候。虽然出生于偏远的山区，但很小我就可以在家里乐此不疲地听一整天的广播，脑海里描绘着那个时代的媒体语言所传达的那个"山外世界"，那时候我已经树立了自己的新闻梦想。在上初中的时候，凭借自身在文学方面的优势我成为了万县诗刊学社的积极分子，和一些志同道合的朋友办起了自己的报纸。1994年进入西南师范大学后，我的梦想进一步实现，不仅做起了学校校报记者的"行当"，还进入《重庆青年报》等"真正"的媒体机构做起了校园记者。大学毕业后从事媒体工作也就显得理所应当了。1996年起，我开启了在《华西都市报》《重庆晚报》和《重庆商报》等报媒长达十年的新闻一线工作经历，历任记者、编辑、部门主任直至编委。在中国都市类媒体发展的鼎盛时期，我有幸成为其中的一名亲历者和见证者，这些经历让我最初的梦想生根、发芽、绽放。

　　多年的媒体经验不仅让我增长见识，开阔视野，还让我对新闻和媒体依托的媒介技术的变迁高度敏感。我深知，新闻的发展，媒体的转型，都离不开信息传播技术的背后助力，特别是在近十年日新月异的技术一遍遍刷新着媒体局势，而未来这种节奏可能会更迅捷。与此同时，我也看到，我们的传媒工作者及传媒教育工作都还没及时地跟上时代的这种召唤和需求，进而使得诸多传媒人才被技术所"奴役"，而不是有效地驾驭传播技术和引领时代潮流。因而，我想站在时代趋势和技术发展的角度来畅想媒体，不仅有利于让传媒教育迎头而上，更有助于让我们的传媒工作更具实效。对于我来讲，编写这本"未来媒体"之书主要基于以下一些具体的理由。

　　一方面，传媒人士需要对所处的时代和社会有一个基本的认知才能提高自身的社会适应能力和应变能力。当前，我们正处于科学技术和信息媒介快速更新换代的时代，社会环境纷繁多变，社会节奏日益加快。单纯掌握理论方法和技术能力并不能满足传媒人"大施拳脚"的渴望，善于接受并学习新生事物，积极应对各项挑战，这是时代赋予我们的新要求，写此书的过程可以强化这种认知。另一方面，传媒人需要脱离只会因循守旧的不良习惯，学会开拓思维才能提高自身的发展创新能力。自主创新，从宏观上来讲有利于造福大众，从微观上讲则是提高自身竞争力和长远发展力的需要。20世纪80年代守着黑白电视机的人们肯定难以想象30年后的电视已经演变成具有多媒体功能并满足多样化需求、体积变小而屏幕变大的智能电视。90年代初拿着笨重却极具身份象征意义的大哥大的人们也肯定预料不到20年后轻薄的智能手机已经人手一部。我们的媒体机构和信息媒介日新月异，这些都是创新的结果，而创新的前提是具有想象力，写本书的过程也是对自身想象力和创新能力的一种挖掘。

更为重要的原因在于，传媒工作者和教育者多是当前新兴媒介和媒体的主要体验者和使用者，从Web1.0时期的门户网站、手机报、电子杂志，到web2.0时期的博客、论坛、微博、微信和社交网站，理应更为显著的适应能力和感知体验，也因而有着更为突出的话语权和对未来媒体的构想能力。虽然这些构想实现的可能性需要通过未来来检验，甚至我们都知道有些预测肯定是无法实现的，但让自己天马行空一回总不算坏事。20世纪80年代美国著名的未来学家阿尔文·托夫勒在其《第三次浪潮中》所预言的"信息社会"震惊世界并毫无悬念地成了当前的现实，100多年以前美国沃特金斯所撰《未来100年会发生什么变化》一书中的大多数预言也早已实现，近期日本加来道雄所著《物理学的未来》一书同样以一种前所未有但引人入胜的方式展示着21世纪的发展蓝图。与此同时，"预言未来"已经成为当前社会一个热门的词汇，因为人们需要对未来社会结构和生活形态加以洞察，才能更好地去顺应社会发展趋势。媒体的未来自然值得我们这些传媒领域的人们去关注，去探索。

拙著试着去掌握全球化、信息化、精细化、智能化等时代发展动脉，还谈到了当前广受关注的"第三次工业革命"、云计算信息技术等热门话题和领域，不仅阐述了4D视频、全息影像、虚拟屏幕、互联网虚拟大脑等先进技术手段在信息传播和媒介运营方面的运用，还生动描绘了21世纪中叶新媒介环境下人们的学习、生活和工作图景，预设了未来与媒体相关的各种生产与消费模式。

当然，书中难免有部分疏漏的地方，但是于我个人而言，通过这样一次特别的经历，能更真切地感知我们的时代，并对面向社会面向未来更加自信。

重庆大学新闻学院
新鸥鹏教育集团董事长

目　　录

第一章

最危险的是：你不知道世界已经变了

21 世纪是一个信息化时代，世界变得越来越平坦，人类的生活方式、价值观念、意识形态在冲突和碰撞中不断融合。云计算、智能电网、4D 打印机等新名称不断涌现，科学技术革命深刻地改变着人类的生产方式、传播方式和经济形态。

21 世纪是一个老龄化时代，在全世界范围内，每秒有 2 人步入 60 岁，每年有共计 5800 万人满 60 岁。到 2050 年，全世界老年人口数量将达 20 亿，占全球人口 22%，老年人数将首次超过 15 岁以下儿童数量。大量独生子女的出现，宣告了社会生活单向传播时代的终结。过去以家庭为纽带的信息传播模式逐渐被打破，取而代之的是社会大范围的大众传播。

21 世纪的世界正走向一个经济全球化、信息智能化的时代。国际分工不断深化，国际产业不断转移，跨国公司正向全球扩张，人类改变了鸡犬相闻不相往来的封闭式社会形态，整个世界成为一体，跨地区跨国界的大众化媒介改变着世界的沟通和联系方式。

信息化、老龄化、全球化……整个世界正在这些时代趋势下进一步深化，到 2050 年，各种媒介载体将会层出不穷，并在创新和融合中不断演进，将人类社会带入全球化智能媒介时代。2050 年，随着世界经济中心由西方转向东方，世界媒介格局必然发生改变，中国、印度等世界经济主体将会拥有更加强大的国际话语权。2050 年，一切信息将会实现完全数字化，无论是过去还是现在，只要是对人类有用的信息，都能够被扫描、数字化，并通过互联网搜索。

未来的社会是一个风云突变的社会，也是一个充满奇迹的社会！

一　铲平时空的四大利器

全球化依旧不可逆转，而日新月异的传播技术和无所不在的信息网络在21世纪第三次工业革命的序幕中已经成为推动时代继续前进的重要因素。低碳化、智能化、融合化、扁平化成为人类生产生活的发展趋势，也成为媒介进化的需求和导向。

(一)全球化：构造传播的"地球村"

21世纪是一个地球逐渐变平，人们联系日益密切，全球化趋势日益加强的世界，细想一下，小到"麦当劳""孔子学院"这些新名词进入我们的生活，大到资本、技术、资金、人才在全球范围内的流通，无疑，"全球化"这样声势浩大的潮流正以其强大的力量将21世纪的人们卷入其中。

全球化是20世纪80年代以来在世界范围逐渐凸显的新现象，同时也是当今时代的基本特征。目前来讲，全球化还没有统一的定义，从一般程度上讲，从物质形态看，全球化是指货物与资本的越境流动，经历了跨国化、局部的国际化及全球化三个发展阶段。其中，货物与资本的跨国流动是全球化的最初形态。在流动的过程中，出现了与之对应的地区性、国际性的经济管理组织和经济实体，同时包括文化、生活方式、价值观念、意识形态等精神力量的跨国交流、碰撞、冲突与融合。

总的来看，全球化是一个以经济全球化为核心、包含各国各民族各地区在政治、文化、科技、军事、安全、意识形态、生活方式、价值观念等多层次、多领域的相互联系、影响、制约的多元概念。"全球化"可概括为科技、经济、政治、法治、管理、组织、文化、思想观念、人际交往、国际关系十个方面的全球化。

全球化的趋势让世界的联系日益密切，"世界是平的"这一新理念进入人们的视野。《世界是平的：一部二十一世纪简史》（*The World Is Flat：A Brief History of the Twenty-first Century*）是一本由汤马斯·弗里曼（Thomas L. Friedman）所撰写的畅销书，书中分析了21世纪初期全球化的过程。书中主要的论题是"世界正被抹平"，这是一段个人与公司行号透过全球化过程中得到权力的过程。作者分析这种快速的改变是如何透过科技进步与社会协定的交合，诸如手机、网络、开放原码程式等而产生的。《纽约时报》《商业周刊》、亚马逊图书排行榜第一名。这是比尔·盖茨推荐了多次的一本书，他说，这是所有决策者和企业员工的一本必读书。所有的 MBA 都在读《世界是平的》。书中是这样阐述"世界是平的"这一定义的：世界是平的，意味着在今天这样一个因信息技术而紧密、方便的互联世界中，全球市场、劳动力和产品都可以被整个世界共享，一切都有可能以最有效率和最低成本的方式实现。全球化无可阻挡，美国的工人、财务人员、工程师和程序员现在必须与远在中国和印度的那些同样优秀或同样差劲的劳动力竞争，他们中更有竞争力的将会胜出。

在这本书中，倡导着这样一个观点，"世界是平的"相当于"全球化 3.0"，也就是全球化进程的最高阶段。弗里德曼开篇就为人们描绘了新世纪的风景：鼠标轻轻一点，不管用户身在何处都能轻易地调动世界的产业链条。在全球化 3.0 的大环境下，地区、文化、技术、知识这些因素将不会成为分工的阻碍。世界因此变得更小，个人却变得强大。在宽带网络的帮助下，任何人都能够成为决定生产的主人，都可以在全球范围内经过比较，找到优势，来发展业务。

可以说，我们正处于一个全球化进程不断加快的时代发展趋势当中，这个趋势正在让"世界是平的"成为现实。

(二)智能化：缔造资源流通新格局

2012 年 6 月出版的、杰里米·里夫金所著的《第三次工业革命》中文版一书中，作者从风能、水能、生物圈到能源共享网、全球电网、"后炭"时代，描绘了一个未来极其震撼的社会生活场景。我们将会像使用互联网一样对电力进行上传下载；我们的建筑物能够自己发电，并可以出售剩余电量；当我们的汽车所需能源用完时，能够直接从共享电网中下载等，这些曾经被我们认为是极其缥缈的事情，已成为了日渐迫近的现实。

杰里米·里夫金认为，历史上，新型通信技术与新型能源系统的结合预示着重大经济转型时代的来临。由煤炭、蒸汽动力、火车组合的能源系统与印刷术的结合标志着第一次工业革命的到来。而石油、内燃机、汽车组合的能源与电信技术的结合意味着第二次工业革命的出现。而在当下，新的通信技术和新的能源系统正在逐渐结合——互联网技术和可再生能源的逐步走向结合。于是他在书中以一种几乎难以抑制的兴奋与激情预言了第三次工业革命的来临。

《第三次工业革命》一经出版，掀起了社会关于"第三次工业革命"讨论与思考的热潮，并迅速传播到亚洲、欧洲、澳大利亚，继而风靡全球。其中，书中提到的以"4D 打印机"为代表的智能制造，更是得到广泛认可。英国杂志《经济学人》指出，4D 打印技术将使工厂这种更加灵活、所需要投入更少的生产方式，便是第三次工业革命到来的标志。

4D 打印机，像打印机一样，通过叠加连续的材料层，只需点几下鼠标就能调整数码设计，便能够直接"印"出，或说是"堆砌"出一个固体物品。它能够进行无人运作，并可以生产制造出那些对于传统工业而言过于复杂费时费力的产品。这种模式将会取代传统的车、钳、刨、铣，颠覆性地改变制造业的生产方式。它无须用传统的流水线大规模生产，这一革命将使生产走出大批量制造的时代，取而代之的是小规模地生产少量但多样化的产品。

里夫金将这种过程称为 4D 印刷。4D 印刷让每个人变成"工厂"，未来的制造业将发生革命性的变化。制造业将趋向民主化，每个人都可以通过互联网，利用软件将东西一层一层的制造复印出来，任何一个个体都能够成为制造商，甚至是后勤、物流等，而它的生产成本也将降低。传统制造业已造成巨大的浪费。而这种新技术，以能源类为基础的"工厂"，只需消耗极少的能源和原料（从前的十分之一），利用大自然赐予的风和阳光，不再依靠石化产品，就可以完成产品的生产制造。

而在谈到推广成本时，里夫金认为，因为互联网的全球性，产生了大量免费的东西，企业不再需要那些高额的传统宣传方式：在电视、杂志、报纸、广播上大幅度刊登广告，新型营销方式将促进小企业在制造过程中的有效性和节能性。例如，中国的一些企业，转变传统的集中化生产方式，就能够改变其推广方式，从而减少物流、交易和生产等费用，进而实现降低成本的目的。中国的数以万计的小企业意味着未来巨大的市场潜力，而其中，微小企业将受益颇丰。里夫金表示，少量大企业有可能退出舞台，但大多数大企业都不会消亡，它们能够转化为集合商，为小企业创造交易平台与物流平台，它们不再进行大规模的生产制造，而是专注于提供平台和服务。

随着以 4D 打印技术为标志的智能制造的发展，它有可能逐渐取代我们现在所进行的制造业，而成为未来制造的一个主要发展方向。

（三）可再生：传播绿色生态新理念

主要支撑着工业化生活方式的石油及其他化石能源正逐渐走向枯竭，那些靠化石燃料驱动的技术已陈旧落后，以化石燃料为基础的整个产业结构也运转乏力。据估测，以煤炭和石油为标志的化石能源时代终将过去，悲观的估计还有约 100 年，乐观估计还有约 200 年。更糟糕的是，以化石燃料为能源开展的工业活动导致的"副产品"日益严重：环境污染，气候变暖，生态恶化。科学家们担心地表示，地球的温度和化学性质可能发生灾难性的变化，这将破坏整个生态系统的稳定，并最终危及人类的生存。我们不能继续通过传统的攫取及不可再生资源的经济增长方式，人类需要寻求更加集约、更可持续、更符合自然和社会伦理的生产和生活方式。而寻求继化石能源之后的，更为清洁有效可再生的能源更是迫在眉睫。

杰里米·里夫金在著作中指出，第三次工业革命的支柱包括五个方面，而向可再生能源转型（风能、水能、太阳能、地热、氢燃料、城市废物；核能与生物能存疑）更是首当其冲。早在 2007 年，里夫金创立的"第三次工业革命"概念就获得了欧洲议会的肯定，目前相应计划已经在欧盟委员会多个部门及 27 个成员国中开始实施。

欧盟委员会提出的欧盟一揽子能源计划和"绿色技术"，预计到 2020 年把新能源和可再生能源在能源总体消耗中的比例提高到 20%，将石油、天然气、煤等一次性能源消耗量降低 20%，并决定在 2013 年之前投资 1050 亿欧元用于"绿色经济"的发展。而奥巴马也发起了"能源新政"及"绿色产业革命"。2009 年 2 月 17 日，奥巴马签署《2009 年美国复兴与再投资法案》，被称为奥巴马"能源新政"。计划通过设计、制造和推广新的切实可行的"绿色能源"来恢复美国的工业，以培育一个超过二三十万亿美元价值的新能源大产业。欧盟经济和社会委员会透露，相比较，欧盟在新能源方面的政策指向更为宽泛，法德等国将以"绿色技术"撬动低碳经济发展。法国政府宣布将建立 200 亿欧元的"战略投资基金"，主要用于对能源、汽车、航空和防务等战略企业的投资与入股。日本和韩国也通过制定战略来强调发展绿色能源与技术。

当今世界正处于新科技革命的时代，新产业革命初现端倪，各国正在加紧应对之策，因国制宜的制定布局相关战略政策。而我国作为世界上最大的发展中国家，作为未来能源需求增长的主要经济体，应牢牢抓住第三次工业革命的契机，着眼于能源发展战略与生态文明建设，大力推进节能减排及新能源的开发利用。

(四)网络化：编织扁平式信息脉络

《经济参考报》记者曾采访里夫金，采访中他强调，相比于前两次工业革命采取自上而下集权式垂直管理体制，第三次工业革命采用的组织模式是扁平化结构，其中中小型企业组成的网络与国际商业巨头联结，共同发挥着作用。这就是里夫金所描绘的"扁平化的世界"。

在一篇名为《能源产业早就"扁平化世界"》的报道中曾有过这样的描绘"像使用 WiFi 一样，通过互联网和能源的结合，我们可以很方便地进行能源共享，当地球上的一半球处于黑夜之中，其富余的能源可以通过互联网'智能地'转移到处于白昼的另一半球……"第三次工业革命，能源的分散将会带来通信媒体、基础结构超越地理疆界的"洲际化"，正如互联网将人类连接到一个分散、合作式的虚拟空间里一样，第三次工业革命将人类连接到一个与其平行的泛大陆政治空间中——分散的、合作式的、网络化的。

每一次工业革命只有与技术联系在一起的时候，才会推动社会前进，细想一下，第一次工业革命：煤炭—蒸汽动力—火车＋印刷；第二次工业革命：石油—内燃机—汽车＋电信技术；第三次工业革命：可再生能源＋互联网。在第三次工业革命中向可再生能源转型(风能、水能、太阳能、地热、氢燃料、城市废物；核能与生物能存疑)，建筑转化为微型发电厂，就地收集可再生能源，使用氢及其他存储技术存储间歇式能源，利用互联网技术将电网转化为能源共享网络，可上传下载能源，运输工具所需能源与共享电网平台对接。

第三次工业革命将使权力和贸易从集中走向分散式合作，从而深刻改变我们的社会和生活。就信息方面来说，呈现扁平化的趋势。在互联网出现后，信息的传播越来越趋于扁平化。每个人都可以作为一个信息源，然后将信息辐射出去，信息的扁平化一方面可以减少传递过程中可能产生的误差，另一方面也可以增进人们的感受。在以往接收信息过程中，我们所扮演的角色很多时候只是一个看客，无论什么样的信息，我们都可以把它看作故事一样遥远的东西。但信息扁平化后就不一样了，空间上的距离被压缩，你会觉得身临其境，不得不调动精力去注意。比如说微博的出现，其本身的性质就决定了它要在公共事件上扮演极为重要的角色，传递信息，反映舆论，最终引导舆论。

2050 年的信息大爆炸，人们生活在一个联系更加紧密的"地球村"里。无数个"推土机"铲平时间空间上的障碍，全球化、数字化彻底改变了每一个人的生活方式，就这样人们进入了一个新的扁平的信息时代，一个平的世界，崭新的媒体时代。

二　被网络揉碎的人际关系

新型网络社会的崛起动摇了过去由大众媒介主导、强弱关系明显的传统社会。世界性的人口老龄化、血统纽带的边缘化、分工协作的精细化、交流沟通的虚位化，让人与人、人与社会，以及人与虚拟空间之间的地位和情感都在发生质的改变。

（一）老龄社会：传播方式的结构性改变

众所周知，全球人口老龄化问题是 21 世纪最重大的发展趋势之一，会对社会产生重要而深远的影响。

在全世界范围内，每秒有 2 人步入 60 岁，每年有共计 5800 万人满 60 岁。在过去的 10 年中，60 岁及 60 岁以上的人口已经增长了 1.78 亿，几乎相当于世界第六大人口大国巴基斯坦的人口总数。到 2050 年，全世界老年人口数量将第一次超过 15 岁以下的儿童数量。2012 年，有 3.1 亿人在 60 岁或 60 岁以上，占全球人口的 11.5％。这个数字预计将在 10 年内达到 10 亿，到 2050 年时，达到现有数字的两倍多，为 20 亿，占全球人口 22％。

中国未来发展的人口基础将是重度人口老龄化，劳动人口比重大、利于经济发展的人口红利将逐步消失。中国作为发展中国家，老龄化速度是发达国家的两倍以上，可谓是"未富先老"。中国是世界上唯一的 60 岁以上老年人口数接近 2 亿大关的国家，其中老年人口占总人口数的 13％，这一比例正在快速上升。中国老龄化发展规模大，速度快，结构复杂，且面临着前所未有的挑战。21 世纪中叶，中国老年人口规模将达顶峰，占总人口的三分之一，数量超过发达国家老年人口的总和。中国人口总和生育率的急剧下降，导致中国提前迎来人口老龄的挑战。据预测，中国老年人口将由目前的 1.85 亿递增到 2053 年的 4.87 亿峰值，人口老龄化水平由 13.7％逐年增加到世纪中叶的 35％。中国未来发展的人口基础将是人口老龄化，甚至是重度人口老龄化。目前，全球 9 个人中就有 1 人年龄在 60 岁以上，2050 年将上升到全球每 5 人中有 1 人，而在中国将为每 3 人中有 1 人。

但是，人口老龄化不代表信息就此终结。这是一个信息社会，我们早已告别了蒸汽时代，新时代的老人一样不同于上个世界的老人，他们不得不面对各种科技产品的冲击。随着经济全球化，越来越多的中国人向世界各地发展，也有许多家庭选择让孩子出国留学。由于长期分隔两地，血浓于水的亲情难免思念不已。今非昔比，现在在网上视频就可以看到对方，许多家人不得不在爱的驱使下学习新的事物，为了能更多机会和子女接触，他们会用尽全力。无形中推动了信息的传播与交流，使原本一些无法在这个阶层中传播的信息也无形中传播了出去。

如果是很久以前，或许人们还处于阡陌交通、鸡犬相闻却不相往来的状态。山的另一头是什么模样谁都不知道，孩子们的思想更是难揣摩，而现在，一些新潮的网络用语也逐渐在年龄较大的人群中传播开来，这是社会的发展趋势，不是偶然，在全球化的冲击下，受众被动接受信息，年龄大的人也被迫接受新事物，迈向信息化社会是历史发展的必然趋势。

(二)独生子女：人际纽带的历史性打破

独生子女近年来已经成为中国社会乃至整个国际的广泛社会现象。据调查，中国独生子女目前约为 1.2 亿，比例高达近 1/4，即每四个孩子之中就有一个是独生子女。且随着第一代独生子女进入育龄期，这一比例还会迅速攀升。如此高的比例在世界上是绝无仅有的。

大量独生子女的出现，宣告了社会生活单向传播时代的终结。过去以家庭为纽带的信息传播模式逐渐被打破，取而代之的是社会大范围的大众传播。独生子女现状的特殊性决定了这一信息传播趋势。在缺乏兄弟姐妹和紧密的亲属联结关系之后，他们不得不转向社会其他成员来完成信息的传播、获得和交流。值得一提的是，在当今网络媒体的巨大冲击之下，互联网已经成为包括独生子女在内的广大受众的首选传播渠道。他们可以在接受信息的同时，在媒体的交互性信息平台上表达自身的见解、情感和需求，甚至可以直接参与新闻信息的传播。由于信息来源渠道日益丰富，每个重大新闻事件发生的时候，受众往往也从各自的社会渠道得到相关信息，他们也会把这些信息在一个媒体的交互平台上进行发布，成为另外一些受众的新的信息来源。这样，以家庭为纽带的信息传播也更加弱化。

在社会学家的眼中，独生子女的性格相比以往的后代来说更趋向于冷傲、孤僻、难以相处，而这样的性格特点在家庭生活中的表现更为明显。据调查表明，独生子女对于父母及亲属的态度比非独生子女更为冷淡，他们不愿意与家人有过多的交流和沟通，这一点更加速了家庭内部信息传播的断裂。因此，独生子女问题成为信息传播方式改变的重要因素。

(三)分工合作：开放而细化的发展态势

现如今，在大多数的组织内部，整体工作尤其是知识性工作变得越来越专业化，也因此也变得高度细化。对于知识性组织而言，有效地管理好这些专业项目已经成为一个巨大的挑战。为了满足专业知识型人才的需求，很多企业开始借用人力资源外包和临时工代理公司参与各部门工作的安排和规划。由此，部分管理外包就成为必然趋势。不论是在应对知识工作细化带来的管理复杂性方面，还是适应形势，利用人力资源外包以及临时工代理公司方面，都是社会大分工潮流的必然指向。

被誉为"西方经济学的百科全书"的《国富论》中，亚当·斯密开篇第一章就谈论劳动分工，"社会生产力、人类劳动技能和思维判断力的大幅度提高，都是劳动分工的结果"。1960年前后，经济学家弗里茨·马克卢普提出了"知识产业"的概念，德鲁克创造了"知识工作"和"知识工作者"两个名词。知识，被看做是现代社会唯一稀缺的资源，知识工作者拥有知识这种生产工具，也因此被称为新生的资本家。企业主提供金融资本，知识工作者提供知识资本，两者相互依赖，原来那种上下级关系，逐渐向合伙人或者伙伴转变。

知识型社会的分工更加细化。分工带来专业和高效，分而治之，已经渗透到社会和生活的各个方面。有效的知识必须是专业的，企业的员工也不再是传统意义上的"雇员"，而是"专业人士"。

知识分工的细化，让企业更加依赖专业型人才。国内高等教育培养出来的大而全人才，往往不能满足企业需要。一些学校和中介机构看出其中潜在的商机，既可以为毕业生提供精准的职业技能培训，又能为企业输送急需的人才。已经有不少企业专攻此细分市场，发展迅猛。

分工的细化也给了企业减负的机会，可以把自己不擅长的工作外包给专业公司。福特汽车公司在亨利·福特时代无所不包，我们的老国企也曾经是一个完整的小社会。实践表明，大而全的企业其实是一个大灾难，根本无法有效管理。企业需要术有专攻的人才，企业自身也需要专注。

（四）互联网络：受众地位的颠覆性改变

在传统媒体传播中，"受众"这个词很好地描画了信息领受者所处的地位——他们不仅是前言信息单向传递的接管者，而且近乎是"逆来顺受"：传媒让你知道什么，你就只能知道什么；传媒让你什么时候知道，你就什么时候才能知道，他们永远处于一种被动无助的期待状况。

互联网的诞生带来了改变这一场所的契机，它使得传播者与受众的天平上，第一次呈现了重心偏移。在手机传播中，受众地位有了根本性改变，其现今在信息传播中的浸染也非往日传统媒体可比。手机媒体中，无论是信息发布者还是信息接管者，他们首先都是手机媒体的配合使用者，反过来说，任何一个手机用户，都既可以接管信息，也可以发布信息。当他发布信息时他就是信息传播者；反之，当他接管信息时，他就是受众。是以，信息圈层中并不存在一个固定的受众群体这一概念。互联网网民已经不再只是被动地接管媒体发布的信息，而是在某些时候转化成为传播者，饰演着受、传的双重角色。

手机传播融合了公共传播（单向）和人际传播（双向）的信息传播特征，在总体上形成一种散布型网状传播结构。在这种传播结构中，任何一个网结都能够出产、发布信息，以及网结出产、发布的信息都能够以非线性体例流入手机之中。手机传播将人际传播和公共传播融为一体。手机传播兼有人际传播与公共传播的优势，又打破了人际传播与公共传播的局限。手机传播具有人际传播的交互性。受众可以直接迅速地反馈信息，同时，手机传播中，受众接管信息时有很大的自由选择度，可以自动拔取自己感兴趣的内容。同时，手机传播打破了人际传播一对一或一对多的局限。在总体上，是一种多对多的网状传播模式。

在互联网时代，信息的主要与否，不再完全由传播者抉择，而是可以由受众自己抉择。尽管在诸多场所下，媒体对手机新闻仍然有编纂权，仍然有手机记者和手机编纂在充任"把关人"角色。可是，因为受众享有极大的选择权和自动权，新闻传播者的地位受到削弱。权力在向受众倾斜。所有这一切都将使社会节制弱化。在手机传播中，受众可以对信息进行自由选择，搜罗选择信息内容和信息的领受形式甚至领受时刻和时间——有条件的受众还可以直接介入信息的出产和传播过程中去，成为名副其实的传播者。同时，受众与新闻传播者可以在一定水平下进行直接的双向交流。

三　大数据可预知未来

抛却硬性的媒介技术决定论，也不得不承认媒介技术形态对人与文化的深刻"塑造"。引领着第四次IT产业革命的云计算技术为大数据时代的精准传播探路，全媒体时代的到来让媒介和信息无处不在，无孔不入。

纵观历史长河，科学技术革命的不断发展给人类生活带来了翻天覆地的变化。宏观上来说，引发了人类生产方式、生产关系的技术巨变；微观上来说，极大地丰富了人类的物质生活和精神文化生活。从某个程度上来说，科学技术是现代人赖以生存的"技术食粮"。

(一)科技革命：推动历史车轮的滚滚向前

1. 关于科学技术革命的定义和影响

综合目前科学界对于科学技术革命的定义，科技革命其实就是科学革命和技术革命的合称。其中科学革命是指人们对于客观世界认识的质的飞跃，具体表现是新的科学理论体系的诞生；而技术革命是指人类对客观世界的改造的新的发展，它具体表现在生产工具、工艺技术等方面的重大变革。科学革命与技术革命具有内在的统一性，前者是后者的理论基础和认识的出发点，科学革命能够带来技术的进步；而后者是前者的结果，技术的进步和应用成果反过来为科学研究提供了支撑。

2. 历史上的五次科学技术革命

人类文明的发展历史上共有五次科技革命。第一次科技革命发生于16世纪和17世纪，其标志是近代科学的诞生，主要代表人物有伽利略、牛顿等。第二次科技革命发生于18世纪中后期，标志是蒸汽机为代表的机械革命。第三次科技革命发生于19世纪中后期，其主要标志是内燃机与电力革命。第四次科技革命是发生于19世纪中后期到20世纪中期，以进化论、相对论、量子论等为代表。第五次科技革命是在20世纪中后期，以电子计算机的发明以及信息网络为标志，主要成就表现为电子技术、计算机、半导体、自动化以及信息网络。其中，第一次和第四次科技革命是属于科学革命，其余三次则是技术革命。

第五次技术革命包括电子技术革命和信息技术革命两个阶段，因此，以互联网技术为依托的信息技术革命在第五次科学技术革命的大背景下不断创新和发展，新的科学技术层出不穷，尤其是网络信息技术，大大地促进了信息传播技术的变革。电报、电影、广播、电视及以互联网的相继出现和发展，不仅改变了人类时间和空间的概念，同时也催生了新的产业——信息产业，信息产业在经济发展过程中的战略性、先导性、引领性的作用不断加强，信息化与工业化的融合，大大改造提升传统产业，提高工业发展质量和效益，对经济发展和社会进步起到了重要作用。温家宝同志曾经说过新科技革命对于我国参与国际竞争的重要性："新科技革命将依赖现代化进程和国际竞争的强大需求拉动，也必将与新兴产业发展更加紧密融合、互相推动促进。科技创新的竞争成为国际竞争空前激烈的一个重要的特点和趋势。"[①]因此，我们必须抓住机遇从教育、政策、经济支持等各个方面全方位积极推进信息技术产业的发展，推动信息技术发展。

3. 即将到来的第六次科技革命

中科院中国现代化研究中心主任何传启在他的《第六次科技革命的战略机遇》中提到，"在过去 500 年里，世界上先后大约发生了五次科技革命，包括两次科学革命和三次技术革命。目前，第六次科技革命正向我们走来"。[②] 这本书中预测了它的 10 个标志性成就、10 个主要学科领域和 10 个学影响的学科领域，介绍了 108 位院士关于第六次科技革命的看法和建议；讨论了 21 世纪人类发展的新需求、21 世纪的科技难题与挑战、科技革命与科学中心转移、科技革命与经济周期变迁、诺贝尔自然科学奖与人类发展的关系等问题。

何传启认为，第六次科技革命更可能是一次新生物学和再生学革命。它将在整合和创生生物学、思维和神经生物学、生命和再生工程、信息和仿生工程、纳米和仿生工程这五个主体学科发生重大突破，其中涉及信息转换器技术、人格信息包技术、仿生技术、创生技术和再生技术等五项关键技术。

虽然我们对于第六次科技革命都充满了期待，但是对于曾经错失前四次科技革命大好机遇的中国来说，如果要抓住第六次科技革命的发展机会需要进行大的变革。何传启在一次采访中提出"及早改革现行的科技体制，解决科技体制的'计划性'和行政化问题；解决事业单位科技人员的医疗和养老保险问题，为他们自由流动解除后顾之忧；建立产学研协同创新的有效机制。另

① 白春礼. 中国科技革命的拂晓[J]. 中国科学报，2012—01—01.
② 何传启. 第六次科技革命的战略机遇[M]. 科学出版社，2011—08—01.

外，还应建立快速有效的响应机制"，将这些改革措施落到实处才能让中国在以后的科技竞争中保持良好的态势去迎接挑战。

(二)云计算：建构大数据时代的精准传播

云计算、云存储、云会议、云娱乐等跟"云"有关的词汇，近几年来频繁地出现在人们的视野里，很多人将定义为第四次技术革命。

1. 什么是云计算

云计算是基于互联网的相关服务的增加、使用和交付模式，通常涉及通过互联网来提供动态易扩展且经常是虚拟化的资源。云是一种对网络、互联网的比喻说法。

我们将"云"的建立和应用比作城市水网或电网。在没有自来水系统的时代，取水要靠家家户户打井，有了自来水管网后，只要打开水龙头就可以使用。电网也同样如此。因此很多人断言，"云"计算的大规模应用，将大大降低人们对计算机硬件设备的需求，对目前的个人电脑盈利模式将是颠覆性的冲击。下一代计算机是什么？有人说也许就是一个屏幕，这个屏幕和宽带网络连接，就是一个超级计算机。

2. 云计算带来第四次 IT 产业革命

由于意识到"云计算"将是一场改变 IT 格局的划时代变革，几乎所有重量级跨国 IT 巨头从不同领域和角度开始在"云计算"领域扎根，这个阵营的主力包括 Amazon、Google、IBM、Mircosoft、VMware、Cisoco、Intel、AMD、Oracle、SAP、HP、Dell、Citrix、Redhat、Novell、Yahoo 等等。

我们知道，在 20 世纪 60—80 年代，信息处理主要是采用主机＋终端的方式，即主机集中式处理方式，那时候大型机的主要厂商有 IBM、日立等。但无论是大型机本身还是它的维护成本都相当昂贵。因此，能够使用大型机的企业寥寥可数。进入 80 年代以后，随着 PC(Personal computer，个人计算机)和各种服务器的高速发展，大型机的市场变得越来越小，很多企业都放弃了原来的大型机改用小型机和服务器。90 年代以来，席卷全球的互联网革命再次引发人类 IT 领域的大动荡。如今，云计算又把人们带入一个更加高速便捷的新平台。

截至 2015 年，中国"云计算"市场规模有望达到 1 万亿。东方策略团队测算，根据北京"祥云工程"、上海"云海计划"及工信部重点示范的其他三个城市的发展情况，预计到 2015 年，全国"云计算"产业链规模可能达到 7500 亿至 1 万亿人民币，有望占到 2015 年战略性新兴产业 15％以上的产值规模。

3. 云计算构建大数据时代的精准传播

信息爆炸的当下，实现信息之于用户的精准传播越来越重要，而云计算在实现这种功能以增加公众化的传播价值方面发挥了巨大的作用。比如，在搜索引擎领域，云计算技术在信息的搜集、整理和呈现方面具有得天独厚的优势，谷歌、百度、有道、即刻等搜索引擎也正改变着人们学习和获得信息的习惯。而对于一些门户网站、社交网站、论坛、微博等网络应用平台来讲，每一个登录用户的在线痕迹都是极为宝贵的"云资源"，通过对这些海量数据展开针对性的分析，可以找到更为精准的客户群体，并展开切实可行的精准营销。

由此可以对这些数据进行针对性的分析，最终为客户提供相对精准的用户群体，实现真正意义上的精准营销。目前，此类代表性运营商腾讯更是将云计算概念通俗化，QQ 空间的生活虚拟化深度演绎了云计算对未来社会经济结构及社会组织形式所产生的深刻影响，云社区将替代单一的网络社区，成为未来社会主要的交流平台和传播平台。

(三)新兴媒介：实现信息社会实时融合传播

每一次的技术革命都给我们的生活带来了翻天覆地的变化，而第五次科技革命后电子网络技术的发展登时推动了社会生活的现代化，改变了人们的生活、学习、交往和思维方式，基于电子计算机技术和网络技术的新媒介技术在此背景下也有了突飞猛进的发展，主要表现在以下四个方面。

1. 媒介技术：信息的传播速度大大加快

以前，在传统媒体中，从事件发生，到记者信息的采集、编写、发布，直到面世差不多需要一天甚至更长的时间，随着互联网出现和信息技术的发展，大大加快了信息采集和传播的速度。尤其是现在 3G 和 4G 网络的发展、手机和平板电脑的更新换代，以及各种网络信息发布平台的出现，我们已经进入了自媒体传播时代。只要具备了上述的条件，我们每个人都可以随时随地地传播信息，而且不仅仅是文字信息，可以有图片、声音、视频，甚至是各种媒介内容的融合。同时，因为在网络传播的情境中，借助网络传播的时效性、交互性、匿名性等特性，信息内容会以指数函数的速度迅速传播。

2. 网络技术：传播互动的多向性增强

随着网络技术的快速发展，媒介融合趋势不断增强，以电信网、广播电视网和互联网在技术层面、内容共享互通、业务和服务的相互进入与相互渗透的"三网合一"，为我们提供了更广阔的传播互动渠道。

泛网络化和"无孔不入"的趋势。随时随地和充分互动是新媒体在可预见未来的发展方向。公众能够随时随地全天候地获取信息，很大程度上需要技术进步来推动；充分互动的灵魂是每个人的意愿和观点可以自由表达和受到充分重视。以上两点，即对应于"新技术主导"和"新传播理念主导"。网络是满足随时随地和充分互动的最好工具。因此，泛网络化的媒体更容易被公众接受。而"无孔不入"，则是思考如何更大限度地去满足和影响人们的视觉和听觉需求。同时由于现代受众主体性意识的增强及网络技术的迅猛发展，他们有更大的兴趣和更便利的条件对所接收的信息进行反馈和互动。而且微博、博客等SNS网站的迅速发展更是让每个人都能成为传播者，传播互动的多向性大大增强。

3. 多媒体技术：传播手段的融合

融合是新闻业革命性进化的趋势，正在世界上许多地区涌现。身处这个由信息交织成的多媒体时代，每个人都在亲历着这场融合的变革。

多媒体技术的发展在当今越来越表现为"媒介融合"的趋势。"媒介融合"是近几年出现的一个新概念，在时代的推动下，"媒介融合"的趋势无法阻挡，已经成为一种共识。

"媒介融合"的最高阶段是媒介形态的融合。新技术的发展超乎人们的想象，一种与今天媒介形态完全不同的新媒介完全有可能在未来产生，这种媒介有可能融合了几种甚至全部媒体的优点。

4. 实时传输技术：传播速度的快捷化和全球化

如今世界正处在经济全球化的时代，信息传播国际化成为这一时代的重要特征。这意味着各国之间的交流与协作要比历史上任何时期都更密切。全球化的趋势使传媒公司在世界各地的运营突显多样性的特征，许多学者对此达成了共识，即传媒发展的全球化必须以本土化为基础，尊重本土文化的特质和市场需求才能构筑核心竞争力。

在当今新媒体快速发展的时代，数字化对传播学范式的转移产生了一定影响。随着信息技术的进步，数字媒体的可移植性和流动性越来越大，并且具有可访问性和普遍性，随着使用数字媒体的人越来越多，它变得无所不在。数字媒体的使用，还提高了传受双方的交互性，使传播变得更有力量。从原来的一对一传播，到一对多，再到后来的多对多，正是互联网和数字媒体的出现，才使得这种传播成为可能，它为我们提供了更多的沟通方式。数字媒体的容量变得无限大，传播渠道大大增加，记忆的速度和强度也比以前有了很大的提升。国与国之间的传播变得更加方便，在互联网中，国界的敏感度逐渐降低，人们的沟通越来越畅通无阻。

新的媒介技术是非常复杂和丰富多样的，我们只不过是列举了其中影响力最大的几种。有些技术及其创生的新传播形态，在人类发展史上的意义也许是更深远的。例如，基于源代码开放和 Web2.0 技术，以维基百科为代表的共享或共创平台的出现，可以说开创了人类从事精神创造的新的合作形态。

四 服务革命引领经济大潮

后金融危机时代世界各国开始了新的经济协调和合作，经济转型迫在眉睫，传媒产业发展也趋向多元化、数字化、细分化。数据挖掘、平台协作、内容体验成为传媒产业发展的新兴关键词。

2008 年，整个世界仿佛都沉浸在失落、迷茫、愤怒、急躁的氛围之中。发端于美国华尔街的"金融海啸"横扫全球，波及了世界的每一个角落，严重影响着各地人们的生产和生活，从负面展示着经济全球化的巨大能量。而今时间已步入 2012 年，距美国"金融海啸"也已近五年，但世界似乎仍未走出经济危机的影子，经济危机如同驱之不散的阴霾，笼罩在许多国家上空。

（一）信息时代经济危机撼动全球

在人类几千年的文明长河中，"经济危机"并不是一副多么沧桑的面孔。1825 年自英国爆发了第一次普遍性的生产过剩危机，距今只有区区一个多世纪。然而，人类一旦陷入经济危机的梦魇，就再也没有摆脱过它的周期性侵扰，这一铁的规律仿佛成了人类难以逃脱的宿命。回顾历史，你会发现每一次经济危机都与世界经济格局变化有着内在的逻辑联系，而每一次经济危机的特点又透析出世界市场和经济全球化的发展历程。

1. 蒸汽时代的经济危机——日不落帝国的崛起

蒸汽机放声轰鸣，纺织机高速运转，人类进入了蒸汽时代，落后生产方式被大规模的机器生产所替代。19 世纪初，工业革命在英国率先完成，而且立刻与资本主义相互结合，资本主义的生存方式最终确立。从此，工厂造出了远超过民众基本需要的物资，人类开始担心生产过剩。1825 年，人类的担心还是成真了，英国爆发了资本主义工业时代的第一次生产过剩性经济危机。幸而当时资本主义世界体系尚未形成，世界还相对孤立，此次经济危机仅出现在英国范围之内。

然而英国并不是一个会示弱的国家，英国的血液和骨子里有一种强者的倔强。为了实现大国梦，为了摆脱危机，英国开始走上疯狂的对外倾销道路，经过数十年的疯狂掠夺和残酷的原始资本积累，英国成为了世界上首屈一指拥有船坚炮利的"日不落帝国"。翻开 1989 年版《大英帝国总图》我们可以看到，英国殖民地遍及五大洲四大洋，占世界陆地面程的四分之一，相当于英国本土的一百多倍。诚然，殖民扩张的手段是残酷和充满血腥的，但英国的扩张确实是整个世界全球化进程中的重要一环。

2. 电气时代的经济危机——美利坚帝国执世界牛耳

19 世纪末 20 世纪初，整个世界又是另一番面貌：轰鸣的火车、奔驰的汽车、还有像千里耳一般的电话……电气时代带来的改变是难以想象的，企业规模越来越大，资本高度集中，西方国家经济空前繁荣，世界贸易不断扩大，资本主义世界体系完全确立。然而在这一体系中，老牌的霸主英国因技术更新缓慢和一战的重创而渐渐失去了往日的光辉，而美国等新兴国家开始在世界舞台上崭露头角。

第一次世界大战后，以美国为首的资本主义经济的高涨繁荣。《世界通史》中写道："在 1929 年夏季的三个月中，威斯丁豪斯公司股票从 151 美元上升到 286 美元，通用电气公司的股票从 268 美元上升到 391 美元，美国钢铁公司股票从 165 美元上升到 258 美元。实业家、经济家和政府领导人都表示对未来充满信心。"然而，经济繁荣未能消除周期性危机的严重弊端，随着世界工业生产能力不断扩张和产品市场逐渐缩小的矛盾日益激化，1929 年 10 月 29 日，最黑暗的一天终于到来了——华尔街大崩盘。一个竖立在汽车旁的牌子上这样写道："100 美元可买下这辆轿车。在股市上丧失了一切，急需现钞。"

危机也是转机，在这次经济危机中，美国很好地把握了这一点。虽然这次危机发端于美国，但美国在危机爆发后积极地进行了生产关系的调整，以使其适应社会生产的需要，并最终成为真正的世界强国。在美国带领下，西方国家最终于 1944 年在美国布雷顿森林召开国际货币会议，探索确立以美元为主导的国际货币体系。这标志着以美国为主导的新的资本主义世界经济秩序的最终形成。①

3.信息时代的经济危机—— 多极化的演进

穿越历史的时空，我们来到了信息时代，电子信息业突飞猛发展，互联网迅速普及，世界变得越来越小，全球化再也不是人类遥远而未知的梦想。以信息技术为核心的新技术革命和市场经济的全球化共同推动了世界统一市场的形成，跨国公司规模不断扩大，数量不断增加。

然而美国数学家维纳的第一个预言也成了现实。维纳指出，"鸡犬相闻，老死不相往来"的小国寡民社会比较稳定。而现代社会由于信息的高速传播，"牵一发而动全身"，具有高度的组织性，世界上任何地方发生什么问题，都会很快传遍全世界并产生广泛的影响，形成"雪崩式"的放大作用，从而有可能导致整个社会的不稳定。

1973 年，因中东产油国提高油价，引发了战后资本主义最严重的一次经济危机，美国经济衰退，以美元为中心的世界货币体系的瓦解，资本主义世界经济霸主地位动摇，资本主义世界经济格局开始像多极化发展，出现美日欧三足鼎立的局面。

1997 年夏，因一名叫索罗斯的美国人挟巨资进行投机，不仅使泰国金融市场遭受巨大损失，而且波及马来西亚、印度尼西亚等邻国，触发了损失惨重的东南亚经济危机。危机促成东南亚国家加快改革，形成了亚太经济发展新格局。

从日本崛起、欧盟共同体成立、再到亚欧经济格局的形成，信息时代的每一次经济危机正将世界推向一个"一超多强"的多极化格局。

(二)经济转型崭新格局逐步形成

2008 年 9 月 14 日晚，雷曼兄弟公司的两名员工抱着大箱子的个人物品从公司走出，第二天，雷曼兄弟宣布破产，之后美国国际集团、美林证券、华盛顿互惠银行、摩根士丹利、高盛证券等金融机构均受到冲击。就在我们还没有从这一系列事件中缓过神时，同样的场景开始在各个地方重演。这就如多米诺骨牌，一张倒下，全盘崩溃。金融危机爆发后迅速从美国向世界各地扩散和蔓延，危机带来"国际同步震荡"。

---

① 张茉楠. 危机后的世界经济格局演进与中国策略[EB/OL]. 中国共产党新闻网，(2010－04－29)[2012－11－04]http：//theory．people．com．cn/GB/11491146．html

1. 世界经济在艰难曲折中复苏

金融危机过去已经快五年了，这几年里，人们从最初谴责华尔街的贪婪转向对收入分配体系的不满，从对金融系统崩溃的担忧转为对实体经济衰退的恐慌，从对市场机制的崇拜转为回归凯恩斯主义。再看看这五年来的几个数据：国际油价从 120 美元一桶低落 50 美元再冲到 128 美元高位，道—琼斯指数从跌破 7500 点到重新站上 13000 点大关，美元对人民币的汇率一走跌落至 6.2 左右。我们一直在问这样一个问题：经济何时复苏？

自金融危机爆发以来，各国政府采取了大规模的金融机构援救措施和经济刺激措施，遏制了危机的进一步恶化。据和讯财经网 11 月 1 日报道美国 2011 年第一季度，真实 GDP 增长 1.9%，与去年上半年相比有较大起色。2011 年，美国 CPI 数据仍然居高，但在 2012 年上半年呈下降态势，各经济指标逐步趋于好转。据美国劳工局公布，美国政府债务占 GDP 的比重已超过了 90%，美国政府接下来又该如何应对这巨大的财政赤字？纵观当今全球几大经济体，日本经济毫无生气，欧洲债务危机阴霾未散，复苏前景变数犹存。主权债务风险、通胀问题、政策冲突、贸易保护主义，这一切都表明当前的世界经济正面临着重大的挑战，世界经济的复苏显得更加艰难曲折和复杂多变。

2. 世界经济增长中心由西向东转移

哈佛大学校长劳伦斯·萨默斯，曾在 2006 年的达沃斯世界经济论坛上说："中国与印度的崛起有可能与文艺复兴和工业革命并列成为过去一千年里的三大重要经济事件。"这句话未免说得有些夸张，但是却表明了一个不争的事实，世界经济格局正在悄然发生变化。

自工业革命以来，世界经济的第一把交椅几度易主。16 世纪欧洲文艺复兴之后，西班牙和葡萄牙依靠殖民掠夺成为了一代霸主，后来荷兰依靠对先进的航海技术和贸易制度的创新，成为"海上马车夫"。18 世纪后半叶的英国工业革命开始到 20 世纪中叶，英国、法国、德国开始逐渐兴起，欧洲一直以来都以极其深远的方式塑造着世界历史。第一次世界大战后，欧洲各国的地位开始衰落，尤其是第二次世界大战后，欧洲各国受战乱影响，美国成为了世界霸主。

此次金融危机爆发以后，对发达资本主义国家来说即使不是致命的，也将使其元气大伤，失业率上升、通胀率居高不下，经济处于停滞边缘。然而与此同时我们却看到亚太地区在全球经济中的引领和推动作用却显得更加明显，发展中国家的经济比发达国家以更快速度增长，新兴经济体在全球事务中的地位和参与引导能力不断提高，它们积极参与到应对经济危机、全球治理等一系列重要的国际协调工作中。甚至在全球金融监管改革、国际货币体系改革等重大经济、金融事务中也都发挥着越来越重要的作用。在经过危机洗礼后的世界经济格局中，整个世界经济的增长中心将由西方逐渐向东方转移，新兴经济体的崛起是一种不可逆转的长期发展趋势。

3. 新经济形态蓬勃发展

经济危机之后，经济结构转型迫在眉睫，一些新的经济形态不断涌现，且呈蓬勃发展之势力。低碳经济、服务经济成为当下新的经济增长点，吸引了全球的注意力。

低碳经济是在全球能源危机激化、环境污染不断加剧的背景下提出来的。在这次全球金融危机的爆发后，世界各发达经济体都把发展低碳经济作为走出国际金融危机新的增长点。欧盟提出"20—20—20"计划，即2020年减少温室气体20%（参照1990基数）。日本政府为了达到低碳社会目标，对可以大规模削减温室气体的捕捉及封存技术予以大力支持，提出从2009年开始进行大规模试验，并在2020年前投入使用。低碳经济将逐步成为全球的意识形态和国际主流价值观，低碳经济以其独特的优势和巨大的市场已经成为世界经济发展的热点。

此外，服务经济也是一股不容小觑的力量。电影《阿凡达》一个月的票房收入21亿美元，相当于145亿元人民币，这等于宝钢集团2009年全年的利润总额。而1998年电影《泰坦尼克号》的票房收入，也超过日本汽车工业加机械工业利润总和。即便美国引以为傲的航天工业，创造的利润也不及美国影视业。据世界银行的统计数据显示，美、英、法等发达国家的服务业占GDP的比重基本超过70%以上，发展中国家的比重要小得多，但也都超过了50%以上，并呈快速增长态势。譬如，印度的软件服务业及信息服务业发展十分迅猛，正逐渐成为全球服务外包的主要目的国。这些数据也就是告诉我们说，世界发达国家已经形成以服务经济为主的产业结构，发展中国家则正在形成以服务经济为主的产业结构。

如果说工业革命是一次崭新的产业革命，服务革命则是一次深刻、全面的经济革命。在新的时代下，服务经济强调我们更应该以顾客导向、需求导向来定义这个时代。在服务经济时代，企业需要实现由"制造"转向"创造"，产品更加个性化、标准化。而3D打印机的出现也正逐步带领我们步入新的服务经济时代。

4. 媒介转型与全媒体时代的到来

此次金融危机的多米诺骨牌效应也逐步波及作为文化产业和信息服务产业子类的传媒产业。长期以来传统媒体都依赖于房地产、汽车行业的广告投入，此次危机之后，广告融资成了一大困难，加之新媒体的竞争，传统媒体面临着重大转型。

近几年来，依托互联网的新媒体以多向传播、多点互动，移动获得、即时分享等特征，迅速抢夺着人们的时间与眼球，改变着人们的信息获取方式。新媒体正赋予大众远超以往的话语权，更能脱离"大众媒体"束缚，进行"自媒体"式表达。2012 年 10 月 3 日美国大选首场辩论后，电视媒体几乎一致判断"罗姆尼赢了"，然而脸谱、推特等网民声音却显出更多样的答案。

互联网时代的到来，必然推动"全媒体"时代的开启。简单来说，"全媒体"就是不同媒介形态（纸媒、电视媒体、广播媒体、网络媒体、手机媒体等）之间的融合，产生质变后形成的一种新的传播形态。全媒体通过提供多种方式和多种层次的各种传播形态来满足受众的细分需求，使得受众获得更及时、更多角度、更多听觉和视觉满足的媒体体验。当下，许多具备实力和野心的传媒企业，也已轰轰烈烈地踏上了"建设全媒体"的征途。

2012 年的全国两会报道中，许多传统媒体都在网络上建立起互动平台，收集网民对两会的反馈加以报道。一些媒体还推出了两会报道官方微博、两会手机报，并向 iPhone 用户定向发稿。

2012 年 10 月，《钱江晚报》上线了一款名为"浙江 24 小时"的手机应用，这款应用是一个 24 小时不间断的随身移动新闻站，第一时间向用户推送浙江省发生的热点突发新闻。据有关报道称"浙江 24 小时"的后续版本，将增加语音播报功能，直接将手机客户端里的新闻，转换成语音，用户不用刷新，就可以收听一条又一条的海量新闻。

这种种迹象都表明，"全媒体"有可能成为未来传媒业的一场革命，其趋势之猛，绝不亚于当年的创办报纸、承包电台、投奔互联网运动。

（三）智能化一体化发展大势所趋

在过去近 200 年的历史中，全球发生了多次的经济危机，伴随而来的是世界格局、经济形态和社会发展模式的深刻改变。那么在 21 世纪中叶即 2050 年来临之际，世界经济又将发生什么变化？

1. 中美印成世界经济三大主体

自2008年经济危机爆发之后，世界正在挣扎着接受一个现实：财富和影响力正在从西方转移。欧洲工商管理学院教授安东尼在接受黎巴嫩《生活报》来采访时表示："世界经济中心自20世纪80年代起便位居西方世界，但至2050年，世界经济中心将转移至东方。"

作为东方大国的中国和印度在世界上的经济影响力大大增强，这似乎又回到了16世纪那个亚洲极度繁荣的时代。在汇丰银行撰写的《2050年世界经济》报告曾这样写道："40年内，中国将超过美国成为第一大经济体，印度将取代日本排名第三。预计到2050年，中国GDP将达到24.6万亿美元，而美国为22.3万亿美元，印度则以8.2万亿美元远远地跟在后面。"

而作为当今最主要的经济体欧盟情况将会如何？欧洲的老龄化问题将成为拖累欧洲经济发展的重要因素。到2050年，在全世界90亿人口中，60岁以上的老龄人口将达到20亿。[①] 而欧洲目前的生育率是世界上最低的，人口年龄分布的巨大变化将使世界财富发生转移，欧洲经济则会衰落。汇丰银行预测："德国经济总量排名将位居第五，英国则占据第六的位置，两个国家的排名均比目前低一位。法国下滑三位，落到第九，位于巴西和墨西哥之后。而瑞典、比利时、奥地利、挪威和丹麦甚至通通跌出了所预测的前30名之外。"

2050年，世界经济秩序将发生显著变化，新兴市场国家将逐渐成为世界经济的主导者，中国、美国和印度将是全球最大的三个经济体。

2. 未来十大产业的兴起

在近200年的历史中，全球进行了三次科技革命，而每一次科技革命都推动着相关的产业革命，引起全球经济根本性的转变。目前，全球正面临第四次科技革命，而在未来的数十年里一场新能源、信息技术、生物技术相融合的科技革命将引领新一场产业革命。

北京航空航天大学经济管理学院院长吴季松教授在《新循环经济学》中预测："随着世界循环经济的发展和循环经济体系的建成，必然带来一批循环型产业的发展，成为循环经济体系的支柱。生态修复业、热核聚变发电业、生态农业、海水淡化业、信息产业、新材料产业、海洋产业和医药产业将成为2050年世界经济的十大产业。"而一些传统产业，如采矿业、制造业和建筑业

---

① 韩曙. 人口老龄化拖累欧洲经济文汇报[N]. 文汇报，2007－07－12.

依靠新技术发生了深刻的变化，但占 GDP 的份额会相对减少。

目前，"新能源的开发和利用"成为了世界各国研究的重点领域，能源新技术正成为各国竞相争占的新战略制高点。在未来几十年里，新能源将会迅猛发展，改变全球仅依靠单一能源的现状。到 2050 年，新能源将在全球能源结构中大幅提高，新能源生产将占据全球能源生产总量的一半左右。中国工程院院士黄其励提出，2050 年风能、水能、太阳能和生物质能等可再生能源将成为我国的主要能源。

2050 年，随着产业结构、科学技术、社会思想的变化，以绿色、低碳为基础的循环体系将会基本建成，人类社会将会走向真正的可持续发展。

3. 2050 年世界媒介的未来

长期以来，少数经济上发达的国家凭借其雄厚的经济实力和现代化的技术，在新闻传播领域实行霸权主义，极力推行文化侵略。中国等发展中国家由于经济欠发达，在国际媒介竞争中处于弱势，世界媒介格局极不平衡，东方的声音常常被西方强大的声音所淹没，信息流由西流向东，由北流向南。2050 年，随着世界经济中心由西方转向东方，世界媒介格局必然发生改变，中国、印度等世界经济主体将会拥有更加强大的国际话语权。

在未来的数十年里，媒介的全球化将进一步深化，我们将拥有一个真正的全球化媒介市场。据互联网数据统计机构 Internet World Stats 发布的最新数据显示，目前拥有互联网接入的人口不足全球人口的 30%。非洲等落后地区互联网渗透率只有 11%。但未来 40 年这种状况将得以改变，全球所有区域都将实现互联网接入。未来媒介活动的舞台是整个世界，它将以全球受众为传播对象，其影响力将跨越地区与国界。

此外，数十年之后一切信息将会实现完全数字化，无论是过去，还是现在，只要是对人类有用的信息，都能够被扫描、数字化，并通过互联网搜索。在未来，一切内容都通过在线创作，图书馆将减少，演化为智囊库。无论你在何时何地，都可以通过智能媒介载体进行访问，速度再也不是困扰人类的问题。而这些被数字化的信息将成为无形的商品在国际市场自由交换，人们将会习惯性地为内容付费，为信息付费。

2050 年，随着经济的发展、技术的革新，各种媒介载体将会层出不穷，并在创新和融合中不断演进，将人类社会带入全球化智能媒介时代。

第二章

媒体不在霉变就在谋变

我们身处一个选择的时代。每天甚至每小时，成千上万的媒体工作者都要进行信息选择、新闻编辑、出版、发布、回馈……而阅听人面对潮水般袭来的大量信息，不仅要选择新闻来阅读收看，还会选择符合自己的媒介使用习惯的媒介。而这些习惯的差别举例而言，有每天刷刷微博、看看关注的大学生，也有坐在办公室里翻阅报纸的领导，还有守在电视机前看新闻的老爷爷。

这一章关注的是媒体的走向。要改变、引领一个潮流是很难的，但把握其动向、趋势，却是可以做到的。

在讨论传统或新兴媒体的生死存亡动向时，我们会从 Web2.0 时代的现状出发，分析现状、总结过去，在已有事物的兴盛或衰亡说的基础上，融入鲜活的材料、图片、数据、观点、完成思辨的过程。

在这一章里，你不仅可以回味报纸、广播、电视、杂志、手机报、门户网站、博客、微博、社交网站等媒体的发展概况，还可以得到如关于他们自身优缺点、盈利模式、对应受众群体的分析，聆听前人观点激辩的同时，坐观年轻作者与前人的思想交锋。

传统与新兴从来都是相对的，世上并无绝对之事。古语说"天下大事，分久必合，合久必分"。处在瞬息万变的时代，可能稍一个不注意还没缓过神儿，就会冒出些新鲜玩意。一种媒介，从萌芽发展到如日中天再到奄奄一息，其间的原因究竟有哪些？传统的"四大天王"广播、电视、报纸、杂志在于新媒体的交锋上，又将如何应对。如何看待博客、微博、社交网站，以及它们日益更新的繁多功能……希望这一章会对你的思考有些帮助。

一 传统媒体每天都在被革命

2012 年 12 月 31 日，美国老牌杂志《新闻周刊》推出最后一期纸质版，告别 80 年印刷史，全面进入"数字化大海"……广播、电视边缘化，报纸、杂志无纸化，传统媒体的信源优势和传播优势早已被新媒体取代，其发展虽未达全军覆没，亦难逃衰微之势。如何在信息化大潮中维持和拓展生存空间，成为当前几大传统媒体燃眉之急。内容为王、数字转型或许是传统媒体自救突围的必要武器。

(一)报纸

引子：全媒体时代下，报纸何去何从

随着科技的进步，时代的不断发展，信息的传播渠道和方式也在发生着翻天覆地的变化。从传统媒体时代到全媒体、自媒体时代，一次次的技术革命给信息的快速传播带来了极大的便利，可是也对传统媒体的地位产生了极大的挑战。

作为主流价值观传播的中坚力量，千百年来，报纸为人类文明的进步做出了杰出的贡献。每天早晨，当人们还沉浸在梦乡中，城市里数万份的报纸就会从轰鸣的印刷机中新鲜而出，为人们带来新鲜的资讯。从《邸报》《每日纪闻》到《洛杉矶时报》《时代周刊》，报纸的发展经过了千年的岁月。然而在日益深化的媒介融合趋势下，"传统报纸原来的新闻主渠道优势，在新传播格局中已被高度分解甚至边缘化"，尤其是在面对一些突发事件时，报纸由于时效性的问题，很难与新兴媒体争夺新闻报道的制高点。

随着全媒体时代的到来，报纸的处境变得艰难起来，基于对报纸未来的忧患意识，西方"报纸消亡论"思潮出现并弥漫开来。1994 年，美国未来学家迈克尔·克莱顿就将报纸称为"媒介恐龙"，认为它行将成为一种历史的陈迹；《华盛顿邮报》的媒介批评家霍华德·库兹则称报纸产业正弥漫着"死亡的气息"。①

"报纸消亡论"甚嚣尘上的同时，报纸的现状也令人担忧。据统计：进入

---

① 王君超. 报纸的未来：消亡还是再生？ [J]. 新闻记者，2009(8).

21世纪以来，由于不少报纸经营惨淡，美国一批百年报纸甚至停止发行印刷版，转而加入网络经营的行列。拥有 102 年历史的《基督教科学箴言报》、拥有 147 年历史的《西雅图邮报》及拥有 174 年历史的《安阿伯新闻报》先后转报为网。2005 年，拥有多家美国日报的奈特里德公司卖掉报纸，结束了 114 年的历史。不仅如此，从 1995 年到 2003 年，报纸发行量在美国下降了 5%，在欧洲和日本分别下降了 3% 和 2%。在报纸式微的情况下，网络等新兴媒介发展势头惊人，种种状况似乎更是为"报纸消亡论"提供了有力的佐证。

但是，报纸的发展前景如何，究竟会不会消亡，成为当今学术界争议的焦点。于是，"报纸消亡论"与"报纸发展论"作为对报纸未来发展的两种观点，引发了业界的大讨论。

正方：报纸消亡大势所趋

"到 2044 年，确切地说是 2044 年 10 月，最后一位日报读者将结账走人。"美国北卡莱罗纳州立大学的教授菲利普·迈尔在《正在消失的报纸：在信息时代拯救记者》一书中这样写道。在这本书里，他指出当代报业集团处境堪忧，从 20 世纪初以来，各种新型技术的兴起对报纸的经营模式产生了巨大的冲击。为了使研究更加准确，菲利普·迈尔运用美国"全国民意研究中心"的综合社会调查数据制作了两个"线性拟合"图：1972—2002 年读者对报纸的信心分布图和 1972—2002 年日报读者数量变化趋势图。通过对这两个图的分析，他指出：到 2015 年，读者对报纸的信心趋势线将触到 0 点；到 21 世纪 40 年代，日报的读者将归于零。因此，菲利普·迈耶确定出了具体的"报纸消亡时间表"，并为报纸彻底做出了"终极判决"。

同时，来自日本《每日新闻》的原总编歌川令三更是对报纸的前景持悲观的态度，他在《报纸消失的日子》一书中则明确指出报纸消亡的日子将提前到 2030 年。那么，报纸消亡的具体原因有哪些呢？让我们一起来看一下。

1. 报纸自身的衰落期

俗话说：水满则溢，月满则亏。报纸作为一个出现多年的成熟媒介，在经历过发展期、辉煌期后，目前已经处于自身的衰落期，在广告和发行量方面已经出现饱和甚至下降的趋势。美国评论家罗杰·菲德勒在《媒介形态变化：认识新媒介》中说："近 20 年来，报纸的发行量在坐标系中的图像呈现规则的抛物线下降的趋势，最近甚至出现了自由落体般的下滑迹象。"

据了解，美国最大的报业公司甘奈特的市值近乎缩水一半，而第二大报业芝加哥论坛报业集团已经申请破产，《纽约时报》将自己的办公大楼抵押出去还债，新闻周刊裁员；日本讲谈社的《现代杂志》在 2008 年 12 月停刊，世界传媒业哀鸿遍野。

不仅如此，美国报业协会（NAA）今年初发布了 2011 年报纸广告最终统计数据，数据显示去年较前年减少 19 亿美元。据悉，报纸广告总收入下降了 7.3%，这一数字比 2010 年更糟；而印刷版广告同比下降 9.2%；数字广告收入在去年相对较差的第四季度之后，增长了 6.8%。因此，这一行业去年的广告总收入为 239 亿美元，较前年减少 19 亿美元。在之前发布的前三季度更新数据中，NAA 指出，在去年晚些时候发生了两个转变。数字广告在第四季度仅增长了 3.1%，不到之前任意一个季度增长率的一半。在这种情况下，报业界自身的衰落表现得非常明显。

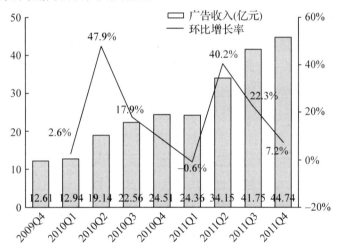

图 2-1　2009 年 4 月至 2011 年 4 月百度各季度总营收变化情况

2. 新媒体的强势冲击

随着科学技术的发展，新兴媒介处于上升期，发展势头强劲。尤其是网络平台和数字化技术的应用，加剧了对报纸的冲击力度。一方面，新兴媒体自身的广告收入增幅明显。2011 年 4 季度百度收入达 44.74 亿元，环比增长 7.16%，同比增长 82.5%。其中，财报显示，四季度百度广告主数量达到 31.1 万个，环比上涨 2.3%，同比上涨 12.68%。

另一方面原本属于报纸的分类广告逐渐转向互联网，使本来广告收入疲软的报纸雪上加霜。所谓分类广告，又称"需求广告"。这种广告在形式上是将不同广告客户的各种需求分门别类，归入不同的小栏目，在同一标题下集中编印。通常可见的分类广告栏目有遗失、招领、求职、雇人、招生、求师、征友、求偶、房屋出租、小商品出售等，内容涉及社会生活各个方面。[①]

以慧聪媒体研究中心监测北京四大媒体 2009 年 1—10 月工商分类广告数据为例，分类广告在报社广告总额中所占比例还很小。监测的四家报纸中，《北京晚报》分类广告份额比例最高，也只占到 30.99%，四报合计分类广告所占比例只有 23.66%。而在美国，分类广告一直是读者获取消费信息的主要渠道。但是，现在分类广告不断地转向互联网，将报纸收入来源的最大部分抢夺了，使得报纸面临"内外交困"的困境。

新闻集团（News Corporation）董事长鲁珀特·默多克（Rupert Murdoch）认为，随着分类广告转向互联网和发行量的进一步下降，大多数报纸的业务模式将会受到威胁。默多克先生一度把报纸分类广告经营收入形容为"黄金之河"，但现在他说："有时河流也会干涸。"

3. 广告利润的下滑

据《第 29 次中国互联网络发展状况统计报告》显示，截至 2011 年 12 月底，中国网民规模达到 5.13 亿，全年新增网民 5580 万；互联网普及率较上年底提升 4 个百分点，达到 38.3%。中国手机网民规模达到 3.56 亿，同比增长 17.5%。同时，中国网站规模达到 229.6 万，较 2010 年底增长 20%，国家顶级域名.CN 的注册量也开始转身向上，2011 年底.CN 域名注册量达到 353 万个，较 2011 年中增长 2.6 万余个。

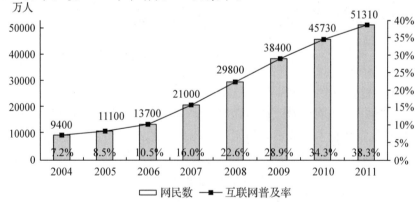

图 2-2 2004—2011 年我国新增网民数及互联网普及率变化

---

① 刘建强. 报纸如何开发分类广告？[J]. 青年记者，2006(6).

在互联网飞速发展的同时，新兴媒体兴起。由于新兴媒体具有传统媒体不具备的各种功能，更能满足人们的视听需求，随着计算机的大规模普及，网络已经成为越来越多人获取新闻的第一手来源。尤其是在喜好新鲜事物的年轻人中，拥有很高的支持率。在这种情况下，过去报纸所倚重的以采编环节为利润重心的完整价值链，现在被拉长了，利润向外围发生转移。譬如，报纸内容被门户网站、搜索引擎等新兴媒体转发、整合、再开发，报业内容生产和传播的链条拉长，利润重心悄然下移，报纸某种程度上沦为身处网络传播链条最低端的分散内容提供商。

"我们现在需要辩论的是传统媒体究竟是在 1 年、2 年、5 年还是 10 年内消失。未来将不会有报纸、杂志和电视节目，不会有线下的个人和社会通信。在未来 10 年中，所有都将上网。静态媒体未来很难生存。"微软首席执行官史蒂夫·鲍尔默如此说道，报纸的消亡似乎是大势所趋。

反方：报纸发展前景广阔

现在新媒体兴起，世界已经进入电子信息时代，纸质报纸面对新兴起的电子报纸和各种电子信息的挑战。报纸面对新媒体的确有着众多的缺点，有着速度慢、周期长、不方便等缺点，但是相比着网络信息，报纸同样也存在着网络不可媲美的优点。为报纸的持续发展提供生存空间和发展动力。

1. 固有的读者群

报纸存在的历史最长，时间积累了自我深远的影响力和庞大的读者群。中国可考证的报纸最早出现在唐朝，距今有一千多年的历史，而放眼世界，国外最早的报纸则产生于 17 世纪，据此可见，报纸存在的历史悠久，这种纸质媒体承载和传播信息的方式也持续的和存在的时间最长。经过这么多年的累积，经历着几次媒体变革而屹立不倒的报纸，有了自己相应的应变能力，同时也培育和累积了庞大数量的读者。这些读者成为了那些报纸的忠实读者，并为之传播者报纸的影响。如《南方周末》最受 30 岁至 50 岁这年龄阶段人欢迎，而这一阶段的人一般都会有后代，又能影响着他们的后代。故，虽现在新媒体发展得如此迅速，报纸的发行量有所下降，但是对于一些知名的报纸，《南方周末》比起以前发行量并没有出现大的波动，并且还在影响着更多的人，扩大自己的名气。

2. 报纸形成的应变能力和权威性

网络上鱼龙混杂，信息泛滥，掺杂着很多错误信息，故而很多人在看到某些新闻的时候都不会相信，都会在各种权威报纸上来确定信息的准确性。报纸这种在人们心中的权威性是任何网络新闻无法替代的，这也是报纸能够持续生存的条件之一。不可否认，这个时代已经进入一种电子信息时代，人们的生活节奏加快，故而快餐文化已经越来越占据我们的生活，所以很多人开始质疑着报纸这类纸质媒体的存在性。但是我们也必须看到报纸既然能在几次媒体变革中仍然存在，这就说明报纸这种传播方式有着自己的特点和新媒体无法取代的优势。我们都应该明白各类媒体的出彩就在于信息的采集和内容的整理，网络媒体作为一种新型的媒体，在信息采集上速度快，但是作为一种新媒体不可改变的缺点就是不够成熟，故而我们常常会发现网络媒体里面的新闻很多都是捕风捉影，凭空捏造，并且充斥着各种色情、暴力的内容，而这些就能使读者渐渐丧失对网络信息的可信度。报纸的长久历史造就的报纸权威性在新闻信息的真实上是绝对优势的，报纸上的新闻一般都是深入报道，探讨其中的内涵，并且消息采集也是经过记者实地采访而得出的，这种真实性在这个快餐文化充斥的环境中就显得难能可贵了。这也就是报纸依旧受欢迎的原因。

3. 报纸是具有生命周期的

报纸也是一种产品，和其他产品一样，也有其特定的"生命周期"，也会有其发育期、成长期、震荡期、成熟期和衰落期。瑞典延雪平大学的罗伯特·皮卡德教授把西方报纸的生命周期划分为 4 个阶段：15 世纪以前是"引入期"；15 世纪初至 19 世纪末为迅速增长的"成长期"；20 世纪是平稳的"成熟期"；进入 21 世纪以后处于缓慢下滑的"衰落期"。回顾报纸的历史，我们会发现，自报纸诞生以来，它就不断处于变动之中。但是出于衰落期并不是说明它会消失，也可能是要掀起一场新的报纸革命，正如同前几次媒体变革一样，报纸也可能在时代的要求下开创出一条更适合报纸发展的道路。

4. 免费报纸的兴起

最早的现代免费报纸是以"地铁报"的概念出现于 1995 年瑞典斯德哥尔摩，由 Modern Times Group（MTG）创办。随后，免费报纸风靡全球报业市场。联合报业集团也在 1999 年 3 月 16 日创办了一份同样名为"地铁报"的免费报纸。根据英国报刊发行量核查机构"发行稽查局"（Audit Bureau of Circulation）提供的数据，每天清晨，有 1125651 份伦敦"地铁报"被发送至全国各处。伦敦"地铁报"在作为英国第四大报的同时已经成为世界发行量最大的免费报纸。

免费报纸的最大特点无疑是"免费"，但是免费绝不是成功的根本保障，"优质"才是关键。免费报纸倾向于精准地确定其读者群并找出他们的喜好，从而进行产品定位。如伦敦"地铁报"的读者一开始便被定位于"渴求信息的清晨通勤族"。

而在中国，每个清晨，在北京地铁站也有发放免费报纸的。这些报纸面向的就是那些来去匆匆的上班族，他们惜时如金，不会愿意付费去买一份报纸来阅读，而这种免费的方式就能让他们心动，从而来宣传报纸。免费报纸这也是报纸发展的一张方向，当整个社会会电子信息铺满时，这也无疑是一个好的选择。

综上所述，我们可以看出，面对报纸的"消亡论"和"并存论"，不同的人会有不同的观点，而报纸到底何去何从，主要看报纸能否适应时代的需求和发展，是否能寻找出属于的自己的道路。

(二)广播

引言：弱势媒体正在示弱

广播作为传统大众媒介之一，从 20 世纪 60 年代到 80 年代，一直都是中国真正的强势媒体，那时，被老百姓叫做"话匣子"的收音机，是普通百姓家的生活必需品，十亿人中有九亿都在听广播。长久以来，广播都以低廉的成本投入、快捷的信息传递及生动的传情达意在竞争激烈的现代媒体中坚守着自己的传统地位，即使是电视的出现也不曾真正动摇它的地位。20 世纪的最后几年，互联网一经登陆中国，便以强势媒体的姿态出现，发展势头迅猛，社会影响广泛。1998 年 5 月，联合国新闻委员会正式提出，继报纸、广播、电视之后，互联网成为第四媒体，也就是从此时开始，不仅广播，包括电视和报纸在内的这三大传统媒体都迎来了网络这一新兴媒体的巨大挑战。面对越来越低廉的网络投入成本，面对几乎无门槛的网络准入机制，面对着数以亿计的网民在互联网的世界里尽情"狂欢"，传统媒体承受了巨大的竞争压力。在新媒体的冲击下，有近百年历史的广播，听众人群确实有缩小的趋势，收听率和广告量也出现下滑，一时间，有关"广播正在没落""广播正走向死亡""广播已死"，诸如此类的说法渐渐开始流行。然而，很多年过去，我们看到国内的广播行业并没有一蹶不振，并没有死气沉沉，同样有最鲜活的内容呈献给它们忠实的听众。同样的，在世界各国，广播在网络的冲击下并没有显现颓势，据国外相关调查显示，在部分欧美国家，广播凭借其优势，更是换来了越来越多的听众，特别是青年听众正在呈逐年上升的趋势。所有这些都让我们意识到，广播与其他大众媒体的博弈还在不断上演，我们需要层层剥茧来一探究竟。

正方：广播消亡指日可待

自20世纪20年代广播诞生以来，已有近年的百历史，在信息传播中起到的作用不容忽视。并且在现阶段看来，广播因其具有的独特性和优势还不会消亡，但随着科技的发展和新兴传播方式的诞生，广播面临的压力也在逐渐加大。网上不少网友担心广播会逐渐消亡，微博用户"IM刘"在"北大新媒体"发布的微博"【新闻读者转向社交网站？传统媒体处境不妙！】据皮尤最新调查显示，互联网正在继续逐渐侵蚀电视、电台和报纸的领地：(1)39％的人从网上获得新闻，较两年前增长33％。(2)在18岁到29岁的消费者中，只有三分之一的人还在收看电视新闻。(3)在30岁以下的消费者中，只有13％的人阅读报纸"之后评论说道："当前趋势下，报纸死得最快。不过，广播的被替代性最强。开发一款手机应用，就能让广播马上消亡。目前看不到广播幸存下去的可能性。"

从统计数据来看，广播的收听率和广告量在持续下滑，收听人数以每年两个百分点左右的速度下降。中国市场与媒体研究在2008年的统计显示，在全国30个主要城市中，只有19.9％的人听广播，创历史新低。而10年前，这个数字还保持在35.5％。因而，广播消亡论显然不是空穴来风。

1.挑战之一：多元化传播方式带来的受众分流

随着科技的发展，信息的传播方式越来越多元化，不同的传播方式各有其优点和缺点，受众拥有主导的选择权利。

表2-1 各大媒体传播特征对比表

传播方式	普及率	传播速度	即时性	互动性	传播成本	传播方向	信息检索	受众接收
纸媒	高	较慢	较弱	弱	低	单向	较方便	主动性较强
广播	高	较快	较强	较弱	较高	单向	不便	被动
电视	高	较快	较强	较弱	较高	单向	不便	被动
互联网	较高	快	强	强	低	多向	方便	主动性强

由上表可见，广播相比电视和纸媒都有一定的优势，但是也有较为明显的劣势。广播的特点应该是"短平快"。研究表明，广播作为信息传播工具，主要是一种"告知性"媒介。有人概括广播电视和报纸之不同是："广播告知信息，电视展示信息，报纸解释信息"。因而，广播的受众十分有限，主要是15～24岁的学生群体和50～64岁的老人群体，另外，还有一部分收听车载广播的有车一族。

而随着互联网的发展，青年学生群体大量分流，广播受众流失严重。据统计，截至2009年，10～29岁的青年群体超过了网民总数的一半，对互联网等新媒体的青睐可见一斑。

2. 挑战之二：传播形式的单一性和内容的模式化无法吸引新受众

广播只能通过声音传播，这一固有的特性让广播在与包括电视、互联网等视听传播特性相比，具有先天性的不足。尤其是互联网融合了声音、图像、文字、视频的流媒体技术和出色的整合能力，让广播单一的传播形式无法从形式上吸引潜在受众。

在内容上，广播节目主要包含了新闻节目、音乐节目、谈话节目、生活服务节目、文艺节目、财经节目、法制节目、外语节目、情感类、社教类、文学欣赏类节目等。然而，这些节目形式在电视、纸媒和互联网上也都有相应或者相似的节目形态或者内容存在，形成了严重的同质化现象。受到广播传播方式的制约，广播的节目形态的改革十分困难，故而长久以来形成了严重的模式化倾向，从而对受众缺乏吸引力。

3. 挑战之三：数字化广播的发展过程中面临的技术革新

随着科技的进步和技术的革新，电视、网络等多媒体传播技术日臻完善，自1998年10月29日美国率先推出的高清晰度电视以来，电视声画质量几乎达到了完美的程度。互联网更是步入了建设4G网络的时代，技术革新日新月异。而广播传播的发展却举步维艰，尤其是远距离广播，几乎是在原地踏步。国际上目前惯用的广播传播主要以短波传播方式为主。虽然短波传播较为廉价可靠，但是音质和传播的稳定性却一直都是难以攻克的技术难关，虽然在广播的发展历史中对短波传播进行了各种技术上的调整，但是直到目前为止，改善效果也只能说是差强人意。

当今，各种新的数字媒体接收设备不断出现，这种情况下，广播还继续走模拟之路，难免导致广播传统的受众被其他媒体夺走。因此，从战略上考虑，广播必须全面数字化才能面对挑战。另外，随着无线上网、掌上电脑、网络由窄带向宽带的发展，网速的不断提高，使广播的听众的主要收听方式由无线短波转变为互联网数字化收听。1995 年 8 月，美国 ABC 广播网首先利用网际网路进行全球播音，自此正式拉开了广播数字化发展的序幕，此后的两年的时间里，美国有 85％的广播电台先后建设了网络广播。截至 1999年，互联网上已经有 2700 万互联网广播电台。

传播和收听方式的转变带来技术的革新也是广播发展面临的一大难题。由于广播存在的历史较长，普及率较高，因而进行全面彻底的技术革新和设备更新必将是一个漫长而艰难的过程。

另外，随着多媒体技术的发展和媒介整合速度越来越快，传统媒体之间的界限变得越来越模糊。在媒体整合的大环境下，广播是否能突出自己自诞生以来在声音传播上表现出的传统优势将直接关系到广播的存亡发展。

4. 挑战之四：较高的传播成本和广告商的流失导致的广播经营危机

无线广播电台的技术上的限制使得它无法像互联网站一样仅以微小的投资，就成为一个信息传播中心。反观广播，一方面，广播向数码广播过渡的过程中不得不增加新的设备以完成技术转型，在转型的过程总广播还必须保留原有的技术设备以防止听众的流失，这使得广播在一个很长的时间内都需要庞大的开支来维持。另一方面，受众的流失和接受方式等的限制，导致广播的广告商大量流失，投入与产出的不对等情况会使得广播的经营面临前所未有的危机。

反方：广播发展一往无前

在广播最为兴盛的年代，广播因其出众的优势成为大众娱乐生活的主体而受到推崇，几乎每家每户都有收音机并有定时收听广播节目的习惯，这使得广播媒体风靡一时，成为一个时代的文化印记。即使现在广播面临新媒体的压力和挑战，许多专家学者都曾断言，广播将会逐渐走向消亡，被时代所淘汰，但更多的学者和专业人士，认为网络信息的发展虽然对广播是种挑战，但同时也是一个难得的机遇。广播在新时代可以向更加专业化、品牌化的方向发展，从而在新时期开辟出自己的一条道路。更多的普通大众则认为，因为广播具有其他媒体不可代替的优点和独特性，是不会消亡的。他们的观点主要基于广播的如下特点。

1. 广播传播信息的速度快，范围广，穿透力强

广播因为依靠的是信号传输，无线电波传播速度为 3×10^8 m/s，因此可

以说信息传播到信息接收过程中的损耗是十分小的，基本上可以实现实时接收。而其他传统媒体，如报纸，从印刷出厂到受众阅读到信息，这个过程会消耗太多的时间，会使信息的实效性大打折扣。另外，广播不仅比报纸，甚至比电视具有更强的穿透力。广播信息可以到达的范围比电视还要广出许多。比如，中国国际广播电台目前使用61种语言向全世界绝大多数国家和地区进行广播，2010年共收到来自世界161个国家和地区的听众来信、电子邮件等300万件，遍布世界各地的听众俱乐部3165个。由此可见广播传播范围之广，穿透力之强，可以到达其他媒体所到达不了的地方，潜在受众范围比其他媒体更宽广，这一点是除互联网络外其他媒体所望尘莫及的。

2. 广播具有可移动性和便携性，伴随性优势无可比拟

从移动性和便携性上来讲，广播曾比任何媒体都更有优势，但随着互联网时代的到来和手机网络的发展，广播受到了严重的冲击。以前，人们可以随时随地利用随身携带的广播接收设备收听广播，但当手机可以上网，手机电视等业务的扩展和智能手机的出现，人们随身的娱乐设备和新闻接收方式开始变得多元化，广播便被排挤到了次要媒体的位置。但即使是这样，广播仍然有一个得天独厚的优势——伴随性。"上网要坐在那儿，听收音机就不

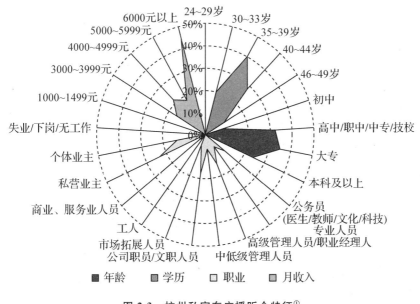

图 2-3　杭州私家车广播听众特征①

——————————

① 数据来源：赛立信媒介研究（SMR）.

用，干别的还可以听，这就是广播的'伴随性优势'。"这也是为什么在当下广播受众严重缩水的情况下，车载广播听众仍然呈增加趋势并成为广播受众中最为重要的支柱力量。所以只要广播的伴随性这一优势仍然存在，广播就不会消亡。广播虽然在其他时刻处于弱势媒体的地位，但却在某些特定时刻和特殊人群中成为了最强势的媒体，如在正在行驶的车辆中，广播明显是最强势的媒体。虽然现在广播处于低迷期，但随着流动人口的增加，人们购买汽车的增加，广播正在开始拥有一个相对固定并逐步壮大的听众群体。

3. 广播传播和接收的成本低

广播的低成本体现在多个方面。首先，从受众的角度来说，广播是获取信息价格最低廉的媒体。接收广播信息不需要付费，收音机比起电脑、电视、智能手机来说，真的是便宜太多。在经济收入水平较低的家庭和地区，广播是比电视和网络更容易得到的媒体，这使得广播让更广范围内的人们更容易接收到信息。另一方面，从节目的制作和信息传播来说，广播仍然是成本最低的媒体。采访新闻时，广播记者只需要携带录音设备即可，而电视采访时，必须有摄像等设备和人马。这使得从节目制作上来说，广播具有低成本的优势。

4. 广播具有生动性和感染力

广播与其他传统媒介不同的一点是它传播的内容是声音，是动态的。这一点是区别于纸质媒体的一大特点，动态的声音比静态的文字更富有动态感和感染力。那么与电视媒体相比较呢，很多人认为电视媒体集视听于一体，比广播更有吸引力。但我们可以看到，正是因为广播没有图像，而使得广播传播更注重声音的感染力和文字脚本的质量。生动性和感染力不是广播最独特的优势，但却是广播不容忽视的特点和吸引力之一。

5. 网络信息时代广播获得了新的平台

虽然一开始，传统媒体受到来自网络信息时代新兴媒体的冲击，但更多的人认为这不仅是对传统媒体的挑战，更是个难得的机遇。吴贤纶教授认为"信息网络的发展必将推动广播电视向高层次大众传媒发展"。在信息网络发展的背景下，广播等传统媒体出现了新的衍生形式来适应时代的变化，如网络广播。与新媒体相结合，使得广播焕发出新的生机。并且，这种进化是持续的，随着时代的变化而变化的。

广播一直是一个富有创造力和影响力的媒介，并且这种创造力和影响力并没有因为新兴媒体的打击而衰退。根据 Arbitron 媒体和市场研究公司的调查显示，在美国，12 岁以上的人群中有 2.4 亿的用户（占该年龄段 93％）每周收听广播。广播电台的主持人也受到人们的推崇，他们的微博也拥有众多"粉丝"，他们中的佼佼者也是网络舆论中的意见领袖。广播是最传统的媒体之一，广播和数字技术的融合，将会对广播产生正面的影响，让广播焕发出新的生机。网络信息时代的发展给传统媒体带来了新的发展机遇，与网络相结合，报纸有了手机报和网络电子版；电视可以在网络上同步视频直播，也可以在播出后随时点播收看；传统广播也与互联网结合，出现了网络广播。网络广播有两种形态：一是广播节目的在线直播和点播；二是专门的网络电台，如依托中央人民广播电台和中国广播网创办的网络电台——银河台，实现了 24 小时网上播出，可通过互联网和手机两种方式收听和点播。又如中国广播网每天与中国之声实时同步图文视频直播 15.5 小时；北京广播网开放传统音频广播演播室，全天候进行网络视频直播。

广播是不可或缺的信息来源渠道，有时候也是唯一的渠道。即使广播不是人们的首选，不是第一媒体，但却是第一备选媒体，具有很高的可靠性。在某些特定的时刻，如在全国性的紧急情况和自然灾害下，广播就具有过人的优势。从无线电通信技术运用于军事领域中，对广播应对紧急情况的可靠性便可窥知一二。因此广播不会消亡，反而会跟随着时代进化。

预言：广播的发展趋势

广播想要继续存在，并焕发出新的生机，不得不进行自身的改革和与新媒体的融合。

首先，广播的发展离不开"新闻"的引领。只有做好了新闻，广播才能承担起社会媒介的职责，才能在受众心中树立起社会媒介地位。目前，广播行业的新闻大多是从报社、新闻社购买的新闻，或者直接将网络上的新闻进行编辑，没有一批新闻采写团队，没有独家的观点和新闻，这使得广播新闻成为电视新闻、报纸新闻的附属，使得广播不能成为第一传播媒体。而当前信息技术发展越来越快的大背景下，媒体竞争已由信息竞争进入观点竞争的阶段。新闻消息的竞争已经不再聚焦在时间上，谁比谁快几秒钟爆出某条新闻已经没有太重要的意义，取而代之的是观点的竞争。谁拥有更全面更权威的评论，才拥有了读者和观众的认可。比如，从 2009 年开始，《中国之声》就立足于提升自己的新闻评论，借助一批专家学者的力量，让新闻变得更犀利，也更具有吸引力。广播也必须提升自己的影响力，强化品牌形象。而这也取得了显而易见的成效，大规模改版之后的《中国之声》提高了新闻传播速度和新闻评论高度，大幅度地提高了收听率，成为全国首个拥有上亿听众的广播节目。

广播必须积极应对时代的变化，向着品牌化方向改革，才不会被时代淘汰，才能焕发出新的生机。互联网时代，是一个"人人都有麦克风的时代"，受众的话语权被放大到了以前任何时候都无可比拟的位置。受众的个性化凸显出来，因此，广播节目想要成功，就要想办法为听众提供个性化的服务。各大广播电台，广播节目也在积极地寻找着突破口，与互联网结合，与现在的新技术结合，创新节目内容和节目形式，为听众提供更有特色的内容和服务。比如说重庆都市广播，经过不断的改革后，立足于都市主流消费人群，突出生活服务和休闲娱乐两大主题，打造时尚动感的风格，构建贴心的都市生活平台，目前在全市的听众占有率达到25%，其中专业介绍重庆吃喝玩乐的黄金栏目《吃在重庆》，固定听众已达1千多万，同时段栏目收听率19.3%（央视索福瑞数据），为五家电台收听率之首。

王求在一次接受媒体采访时，他自信地说道："新媒体给广播提供了一个机会，而不是可怕的对手。"因为在他看来广播和网络有着非常强的互补性，媒体间的相互竞争为广播的发展提供了新的契机。走出国内的受众市场，放眼世界媒体领域，新媒体的出现确实给广播的发展带来了较大的冲击，但是随着时代的发展，国际间的媒体合作和竞争不断走向深入。放眼几十年后的大众媒体发展，纵观全球的广播领域，这一"古老"的媒体本身也确实迎来了很多机遇，例如，人们收听广播的方式已不仅局限于收音机，广大车主的车载广播和上亿网民的网络广播都已成为主流，广播可以说是为听众提供个性化服务的平台，广播的发展历程中，我们可以看到，从单一的"我播你听"发展到"你说我听"的多渠道的与听众互动及国外广播节目资源的不断涌入等。所有这些都只是为了让广播这一传统媒体焕发新的神采，让它继续为拓展人们的信息渠道、满足人们的信息需求、丰富人们在信息时代的生活发光发热。

（三）电视

引言：电视是大众娱乐的首选媒体

1904年，英国人贝尔威尔和德国人柯隆发明了电视技术，1936年英国广播公司在伦敦正式播放电视节目，标志着电视的诞生对于电视机的几次飞跃，从黑白到彩色，电子管电视、晶体管电视、集成电路电视可以说电视这一门最年轻的艺术在百年的时间里完成了自己的诞生、发展、辉煌，但是接下来等待它的再续辉煌，还是灭亡？

与之前的七大艺术相比，人们可能会觉得电视的"文艺范"不足。电视从诞生起就不是高高在上的，它走的是一条"亲民"路线，深入各个家庭，成为你生活的一部分。但如今，面对来势汹汹的网络媒介，电视还能守住它在家庭中的娱乐地位吗？

正方：电视衰败不言而喻

每个人小时候都会有这样的经历：下午五点放学，和几个小伙伴手牵着手火急火燎地赶回家，再急哄哄地打开电视，守着看五点半左右各个电视台播放的动画片。爱和正义的光能战士，勇往直前的四驱兄弟，帅气骄傲的大盗贼，还有会做各种诱人料理的小当家……这一个个生动鲜明的形象给我们的童年带来无数的幻想和欢乐。

然而，变化时刻存在。看看某网友这样一个平常的小故事：去年暑假，姑父姑姑夫妻俩一起出差，我被临时"征用"充当起表弟的"保姆"。表弟刚上二年级，正是活泼好动的年龄。白天威逼利诱哄着他做了暑假作业，五点多的时候，我对他说："行了，今天任务完成了，开电视看看动画片少儿频道大风车什么的吧。"

谁知他把本子一丢，趿着拖鞋几步跑到电脑旁，啪一下赶紧利落地打开电脑。"谁还看电视。"表弟很不客气地给了我一个白眼，故作老成地感叹，"代沟啊代沟！"

段子虽短，但是也从侧面反映出一点：电视昔日的"辉煌"已经不复存在，而网络终将取代电视。

其实电视的受宠热度的降低，人们普遍能感受得出。对于"80后"，仅就电视剧而言，电视荧幕上给他们留下深刻印象的形象的，也就是小学时候的"小燕子"。《西游记》拍摄于1982年，《封神演义》拍摄于1990年，《新白娘子传奇》拍摄于1992年，这几部对他们来说耳熟能详的电视剧并不是拍摄于其年代，因此我顶多算是被他们的"重播"继续吸引。

但是对于"70后"来讲，许文强、冯程程、霍元甲、陈真、东邪西毒、神雕侠侣……这些名字对于他们来说就是心中的经典。现在的"70后"老爸还能滔滔不绝说着金庸小说改编的武侠电视剧中让人眼花缭乱的招式，还有"70

后"老妈提起"强哥"时脸上流露出回忆的神情和略带娇羞的模样。

你可以说，是因为那时的电视剧产量少，几部剧来来回回地播放，自然让人印象深刻；而且那时的娱乐活动太少，所以每天的休闲只是放学下班回家后，一家人守在电视机前看看电视剧。

但从另一方面，现在的电视剧五花八门却难以给观众带来惊喜，不正说明电视剧、甚至是电视节目本身有很大的问题，影响力大不如前；也正是因为现在以网络为代表的娱乐活动增多了，所以电视的地位才会大不如从前。

电视节目的播放顺序实在是太呆板。小时候一放学就往家冲也是因为动画片只会在 5 点到 7 点这个时间段播放，晚了就赶不上了。如果可以由我们做主，大可以把时间往后拖一点，做完作业吃好饭后再安安心心地趴在电视机前。现在也是如此，每个栏目的播出时间是固定的，赶得上就看得舒心，赶不上就只能从中间接上硬着头皮看下去，漏掉的内容只能靠自己连蒙带猜头脑中补上。但谁又能保证在那个节目时间段内不会出现意外，自己绝对能打开电视？

日本著名管理学家、经济评论家大前研一认为："电视媒体产业并不会突发消亡，是在一种缓慢的过程中自然消失。"电视传播模式过于僵化，显然已经不能适应时下年轻人的生活方式，只能吸引那些"沙发薯片族"和已经习惯了的高龄观众。因为这高龄观众还将继续存在一段时间，所以电视会缓慢地自然地消失。

现在的电视栏目质量也是不尽如人意。粗制滥造的电视剧，一窝蜂地"穿越""后宫争宠""婆媳大战"，肆意地改编历史，夸张的家庭关系，格格阿哥们不分场合的花前月下，婆婆媳妇博弈比武似的你来我往，也难怪网上会出现"雍正很忙""甄嬛很忙""今天你算计了吗"等恶搞的视频。至于电视节目，从之前的大批选秀，"超女""快男"应接不暇，到如今女选男的相亲和重口味的挑战活动，也许在看的时候确实能哈哈一笑，但看完之后却没有留下任何印象，甚至不会记得当时的笑点在哪里。

除了上述的电视传播模式的僵化和电视栏目质量良莠不齐，电视还有一个让人诟病已久的问题：广告，成段成片的广告。电视台仰仗着自己节目收视率不错，就肆无忌惮地投放广告。电视剧播放之前先来一点广告吊一下你的胃口，片头曲播完后再来一段考验一下你的耐心，电视剧播出时候随便插播几次给你来点跌宕起伏，最后你眼巴巴守到广告结束居然只剩片尾曲了。在广电总局没禁止之前，连片尾曲的画面上都飘着广告。电视节目也是如此。

于是人们只能用"禁止在广告中插播电视剧""广告看得好好的，突然来了一小截电视剧"等讽刺的句子来发泄自己的不满。

控制电视节目播出的电视台无疑是导致电视传播出现各种问题的罪魁祸首。美国麻省理工大学媒体实验室首席知识官亨利·霍尔斯曼预言：电视台将死。同时他预言电视的发展就会出现以下趋势和特征：(1)电视和电脑越来越一致；(2)节目已逐步转化为用户体验，运营可以不通过电视完成；(3)电视台消亡，视频兴盛，电视机厂商们必须变革；(4)多屏互动、社交电视的兴起将改变电视特征；(5)每人都将拥有一台自己的"电视"。

如果说电视自身的问题让观众大为不满、心生厌倦，那么网络的出现，尤其是流媒体下的网络视频的出现，无疑给了电视一记重拳。

相对于电视，网络视频最大的好处就是它的自由性。电视是"给什么，看什么"，网络是"看什么，给什么"你可以自由选择你想看的内容及想看的时间。或许有些直播的电视节目、独播电视剧，因为电视为了自身利益的考虑，导致网络更新的速度还比不过电视。但不可否认网络在一点点提升自己的跟进速度，基本上电视直播一结束，网络就会出现完整的视频。而且现在，网络电视也在大步发展着，网络直播也渐渐被人们认可接受。

网络电视追平了传统电视的更新速度，网络视频除了更新的时间慢半拍之外，其他几乎让你挑不出毛病。最显而易见的，是它没有啰啰唆唆的广告，可以放心地不被打断地从头看到尾。其次，是它的方便性和自由性，由于网络强大的搜索功能，在海量的视频库里也可以找到你想要的东西；不需要每天准时守在电视机边，可以随自己的喜好安排时间，甚至一口气看完这种极端的想法也能办到。再次，网络视频还具有便捷性，它可以被下载到方便携带的移动终端上，随时随地地观看。

电视除了娱乐功能还有新闻告知的功能。但电视新闻的更新速度远远要低于网络的传播速度。加上网络电视和网络视频的崛起，电视和网络孰优孰劣，高低立判。

反方：电视兴盛势不可当

电视，曾经作为挑战广播存亡的"新"媒体。在几十年过去后，随着互联网、智能手机平板电脑的不断普及和发展，电视开始作为传统媒体引起广泛关注。人们不禁要问：它会不会是继广播和报纸之后的又一受到新兴媒介重创的传统媒介呢？

如果从日常生活中的种种现象来说，恐怕很多人会回答：是。学生上学不能看电视；大人们忙于工作无暇看电视；如果说前两者一旦有了碎片的空闲时间，那也是掏出手机，看看新闻、刷个微博、发条微信、聊聊 QQ……而剩下的能守在电视机前的忠实观众，大多都是空闲时间比较多的中老年人。

但是，早在 2006 年美国 NBC 的总裁姐夫·祖克尔就预示了传统意义上的电视即将面临转折点，他说："接下来五年的改变将超过过去五十年的改变。"果真，五年之后我们看到了电视业务的发展确实有了极大的转变。传统电视与网络平台从发布平台到广告再到内容上的合作及频道专业化下的细分受众等创新让电视从那个摆在客厅中央的方型家电延伸到了人们的手机、电脑，甚至更多的移动设备上。

显然，所谓"电视消亡论"是不恰当的。充其量是传统电视媒体在新媒体冲击下的一次"蜕变"。也就是在"蜕变"的过程中，需要我们重新定义电视。

1. 电视与网络的"合谋"

在互联网盛行的当下，电视媒体与网络平台的融合让"电视"挣脱了"电视机"的束缚。电视不再只是通过广播形式、线性播出，而是通过网络传播渠道有了更为宽广的播出平台。

曾经一家几口人抢电视机的经典镜头在现如今已经不会再发生了。如果错过了电视节目的观看时间，人们可以选择去看 PPTV、CNTV 等网络电视。同时，在三网融合的技术指导下，数字电视也开始走进千家万户，人们可以随时选择电视回放某一天某一时段的电视节目。另外，随着平板电脑及大屏幕智能手机的出现，人们大可以坐在公交车上或躺在被窝里观看电视节目。由此，电视的线性式播放被彻底打破，在网络及新移动设备的推动下，真正实现了"随时""随地"地观看。

电视的转变不仅体现于传播载体的突破，电视节目的内容和形式也在悄无声息的融入新的环节。不知从什么时候开始，不少评选类节目里出现了"场外观众投票"的环节，先是短信投票，慢慢又有了网上评选等观众与节目的互动环节。近一两年的更是推陈出新，一些电视节目会将节目预告或是幕后花絮放到官方微博上，这样会让观众对节目的进展情况有更为及时的更新。许多访谈类节目还添加了网友问答的环节，筛选出一部分网友的问题，在节目现场提问。类似将电视与网络媒体融合的方式仍然在不断衍生着，但这些方式无非都是一个目的：将电视的权威性与网络的及时性结合起来，增强观众互动，扩大电视的受众群体，让电视媒体在各种新媒体的竞争之下更为多元化从而立于不败之地。

2. 电视，不可撼动的权威

尽管网络以其短小精悍的内容和及时性的互动在慢慢改变着人们的生活，但电视所达到的规模和影响力仍然远远超过新兴媒体。重大的新闻事件、大型的综艺节目、盛大的体育赛事等，人们都会主动地选择在电视上观看。一个很有趣的现象：很多体育迷，会熬夜守在电视前等着看足球赛、NBA 篮球赛等各种国际体育赛事。明明可以睡饱了起来看电视或网络转播，但偏要选择熬夜守候，为的就是拥有那种更加直观和权威的视听享受。

美国传媒大亨阿尔·戈尔认为，虽然互联网是一种民主的力量，电视仍然是最具影响力的媒体形式。有意思的是，虽然互联网正在侵蚀着电视的市场，但是互联网反映民主呼声的职能和它掺杂着虚假信息的内容反而更加凸显了电视的权威性。现如今微博盛兴，但同样一条信息，如果现在微博上看到，我们恐怕还要在经过一番核实才会相信，但如果是从电视的早间新闻里看到，恐怕没有人回去更多地质疑新闻的真实性了。相比其他新兴媒体，电视正是靠着它的权威性可以走得更长更远。

3. 中国的地域差异问题

凡是我们都喜欢有个"中国特色"，而在电视普及上的中国特色便是地域差异问题。我国地大物博，发展速度沿海与内陆，城市与农村有一定差异。由于发展速度与人们收入水平、受教育程度等问题息息相关，自然就决定着电视普及的差异化。虽然在城市里的上班族已经很少有时间收看电视，但对于农闲时的农民，或是文化水平很低的人们，电视仍然是他们休闲娱乐和接收信息的重要工具。电视作为大众传媒，其职能就是将社会各部分串联在一起，虽然新兴媒体咄咄逼人，但在一个多元的社会下，电视作为一个高普及性的媒介，还有很长的路要走。

4. 电视未来发展的技术革命

电视发展近百年来经历了从无声到有声，从黑白到彩色的革命。当下，在新媒体的刺激下电视注定还要经历技术革命。

如同手机的智能化，智能电视也开始走进千家万户。而智能电视无疑是电视反击网络等新媒体的一步狠棋。之所以当下电视的主要收视群体是中老年人，是因为电视的收视习惯是后仰式的：观看只需要坐在电视机前无须像手机、电脑那样选择很多的"是"与"否"，而是被动观看即可。但随着智能电视的普及，即将打破电视后仰式的收视习惯，人们可以自主的选择想看的内容。另外，在三网合一的技术支持下，智能电视观众还可以分享各种娱乐主题的应用。例如，在 2012 年年初，三星应用商店就已拥有可用程序 1400 多个，并且达到了全球日平均下载量 5 万次。这些应用中不仅有年轻人喜爱的像愤怒的小鸟、水果忍者等游戏，同时为了适应各地的用户，商家们还增加了像四川、广东人喜爱的麻将，还有桥牌等应用。这样的趋势仿佛又将一家人聚拢在了电视前，不但可以一起观看喜爱的节目，还可以通过各种游戏应用享受茶余饭后的欢乐。

如果说智能电视已经开始逐步实现，那么"云电视"和裸眼 4D 电视一定是未来电视技术革命的重头戏。2011 年秋季的平板电视市场飘来一片片的"云彩"，国庆的战场延伸到"云"概念上。云技术最早是在 21 世纪前期美国提出的，狭义的"云"是指 IT 的服务和资源的获取。广义的"云"是指所有的包括服务硬件软件资源的获取的结合，作为云计算广义的"云"。现如今所宣传的"智能云电视"在硬件上没有太多的改造，主要是后端的改造，主打内容服务。[①] 其实通俗地讲，就是我们不用在单独为电视机配备互联网功能，只需要将电视机连接上网络，如果安装了 QQ 终端便可以立刻通过电视聊 QQ，如果安装了微博终端，用电视机的大屏刷微博不再是想象！

如果说智能电视是在电视技术或者应用上的革新，那么 4D 电视便是在电视显示上的一次突破。在 4D 电影不再新鲜的当下，4D 电视也即将悄悄地走向普及。更重要的是，不同于电影的人们特意买票去观看，4D 电视更追求随意性和舒适性，这就给裸眼 4D 电视的出现提供了土壤。上帝给予人类的感官是十分强大的，所以人们在试听体验上还有很长的路要走。裸眼 4D 电视，必然是大势所趋！

（四）杂志

引言：杂志的产生发展历程

杂志是指有固定刊名，以期、卷、号或年、月为序，定期或不定期连续出版的印刷读物。杂志起源于战争、罢工或罢课中所使用的宣传册子，它类似于报纸，同样重视时效性，但是它对时事的评论比报纸更丰富、更详尽。杂志作为一种新的媒体，在混乱中作为一种特殊需要而产生，并且不断地发

---

① 刘云丹. 论互联网冲击下的电视媒体未来发展战略[J]. 中国校外教育，2011(22).

展。最初，杂志和报纸的内容和形式非常相近，极易混淆。后来，杂志和报纸的分工才逐渐明确，发行的形式也逐渐区别开来。杂志主要刊载散文、小说和娱乐性文章，报纸则专门刊载时事性较强的新闻。在外观上，杂志趋向于制作精美——添加封面，并进行装订，做成一本书的形式；而报纸则是不断扩大版面，对折，纸张质量较粗糙。杂志，作为一种新的媒体而独立存在了。

17世纪法国开始发行类似于杂志的小册子，一般被放在书店免费发行，1704年，英国出现了一种介于报纸和杂志之间的定期刊物《评论》，随后，世界各地开始出现杂志这种新兴的媒体形式，杂志开始走入大众的视野。并且，随着印刷技术的发展，使得杂志的印刷数量得以大幅增加，杂志的成本降低，价格开始下降，杂志开始成为廉价的大众读物。另外，杂志的印刷版面也变得非常精美，并且可以刊登图片。随后，经过两次工业革命，杂志的发展突飞猛进，不仅印刷速度和质量进一步提高，而且杂志的种类也迅速增加，包括文学类、城市类、妇女类、汽车类等，专业化水平不断提高，覆盖到每一个消费群体。而电脑的产生，更使杂志的外观更加精美，形式更加多样化，在西方发达国家，杂志形成了成熟的发展体系和营销模式。杂志行业已经形成一个强势的产业，逐步走向品牌化和全球化。

图 2-4　中国第一份综合性科技期刊——《格致汇编》创刊号封面

现如今，杂志的蓬勃发展，使它对受众和市场的细分日益明确，专业化程度不断提高，有些杂志的领域划分已经做到了事无巨细的程度，各种针对特定消费群体的专业杂志开始雨后春笋般地出现，如针对女性的时尚杂志、妇女杂志、情感杂志，针对计算机爱好者的计算机杂志，针对汽车爱好者的汽车杂志等。杂志已经成为一种强势的文化产业，影响着人们的思想观念，引领着大众消费。可以说，杂志作为一种文化传播的载体，从目前来看，是不会消亡的，并且还会继续发展。

但是，承载杂志传播的纸质媒介会不会消亡呢？

互联网的蓬勃发展，使报纸、杂志、广播、电视等传统媒体损失了大批受众，而电子杂志的兴起，更是对纸质杂志发展的一大严峻挑战。另外，在全球环境恶化的前提下，倡导环保、绿色消费的观念越来越深入人心，一方面使得作为制作杂志的原材料的纸张成本在不断增加，另一方面使得人们更加倾向于阅读电子杂志，这为杂志的生存发展带来了严重的危机。有人认为纸质杂志已经不可逆转地走向衰亡，但也有人仍然对纸质杂志的发展充满信心。2006 年年底，杂志界大鳄 EMAP 黯然宣告关闭知名男性杂志《男人帮》(FHM) 的美国版，与此同时，另一家集团 IPCMedia 则放言将与《玛丽·嘉儿》联手以 1800 万英镑重金打造全新的女性生活周刊《Project Honey》。当前，每年都有纸质杂志消亡，也有新的杂志创办，纸质杂志究竟是走向灭亡还是继续存在呢？

正方：纸质杂志日渐式微

有一部分人抱着"印刷已死"的观念，很肯定地认为纸质杂志定会消亡，纸质杂志将会成为摆在博物馆里的陈列品，未来将是网络数字化杂志的世界。

在一本名为《最后的杂志》这本书中，作者写道：未来 25 年内，纸质杂志工业将萎缩到 10%。尽管目前纸质杂志仍然占主导，但是纸质杂志在不断衰退已经成为不争的事实。2006 年，几本发行量几百万的杂志依然退出了印刷品市场；连纸质发行量和广告在不断增加的《ELLE》少女版，也毅然退出印刷品市场，把主要资金转移到网站上[①]。一些知名杂志，如《VOGUE》《新闻周刊》《连线》等，都精心制作了独立的网站，日前，《新闻周刊》宣布，在 2012 年 12 月 31 日发行最后一期印刷版本，随后以"全球新闻周刊"的新名字，全面转为网络数字化期刊。《新闻周刊》历经数次变故，在纸质印刷界艰难求生，但是仍然改变不了纸质杂志发行量不断降低的趋势，最终只好顺应时代潮流，黯然退出纸质印刷。

在纸质杂志逐渐衰退的形势下，各种新兴的网络媒体正在不断取代纸质

---

① 2006 年境外杂志的生与死[J]. 新京报，2007−01−09.

杂志。

　　面向青少年的杂志面对互联网的冲击，已经无力回天了。由于社交网站和网络社区大行其道，吸引了众多偏爱使用网络的青少年，使青少年杂志流失大量读者。虽然面向成人的杂志受到的冲击没有那么明显，但是未来是以现在的青少年为主的时代，如果不能抓住青少年读者群体，纸质杂志将来走向衰亡是必然的了。

　　博客、门户网站和微博等新兴媒体的出现也夺走了纸质杂志相当一部分读者的眼球。由于博客这些自媒体传播媒介具有更加自由大胆的空间，无须经过出版程序，对作者的要求较宽松，读者接触更加方便快捷，已经成为一种风靡全球的阅读潮流。2001年"9·11事件"后兴起的"战争博客"开启了博客兴盛的新潮流，博客开始引起了主流媒体的关注，并对传统纸质媒体产生了冲击。2005年博客风靡全中国，这一年被称为"博客之年"，博客开始从精英走向大众，在中国网民当中的普及率达到10％左右，并且不断攀升。2010年，博客开始发行杂志，更加强调时效性和互动性，博客杂志开始正式抢夺纸质杂志的市场。

　　2009年，微博开启了自媒体时代的新纪元，140字的模式创造了一种更加便捷的阅读方式，赋予了任何一个网民以做新闻人的可能性，微博作为一个自由提出观点和发表评论的地方，比报纸杂志更具时效性和自由度。一条微博顷刻间能获得数万条的公开回复和互动，每月3万发行量的杂志大多数时候还处于封闭的单向的信息传递，对于现在个体意识逐渐觉醒的网民来说，微博无可比拟的互动性正好满足了他们的需求。因而，博客、微博这些新兴时尚的阅读方式和传播模式，紧紧抓住了众多网民的眼球，纸质杂志对他们来说，远没有这些新兴的新媒体来得新鲜时尚。

　　另外，电子杂志对纸质杂志的冲击尤为明显。电子杂志最早出现在美国，现如今，这些网络杂志的鼻祖——美国的《Slate》和《Salon》，被评为2005年仅次于《华盛顿邮报》《纽约时报》和《华尔街日报》的第四大媒体。在中国，电子杂志出现的时间并不长，但是它发展的速度却出乎人们的预料。2005年，被很多业内人士认为是中国电子杂志发展的元年，这一年，众多电子杂志发行平台开始兴起，众多电子杂志争先看后闪亮登场。2006年，是名副其实的"电子杂志年"，电子杂志制作软件的功能不断完善，电子杂志的注册用户也大幅增加，根据中国互联网信息中心（CNNIC）报告显示，电子杂志有高达16.7％的用户经常使用，大概有超过1800万人经常使用电子杂志。这一年，

ZCOM 已经跃升为全球最大的电子杂志发行平台，ZCOM 的电子杂志平台上，搜罗了几乎全部可以免费下载的电子杂志，其电子杂志订阅器注册人数已达 900 万之众。2007 年之后，电子杂志的热潮开始渐渐消退，但是电子杂志的发行和制作平台依旧在平稳运行，名人电子杂志粉墨登场，首期下载量过百万次，广告年收入两千万元，国内三大杂志平台——ZCOM、POCO 和 XPLUS 吸引风险投资过亿元。我国的电子杂志业已经初具规模。

电子杂志具有纸质杂志一样的特性，但是，相比于纸质杂志，具有无可比拟的优越性。第一，电子杂志是机读杂志，它可以借助计算机惊人的运算速度和海量存储，极大地提高信息量。第二，电子杂志可以满足读者独特的个性需求，在计算机特有的查询功能的帮助下，它使读者在海量的信息中快速找到所需内容。第三，电子杂志在内容的表现形式上，集视频、音频、文字、动画等多媒体功能于一身，给读者以全面的感官享受。第四，纸质杂志产生大量废弃垃圾，浪费纸张，而电子杂志则不会产生任何废弃物，不会占据空间而且绿色环保，而且价格低廉。第五，电子杂志的阅读形式日益多样化，可以在线阅读，或直接阅读某些页面，更可直接下载到手机、平板电脑、数字电视、机顶盒等个人终端进行阅读。第六，电子杂志对受众的细分和专业化程度比纸质杂志更强，可以满足更多受众群体的需要。第七，随着电子杂志制作技术的不断进步，制作电子杂志的门槛进一步降低，许多电子杂志爱好者甚至自己动手制作杂志，电子杂志的风靡将势不可当。综合电子杂志的这些优势来看，杂志电子化的数字化时代的必然趋势，电子杂志必将取代纸质杂志。

反方：纸质杂志无可取代

与杂志消亡论观点相反的是，有人认为在 21 世纪，纸质杂志并不会消亡，相反的，还会继续得到发展，他们对纸质杂志的未来充满乐观。这种乐观首先表现在对承载形式的信任，即对纸媒这种形式的信任，电子杂志取代纸质杂志必备的条件在于：一是具备了纸质杂志的所有优点，二是全世界杂志阅读者都具备了电子杂志阅读的条件，那样电子杂志才具备夺取纸质杂志读者的条件，从而取代纸质杂志，而要做到这两点，起码在 21 世纪，还无法实现。纸质杂志不会消亡的原因则主要集中在以下几点。

1. 纸质杂志优点突出，电子版难以匹敌

一方面，纸质版阅读更舒适，更健康。纸质版杂志给人更舒适的感觉，能够避免电子版杂志长时间阅读带来的视觉疲劳感，这种舒适的阅读方式更有利于知识的吸收，而电子版无法避免的字符闪动、分辨率低、色彩效果差等问题严重影响了阅读的效果，严重影响读者的身体健康。此外，电子杂志碎片化、快餐化的阅读方式，不利于阅读者集中注意力进行学习和记忆，这就导致电子杂志只能传递信息，为读者提供娱乐和消遣，而无法传承知识和文化。而纸质杂志不仅可以传递信息，而且那些专业性较强的文学杂志、学术期刊等，则可以供读者进行学习，并且可以传承文化知识。

同时，纸质杂志阅读更加可持续，且收订方便。阅读纸质杂志无须任何设备，翻开即读，可随身携带，而电子杂志首先必须具备阅读设备，这种设备的携带性差（如电脑），即使具备小型的阅读器，它也面临现阶段电子产品无法解决的困境——长时间的续航能力。这就使得电子杂志阅读远不如纸质方便。而在收订杂志上，人们可以随时随地临时购买纸质杂志或者订阅，而电子杂志的获得却相对困难，需要具备阅读设备的同时具备网络，这就限制了随时随地更新新杂志的可能，而即使拥有了无线 WiFi 功能，这种模式的成本也远高于纸质杂志。

再则，纸质杂志具有成熟的发展体系与营销模式。纸质杂志经过 300 多年的发展所形成的成熟的发展体系和营销模式是电子杂志所不能比拟的，电子杂志的兴盛只是一时的，缺少成熟的盈利模式和收费体系，单纯依靠免费或低廉的价格的很难生存下去的，未来电子杂志的发展道路也将面临困境。对于习惯于利用免费的网络信息资源的受众，如何在互联网上利用广告获得巨额利润，这一直是广告商头疼的问题，而杂志能否开辟出一条全新的道路，这将是电子杂志面临的一大难题。尽管互联网兴起之后也在广告市场上分了一杯羹，但是数字广告一向质量不佳，对纸质杂志的广告份额冲击力却并不是很强，在法国和德国，杂志所占广告的份额分别高达 35％和 25％，完全与电视"平起平坐"，美国和英国的杂志广告份额均占到 15％，意大利的杂志广告份额占到 14％，日本的杂志广告份额占到 10％。纸质杂志以其与读者的紧密关系吸引着广告商，这是网络等新技术不能替代的。

还有就是，纸质杂志具备良好的品牌效应。纸质杂志的品牌效应是新兴的电子杂志望尘莫及的，而品牌效应为那些知名的品牌杂志培养了一批忠诚的读者。新兴的电子杂志想要形成品牌效应，需要经历一个漫长的过程，需要优良的制作团队，需要深入人心经营理念——这绝不是一朝一夕就能形成的。而电子杂志的制作经费有限，无法与品牌杂志在质量上取胜，而且，即使那些品牌杂志在网络上投放电子杂志，但是纸质杂志依然是它们经营的重点，电子杂志是难以争夺品牌杂志已有的受众群体的。纸质杂志本身对企业和集团的品牌建设也十分重要，这也就是为什么奢侈品杂志格外兴盛的原因。如英国顶级汽车类电视节目《TOP GEAR》，它的纸质杂志与电视节目互为补充，互相宣传，形成强势的品牌效应。

2. 纸质的阅读习惯一时间难以取代

据美国广告时代公司(Ad Age)2011 年 8 月的调查，美国年收入在 10 万美元以上的富裕阶层人士更喜欢阅读纸质报纸和杂志。93％的受访者喜欢阅读纸质版杂志，86％的受访者阅读纸质版报纸，而只有 7％的受访者通过平板电脑等设备阅读新闻和杂志。而在 18～34 岁之间的年轻富人读者中，88％的受访者阅读纸质杂志，相比而言，只有 35％的受访者在线阅读杂志。

一位科技工作者这样描述纸质期刊的好处：因为纸质期刊让人"感到一种享受，宁静和惬意"，它有着千百年传承下来的阅读文化，是阅读器和手机所难以取代的。而这种习惯在短时间内无法改变，有绝大部分人仍将选择纸质杂志。

3. 纸质杂志读者数量庞大，电子杂志无法达到

读者拥有量是出版物的价值体现，读者拥有量的大小是其存在与发展的主要条件。而在 21 世纪电子杂志的读者永远无法超越纸质杂志的读者数量，其中重要的原因在于电子杂志阅读的成本。阅读电子版期刊需要阅读器、网络等设备，而这些条件仅在发达国家、发达城市才有可能实现，而相对于落后的发展中国家特别是南非国家、农村地区，要实现这种阅读模式仍有很长一段时间要走，因此，电子杂志想要完全取代纸质杂志在一定程度上来说与经济、科技的发展密切相关，而在 21 世纪实现全球经济的共同富裕状态显然是不可能的，因此纸质杂志仍有其存在的市场。

其次，对纸质杂志的乐观还表现在对其专业内容的信任，即对专业化的期刊类杂志抱有信心。"内容为王"永远是期刊的核心竞争力，调查表明，进入 21 世纪以后，不少报纸、杂志经营越来越惨淡，甚至破产、停刊，然而作为学术研究成果展示平台的期刊并未受到新媒体的冲击，数量反而有增长的趋势。有一句话说得好："在专业领域中真正可靠的知识不只限于在谷歌和百度网站上搜索。"同时，要做一个好的博士，就要"到真正的图书馆去，浏览相关学科的学术期刊和书籍"。而要成为一个好的博导，"请重视资料和文献在团队内的积累和应用，请为自己的团队订几份专业期刊"。

期刊的增长趋势让不少人看到了纸质杂志未来发展的前景，坚定了纸质

期刊将在 21 世纪将继续存在发展的信念。那么期刊得以生存的原因何在呢？学术期刊对于学者而言是重要的学术传播和交流的载体，对于国内外学术界的发展十分重要，它有固定的阅读群体，而期刊能在深度性方面做文章，是其他新兴媒体不能做到的。

杂志的未来

纸质杂志会消亡吗？电子杂志会完全取代纸质杂志而存在吗？未来的杂志将是以何种形式而存在？从技术层面看，杂志面临的危机也可以说成是纸质载体的危机，因此拯救杂志的出路在于寻找适合显示和阅读杂志内容的新型信息发布平台和显示终端，而有关手机、电子阅读器、平板电脑等各类便携式移动终端设备的技术发明使得杂志仿佛看到了新的生机。纸质杂志数字化、电子化成为未来杂志发展的一种趋势。

在电视、电脑之后，手机有"第三屏"之称，被看做是引领生活消费和信息消费的一项新营销手段。据国际电信联盟的统计数字，2008 年全球使用中的手机总数已达 41 亿台，即每 100 位居民拥有 61.1 台，另据 Gartner 调查公司的统计数据，2010 年全球智能手机销售同比增长达 72％，全球手机销售总量达到 16 亿台。手机的普及给纸媒创建数字化盈利模式开辟了新道路。手机报的发展给手机杂志的发展提供了良好的借鉴。

被国外专业人士誉为"第四屏"的平板电脑在未来若干年内有望在全球范围内成为普通人优选的媒体终端。iPad 的出现对传统纸媒的影响可谓显而易见。在美国，发行量最大的期刊 *Modern Maturity* 一年的发行量仅为 2000 万左右，而 iPad 在上市三个多月内销售量就达到了 300 万台，而每一台 iPad 可以同时阅读几十种甚至更多的期刊。iPad 的便携式与简捷性大大降低了电脑操作技能与使用的门槛，为其迅速实现市场普及和大众化铺平了道路。可以预见，iPad 和其他品牌的移动终端将在很短的时间内进入全球亿万用户手中，而当每个人都能轻松方便地使用移动终端阅读杂志时，杂志的存亡我想也就不言自明了。

二　新兴媒体每天都在革自己的命

移动互联网对手机报的冲击，社交网站对门户网站的挑战，微博对博客的压力，基于通信和网络技术的新媒体平台和应用在对传统媒体"攻城略地"

之时，自身之间也展开了激烈的角逐。更新换代周期短，媒体形态多样化，让我们对当前极为火热的社会化媒体的发展前景也不敢过于乐观，新媒体的未来蓝图并不清晰。但是，故步自封定会陷入发展窘境，融合创新才是永恒命题。

(一)手机报

引言：盛极而衰的拇指媒体

2003 年 2 月 1 日 22 时 32 分，在美国哥伦比亚号航天飞机失事后的 16 分钟，新浪网便以手机短信的方式把此条新闻发送给千千万万个用户，从此开启了国内手机传播新闻的先例。但相比之下央视一套直到 23 时 50 分的时间才插播了"哥伦比亚"号坠毁的新闻，比短信晚了一个多小时，而纸质媒体刊登此新闻却在第二天的时候，时间更是晚之又晚。不同媒体信息送达的时效性在这一事件中有了明显的优劣之分。"手机传播新闻"，这是对手机报这一新兴媒体最简单直接的描述，严格意义上来说，有两大类的手机报，一类是直接依托手机建立的新闻采编和播报平台，另一类则是依托已经较为成熟的平面媒体而单独开辟的手机传播通道。2004 年 7 月 18 日《中国妇女报》推出《中国妇女报——彩信版》，标志着我国第二类手机报的兴起，这一类手机已经成为继创办网络版、兴办网站之后，传统报业跻身电子媒体的又一举措，可以说是报业开创新媒体的独特方式。

手机报是凭借手机媒介，通过纸媒、移动通信商和网络运营商相结合的渠道，共同构造的一种信息传播媒介，人们可以使用方便快捷的手机浏览当天要闻，因此，手机报也被誉为"拇指媒体"。实质上手机报是电信增值业务和传统媒体相结合的产物。从一家国内知名市场研究公司的数据我们可以看到，中国现有手机用户在 2013 年三月突破 10 亿大关，庞大的潜在受众群体成为手机报这一新兴媒体得以迅速发展的原动力。除了受众广泛，手机报还有携带方便、内容易读、价格便宜、种类繁多、消息及时、互动性强等特点，这些都是手机报成为当代媒体先锋的资本，我们也将具体探索到 2050 年左右，手机报会有怎样的不俗表现。

手机报作为一种新兴的信息媒体，被称为继报刊、广播、电视、网络之后的"第五媒体"，从诞生之日起，手机报就显出强大的生命力。2005 年年底，全国手机报用户达到 100 万；2007 年年底，这一数字超过 3000 万；而到 2009 年年底，全国手机报用户已达到 1.5 亿，付费用户达 7000 万。全国报业已推出涉及娱乐、旅游、财经、体育、健康、饮食、教育、多门语言传播等领域的手机报约 1800 种，通过手机这一方便快捷的终端，传统媒体的这种新型传播渠道正在成为一种趋势。

虽然我们看到了它的发展前景，但随着如今新兴信息传播媒介的不断推陈出新，关于"手机报"这一新闻信息传播方式是否会过时甚至被淘汰的争议也开始出现。

正方：手机报犹如死水微澜

虽然手机报作为新兴的"第五媒体"被很多人看好，但是随着科学技术，尤其是移动互联网的发展，手机报的不足也日渐凸显。

1. 内容同质化严重，对受众缺乏吸引力

手机报的内容多来自传统媒介和门户网站等，其内容是报纸等其他媒体上信息的简略版和摘要，并非真正意义上的"报纸"，因而从内容上来说缺乏原创性和针对性。而在现在以"内容为王"为主旋律的媒体竞争中，同质化将是媒体发展最大的阻碍。虽然手机报具有一定的自主性和便利性，但是无法以内容吸引受众，将是手机报最大的致命伤。

2. 移动互联网让手机用户转向其他有效途径

移动互联网将移动通信和互联网二者结合成为一体，让手机也具备了上网的功能且几乎不受到时间和地点的限制，只要手机具备上网功能、处在有信号的地方，就能随时随地浏览海量网上信息。移动互联网的优势决定其用户数量庞大，截至 2012 年 9 月底，全球移动互联网用户已达 15 亿，其优越

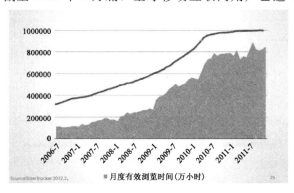

图 2-5　2006—2011 年网民 Web 端有效浏览时长减少

性可见一斑。尤其是随着平板电脑、智能手机的问世普及，移动互联网将成为人们浏览网页的主要工具。

从上图可以看到，从 2006 年到 2011 年，网民从 Web 端浏览网页的时间减少，而通过手机等方式浏览网页的时间增长。而且，从世界各地的情况来看，在世界发达和发展中国家智能手机已经非常普遍，且大多数用户会将第二多的时间用于浏览网页。

相反，手机报虽然种类繁多，但是每条手机报有着非常有限的容量限制，因而，即便是手机报订阅用户井喷的 2009 年，中国的手机报用户也仅有 8000 万，而截至 2010 年年底，中国的移动互联网用户就已经超过了 3 亿。

3. 手机报内容缺乏深度、娱乐泛滥、内容分散

在所有的消息类型中，只有娱乐消息和生活性消息相对简单短小且吸引眼球，因而手机报在选取内容的时候更加偏向娱乐性和生活性的短小的消息，虽然也能有效地吸引一部分受众，发挥手机报的优势，然而这种选择让手机报的内容缺乏深度和广度，娱乐泛滥。另外，受到手机屏幕的影响，一条消息有可能会被拆分成多页呈现，内容呈现分散化的状态。

4. 手机报脱离全媒体要求，没有发挥自身优势

手机报的发展从起源上来看是顺应了全媒体发展的要求，整合了纸媒和自身优势的，从而形成了包括了图文、声画等多种传播形式的全媒体传播方式。然而，就目前的手机报发展来看，依旧是靠文字来支撑的，图片和声画传播只是作为辅料的形式出现。

图片原本是手机报全媒体发展中必不可少的元素，但是由于受到手机屏幕大小和传播条件的影响，图片传播的优势并不明显，很难想象一张质量和清晰度都差强人意的图片能够明确地传达它原本应该承载的信息量。另外，为了保证内容的连贯性和发扬手机报传播短小精悍的优势，手机报中也无法大量加入新闻图片。因而，图片传播在手机报的传播体系中成为了鸡肋，地位十分尴尬。

就声画传播而言，由于受到技术等条件的限制，还没有真正投入使用，而目前普遍认可的 30K 左右的手机报容量来说，声画技术的使用也只能是一个遥不可及的梦想。

图片传播成为鸡肋，声画传播遥不可及，顺应全媒体发展要求诞生的手机报最终只能像传统纸媒一样以文字传播为主以保证信息量。从某种程度上来说，手机报实际上走上了一条与全媒体的要求背道而驰的道路。

5. 手机报商业化运作举步维艰

目前，手机报没有专门采编团队，内容借鉴与其他媒体，投入较小。但是相对的，手机报的盈利模式也十分单一：向订阅用户收取订阅费用；向浏览 Wap 网站的用户收取流量的费用；向广告商收取赞助费用。就这三种方式来说，效果也是不尽如人意的。首先，手机报的价格为每月 10 到 25 元不等，年订阅价上百的手机报对于年订阅价几十元的报纸来说没有丝毫优势，无法吸引受众。其次，通过向 Wap 网站的浏览用户收取流量的费用，收益甚微。最后，不管是在彩信手机报还是 Wap 网站中植入广告，都会受到手机传播各方面的限制，传播效果与传统媒体或是以网络为带便的多媒体相比相去甚远，细小的利润空间无法得到广告客户的认可，无法赢得广告商的青睐。

6. 受众阅读习惯制约了手机报的发展

手机屏幕小，造成手机报分页多，每页的文字少且小，浏览起来比较费劲。对于屏幕较小，每页只能容纳约百字的手机来说，阅读完超过四千字的手机报需要完成数十次的翻阅，十分不便。另外，对于习惯了宽视野阅读的受众来说，狭小的手机屏幕的阅读方式实在让人难以适应。因而，手机自身的设计和受众的阅读习惯制约着手机报的发展。

3G 无线网络的推出，解决了手机报局限于短信长短和彩信容量及无线网速的难题。手机报在高速宽带的 3G 网络支持下，不但能很好地承载传统报纸的传播方式和内容，还可以搭载视频、音频、图片、动漫等多媒体表现形式。在 2010 年，国家新闻出版总署在《关于进一步推动新闻出版产业发展的指导意见》中也强调要积极发展数字出版、网络出版、手机出版等以数字化内容、数字化生产和数字化传输为主要特征的战略性新兴新闻出版业态，这为手机报的持续发展奠定了政策基础。

反力：手机报兴盛近水楼台

手机报短时间内并不会消亡，是因为它具有的一些优势，这些优势主要体现在以下内容。

1. 手机报潜在用户基数庞大

手机报是依靠手机媒介传播的，而截至 2012 年，根据三大运营商披露的数字，中国的手机用户已达到 10 亿，并且仍然呈递增的趋势，这个数字远远地超过电视、电脑的使用人数。这使得手机成为最为大众的媒介，手机报的可能用户群体的基数大，并且分布广泛，各个年龄阶段、各种学历层次的人都有可能成为手机报的受众。并且，手机具有很强的便携性和"绑定性"，让手机用户几乎时时刻刻都将手机带在身上，任何时候，用户都可能用手机接收信息。

2. 手机报具有很强的时效性

手机报比传统报纸更有时效性，它在从信息传播开始，到用户接收到信息，这中间的时间损耗十分小，因为手机报与广播、电视一样依靠电子信号传播，而不是传统的纸质媒体。同时，手机报传输信息很多时候比电视、网络传播信息更有效率，这是因为手机是人们随时都携带在身上的，很多新闻消息都可以通过手机第一时间传递给受众，而若人们不使用电视和网络，就没办法第一时间得知新闻消息，手机则不存在这个问题，因为人们时时刻刻都在使用手机。因此，手机的信息传播效率是很高的。

3. 手机报信息简短易读

手机报相对来说是简短的，是通过了整理和筛选的，这使得受众省去了许多浏览报纸所浪费的时间。许多上班族，没有过多的时间和空间去翻阅报纸，手机报就解决了这个问题，简短的信息大大地节约了他们的时间，公交上、地铁上，任何地方都可以使用手机阅读手机报。手机报无疑是对于受众来讲，接收信息最方便的形式。

4. 订阅手机报成本低

这个低成本也是双方面的，一方面，对于受众来说，手机报通常每个月花费3～6元钱，一天一份或者两份手机报，每份手机报数十页不等，算下来，每天可以仅用一两毛钱就阅读到数十条信息，每条信息不过一两分钱。这比买报纸来阅读更加便宜，更加实惠。另一方面，从手机报的传播者来说，手机报的信息大多是已有的信息的编辑，鲜有独家采访新闻和信息，制作成本低。但若手机新闻报要想有更大的发展，树立更高的地位，就必须拥有区别于其他媒体新闻的独特的观点、独家的新闻消息，这也是手机新闻报需要发展的方向。

5. 手机报种类多，针对性强

手机报的用户可以根据自身兴趣爱好选择性阅读内容，告别阅读统一内容的时代。这一点上，与其说手机报是报纸的衍生，不如说手机报更像杂志。现在的手机报，种类丰富，风格各异，都有不同的主题，涵盖了娱乐八卦、财经政治、旅游、健康饮食、教育等各方领域。这使得手机报具有了更强的针对性，每种手机报都有一个明确的目标群体，几乎每个人都可以在手机报中找到自己感兴趣的那几种，明确的受众，较强的针对性，使得这种信息服务的个性化、小众化是手机报探索出来的发展方向，也是手机报的优势所在。

　　然而，在现阶段，传统报纸还是手机报的主要承办者和内容提供者，手机报也正在困惑和挣扎中寻找更大的发展空间。对于 2050 年左右的手机报发展，我们也仅仅能够从移动终端技术的革新以及整个新闻传播样式的改变来进行推测，当然我们相信，更加广泛的读者受众、更加便捷的携带和传递、更加丰富且个性的内容提供，更强的互动性和选择性都将是手机报未来发展的主题。我们期待着几十年后，人们能摆脱一切传输介质和传播模式的束缚，真正地进入信息传递和共享的自由时代。

(二)门户网站

引言：初探门户网站——简介与分类

　　门户网站被称为网络世界的"百货商场""网络超市"是由 portal site 翻译而来，是指通向某类综合性互联网信息资源并提供有关信息服务的应用系统。门户网站最初提供搜索服务、目录服务，后来由于市场竞争日益激烈，不得不快速地拓展各种新的业务类型，希望通过门类众多的业务来吸引和留住互联网用户，以至目前门户网站的业务包罗万象。门户其实是什么都做的一种比较贪心的定位，但是随着发展，国内外各大门户网站也都在突出自己的特色，如网易的游戏，新浪的微博。

　　基于国内门户网站的现状，笔者将其分为以下几类：一是综合性门户网站，这类网站以新闻信息、影音资讯为主，如新浪、搜狐，称作资讯综合门户网站；二是搜索引擎式门户网站，提供强大的搜索引擎和其他各种网络服务；三是地方生活门户，以本地资讯为主，如本地资讯、同城网购、分类信息、征婚交友、求职招聘、团购集采、口碑商家。现在综合门户网站如新浪、腾讯，也根据不同城市推出了更贴近该城市、地区用户的细分，即城市频道，如腾讯的大渝网、新浪河南、凤凰城市等；四是新闻门户网站，各大传统媒体为适应新时代信息传播的需求和趋势，也都抢滩登陆互联网世界，寻找新的渠道，建立了世界各地媒体机构的新闻门户网站，如新华网，凤凰网。新闻等各种资讯的传递也更为迅捷，更新速度更快，更新周期更短；五是政府门户网站，即政府创造的门户网站。在我国，各级政府机构都设立了门户网站，从中华人民共和国中央人民政府门户网站(www.gov.cn)到各省市的门

户网站，应有尽有。但这些门户网站的浏览量实际上是很少的；还有种企业
门户网站，提供工作场所的共享和协作，门户网站的内容可以在多个平台上
工作，如个人电脑、手机。实际浏览量很小，范围大多限于企业内部。

著名的搜索引擎百度也有进军门户的趋势，但现在还是以搜索引擎为主。
门户网站是大而全，搜索引擎是功能化的网站。一般来说，门户网站自身也
都会包含独有的搜索引擎，如腾讯的搜搜。还有些只做搜索的浏览量较大的
搜索网站，其实可以称为搜索门户。Google 是最大的英文搜索引擎，雅虎是
最大的门户网站，百度是最大的中文搜索引擎。

近观国内门户网站——发展和重新定位

搜狐、网易、新浪、腾讯被称为中国门户网站的"四大天王"。"四大"提
供的服务多样，但也各有特色和侧重趋势。网易以游戏为王，兼有强大的邮
箱服务，新浪从博客到微博，是这个领域的领头羊，搜狐 2011 年已成为网络
视频领域的第二位，在独立访问量以及视频浏览量方面都取得了显著增长与
成功，搜狐 CEO 张朝阳说："2011 年全年，搜狐视频广告业务收入为 3.7 亿
元人民币，年增长率为 120％。至于 2012 年，我们希望能再翻一番。"所有门
户网站的主要经营目的都是盈利，通过互联网开拓市场，开展一系列电子商
务活动来获得更多的利润。而怎样盈利、是否盈利、盈利多少也成为这些门
户网站能否继续存在，长立不倒的立足点。

由于市场竞争日益激烈，为了争夺用户、流量、广告商……从现在的情
况来看，门户网站提供了各种各样的服务，主要有新闻、搜索引擎网络接入、
聊天室、电子公告牌、免费邮箱、影音资讯、电子商务、网络社区、网络游
戏、免费网页空间等。而且现在都加入了搜索引擎，以及附加的功能与服务，
如影音播放功能。

正方：门户网站"日薄西山"

在互联网发展的初期，门户就是它的代名词，雅虎为代表的门户资讯网
站的兴起，是门户网站发展的黄金时代，而随着互联网的发展及全新用户体
验产品的推出，门户网站受到搜索引擎、社交网站、微博等产品的一系列冲
击。这几年不停有质疑的声音出现，有人认为微博是门户网站的取代者，还
有人说社交网站会"血洗"门户网站。当门户网站引以为豪的资讯、娱乐功能
正逐渐"转移"到微博、社交网站上时，门户网站的处境已经不再如日中天。

以雅虎为例，在过去十年间，其市值一直处于下降状态，2011年的网页流量下降了35％，而国内四大门户网站第一季度财报中，门户广告表现可谓是惨淡，除了基数较小的网易增速达到18％之外，搜狐、新浪、腾讯的门户广告增幅均未超10％。从数据上就可以看到，门户网站的发展势头已经大不如前，而论证其的消亡趋势也主要基于以下原因。

1. 盈利模式挑战

《电脑版》在2008年曾经有一篇名为《那些消失了的门户网站》的文章，文章开篇是这样写的，"网易已早早转型，远离门户，搜狐正在离开的路上，只有新浪还在坚守。十年零两个月前的一天，雅虎中文网不声不响地出现了，开启了中国网络门户网站大门。随后，新浪、搜狐、网易、TOM等网站，纷纷叫响进军门户的口号。十年后，大量新来者再次涌入门户网站，最凶猛的当数腾讯和百度，门户格局再次发生微妙变化。沉舟侧畔，千帆已过。除了新浪等寥寥门户网站，多年前的传统门户网站要么消失，要么改头换面，昔日的传统门户网站，正离我们越来越远。2007年网易广告收入占总营收不足10％，而网游却占据收入的84％。"文章旨在从盈利模式方面分析，表明门户网站的衰落乃大势所趋。

2. 新的传播媒介对门户网站的冲击

大热微博

李开复曾对"微博是什么"做了一番总结："微博是社会化的传播平台，是很好的狗仔队的观望台，是很好的维权的工具，是一个门户网站的取代者，是一个让你呈现真面貌、打造个人品牌的工具，是一个让我们能认识朋友，得到关注和信任的工具。"[1]他认为微博将会让我们的生活方式、社交方式和商业模式发生深刻改变。

确实，微博会让我们的生活方式、社交方式和商业模式发生深刻变化。对4亿多中国网民而言，微博已经并且还在改变着你们的生活方式，"织围脖"、刷微博、不断有新"粉丝"和关注其他用户，已经融入越来越多的网络用户的日常生活。

用户可以直接从微博上获取世界各地的新闻快讯、图书推荐、近期热点话题（微博上专门有近期热门话题一栏），通过手机终端刷新微博，就可以不

---

[1]　微博是门户网站的取代者[J]. 长江商报, 2011-01-14.

分时间不分地点(如开会、上课时)获得即时更新的各类信息。并且自己可以随意关注任何一个感兴趣的人，所以大大提高了自主性，可以只看这些关注的用户所发的微博。总之是可以跳过门户，从手机或电脑终端登录，并且满足日常需求。

而且微博的更新速度快，在微博上每个人都是信息的生产者和消费者。互动性也极强，也促成越来越多公民记者的出现，丰富了信息的来源，带来了一个"人人都能发声"的时代。

特别是在突发和热点事件中，微博令人眼前一亮的表现，也吸引着更多的"粉丝"。如 7·23 温州动车事故的当事人的现场记录和求救、救援。传统的新闻媒体也都纷纷注册了微博，以达到更快速的传播方式、适应潮流。

社交网络的时代

社交网站的参与者正争先恐后，将其社交功能输送至所有网站，拓展其对整个网络的影响力。内容、沟通、商务和搜索已不再是"四巨头"的"独门绝技"。人们平时可以不登录门户网站，直接通过微博刷新闻，人人热门分享(视频、日志、相册、个人动态等)，来获取各式各样的信息。特别是现在手机也成了社交网络的一个载体，人们可以直接通过手机，登录微博、人人，看到实时更新消息。而这个速度，比门户网站编辑新闻要快。

社交网络即 SNS(Social Network Service)，意译为社交网络服务。社交网络含义包括硬件、软件、服务及应用，由于四字构成的词组更符合中国人的构词习惯，因此人们习惯上用社交网络来代指 SNS。Facebook 是世界上拥有最多用户和影响力最大的社交网站，而在中国，类似的社交网站主要是人人网、开心网、豆瓣等。

人人网基于用户现实中的人际关系，在网络中形成一张新的更大的网，这种关系的黏合度很高，信息传播的效果也较佳，经常会有口碑传播现象。备受年轻网络用户的喜爱，满足了他们交友、日常资讯、娱乐等的需求。人们正在逐渐习惯登录社交网站分享日常生活动态，了解新闻资讯这种方式。

以社交网站的行动为例，以前，只有门户网站提供免费的电子邮箱服务。现在，拥有 3 亿用户的 MySpace 正准备提供同样的服务。另外，MySpace 还推出了工具栏，会员可以看到朋友的"种子"——讲述他们在其他网站的所见所闻及购买的东西。至于日前活跃用户超过两亿大关的 Facebook，也已提供电子邮件、即时信息、视频共享等服务。

2011年伦敦骚乱期间，有人利用推特（Twitter）组织抢劫，有人通过"脸书"（Facebook）展示"战利品"。似乎社交网络在骚乱中推波助澜。终归是"枪不会杀人，人才会杀人"，也有很多人在脸书上呼吁和平示威、停止暴行，向警方和市民提供各区域现场情况的。从这也可以看出，社交网站这一交流工具正在形成人们新的媒介使用习惯。

人们对于媒介的使用，可以形成习惯，而习惯是持续一段时间存在，并且具有不易改变性。

而在Web2.0时代，人们更加倾向于以碎片化信息的方式接收信息，伴随着社交媒体的发展与移动终端的普及。虽然传统的门户大而全，但需要用户自己被动地去找寻信息，或是充斥着漫天的无意义娱乐消息，低俗、标题党之流，必然不能适应移动互联和碎片化信息传播的发展。

网络的发展、新用户的增加、使用习惯的改变及各种网络工具开发应用似乎都在宣告门户的行将入木。也有人说未来是电子终端的时代，终端电子设备的出现打破了首页模式的独霸地位，手机的普遍性和无线网络的应用，以及各种终端软件，使手机成为新的社交网络的载体。谁掌握终端谁就掌握用户。并且三网融合也将加速终端对用户的占领。

反方：门户网站"江山稳固"

似乎印象中西欧的贵族，大部分最终都以没落的形象出现，只留有家族光荣的姓氏，但其实家中经济拮据，花销节俭，有种仰着头硬撑着过日子的感觉。门户网站一度如日中天，坐拥"贵族"的地位和荣誉，但随着时光流走，也有不少走向了消亡。如联想重金打造的FM365早已灰飞烟灭，域名甚至也一度沦落他人之手。

但并非所有的贵族都是没落的下场，也许世事并没有那么绝对。很多门户还是保存下来，并逐渐找到属于自己的路子。

门户网站在视频网站萎缩的同时却在大幅扩张。易观国际2012年相关报告显示，各大门户的视频新闻用户正在急剧上升。易观分析师指出，"这是一个新趋势，门户网站正在凭借其品牌优势抢夺互联网视频广告市场"。

既然是"贵族"，门户网站盛极几时的原因也必定不少，它们通过不断转型、追求多元发展、提供多种服务，实现盈利和持续存在的目的。

像门户网站的专题和深度报道，满足了用户深度阅读的需求，而这种需求是永远存在的。对信息的快速消费也是永远存在的，浅阅读、浅思考与深度阅读、深度思考无非是一个此消彼长的过程。

凤凰新媒体CEO刘爽说: "报纸存在多少年了, 广播的出现没有让报纸消亡, 电视的出现也没让广播消亡, 互联网在中国出现十多年了, 中央电视台的广告都还是卖得火火的, 怎么可能微博一出现, 门户网站就灭亡了, 我认为绝对不可能而且也是绝对替代不了的, 它的承载功能不一样, 有的可能是持续型的, 有的可能就是昙花一现, 比如, 博客当时多火, 博客当时出现就认为会把门户网站血洗, 但并没有血洗, 但我不认为微博是一个昙花一现的东西, 我认为会有持续的生命力。"

刘爽还指出, 实际上在微博领域和门户领域, 有很多相互推介的功能, 很多人因为无聊去了微博, 但又因为推介回了门户。

对媒体的从业者而言, 要改变、引领一个潮流、趋势是很难的, 但是需要的是发现潮流是什么, 以及社会的变迁和人的习惯的改变, 捕捉这些细节, 观察消费媒体的趋势和方向, 因势利导, 更好地把握时代的脉搏, 来适应变化。

如何走得更远

要想在未来得以立足并走得更远, 国内各门户网站的未来发展趋势必然要全力推进资源整合, 强化资讯优势, 形成门户特色。

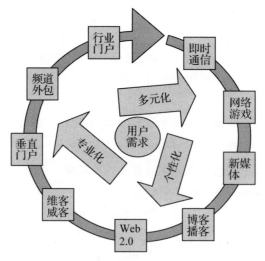

图2-6　用户需求变化与门户变革关系

强化资讯优势，不仅需要摒弃过于肤浅、媚俗、煽色情、标题党等近似哗众取宠的内容，还要加强深度阅读内容、大专题的策划，在这个层面上吸引用户，树立权威媒体的形象，加强用户黏度和关注度。

与此同时，也要找到属于该门户网站的特色和擅长之处。例如，门户"大佬"新浪将赌注押在了微博上。微博的流量已经赶超新浪门户的流量，新浪2012年对微博追加投资1.6亿美元。网易游戏已占其总营收的90%，搜狐全资收购17173之后，将之打造成中国第一游戏门户。两家公司逐渐从综合门户转向专业门户，而调查也显示，汽车、房产、游戏等广告主更倾向于在专业门户上进行广告投放。

而腾讯主编陈菊红把腾讯微博、腾讯视频、腾讯网三大平台进行整合，打造一个即时在线、以用户为中心、个性化、专业化为特色的新一代网媒平台。

门户网站如何努力实现多元化转型，提升自我，把握互联网、移动终端时代的脉搏。社交网站、微博对其而言，究竟是绊脚石还是垫脚石，谁又能说得准呢？

(三)博客

引言：博客的产生让独立思想得以栖息

"草根记者""读者文摘""敞开的心"……这一系列的"赞美"都被一个叫"博客"的占有。"中国博客教父"方兴东有个比喻：如果把论坛比喻为开放的广场，那么博客就是开放的私人房间。博客成为新时代的人们展示自我的一个平台，它具有私人性，就像是个人日记一样，发表的都是自己的心里话；但和个人日记的"遮遮掩掩"不同的是，其也具有公共性，是公开的"秘密"。更加令人兴奋的是，博客不光给了每个人一个自由表达的平台，还促成了彼此之间的深度交流和沟通。当然，博客绝不仅仅是日常琐事的记录和单纯的个人思想表达，其提供的内容具有极高的共享精神和存留价值。

1. 博客的概念

博客，是一种通常由个人管理、不定期张贴新文章的网站，又被称为网络日志、部落格或部落阁等。博客以网络为载体，迅速便捷地发布个人心得，及时有效轻松地与他人进行交流，是一个丰富多彩的个性化展示综合性平台。当下大部分的博客内容以文字为主，其中也不乏图像、音频、视频、网站链接等其他与主题相关的媒体，主题涉及艺术、摄影、视频、音乐、播客等。

2. 博客的兴起

说到博客在中国的兴起，就不得不提到一个人：方兴东。2002 年，美国兴起的一个名为 Blog，可以让每个人都能自由言论的平台让方兴东"欣喜若狂"。他做出了一个重大的决定：花几百块钱找来一个北航的学生写程序，又请几个朋友帮忙细化了界面。就这样，博客网的雏形渐渐搭建完毕。"每天五分钟为思想加油""独立思想的栖息地"就是当时博客网响当当的口号。

相较于博客网，大家对其另一个名字"博客中国"更为熟悉。博客中国也更真实地显示出其之于那个时代所具有的象征意义：其创立于中国互联网从第一次泡沫中即将走出的 2002 年，并率先提出"博客"的概念。方兴东和王俊秀(后担任博客网总裁)觉得 Blog 不应该仅仅是简单的个人写作，而是要把每个人最有价值的东西呈现在互联网上。灵光乍现之下，与中文发音相近的"博客"一词孕育而生。

2006 年，徐静蕾的网上博客冲破 1000 万点击量大关。徐静蕾博客的这第一个 1000 万再一次刷新中国互联网的历史纪录——她用最短的时间，也就是 112 天，创造了 1000 万的最高点击量。当年年末，以新浪为代表的门户网站成为后起之秀，其博客力量已经完全超越了博客网等新兴垂直网站，博客几乎成为任何一个门户网站标配的重要频道。

就这样，博客的网络影响力迅速蹿升，成为前些年最热的网络现象。

3. 博客的分类

现在的博客主要分为以下两大类。(1)基本博客：单个的作者对于某个特定的话题(话题几乎涉及人类的所有领域)提供相关的资源，发表简短的评论。其中又包含了个人博客(独立博客)、企业博客等。(2)微型博客：简称"微博"，其作者不需要撰写很复杂的文字，而只需要抒写 140 字以内的心情文字即可(如 Twitter、新浪微博、网易微博、腾讯微博、叽歪)。本节我们主要集中于探讨传统的博客也就是基本博客的发展趋势。

广播出现后，曾有人预言报刊会被广播取代。电视出现后，又有人预言广播和报刊将被电视取代。互联网兴起后，又有人站出来预言网络媒体的发展必然会使传统的电视、广播和报刊走进博物馆。而现在，微博来了，传统博客也面临着被自家的"小兄弟"篡夺权位的危机，博客的使用率下降已经成为不争的事实，那么这是否意味着传统博客会被"后浪拍死在沙滩上"呢？

正方：博客渐成末日黄花

1. 论据一：社交网络引领潮流

在美国，博客曾经是许多网民通过网络分享他们的想法的唯一手段。但是随着 Facebook 和 Twitter 之类网站的崛起，博客的吸引力正在从大量用户——特别是年轻人中逐渐消退。

从 2006 年到 2009 年的调查显示，在博客用户群中，12 岁到 17 岁的用户锐减了一半；现在该年龄段的青少年中，只有 14％在网络上使用博客。而年龄在 18 岁到 33 岁的人群中，博客用户也在减少。

是什么原因让大家对博客失去兴趣了呢？一些过去使用过博客的用户称他们平时太忙，没时间写长篇大论，同时也对于自己的博客匮乏读者而感到心灰意冷。还有人表示他们压根儿就没打算开博，因为社交网络已经有效地帮助他们和朋友及家庭成员取得了密切联系。

2. 论据二：独立博客行将就木

中国著名的写手张无计在《为什么说独立博客行将就木》中表示博客逐渐被微博客、轻博客所替代是有目共睹的。就像收音机被电视机取代、BP 机被手机取代一样，是不可逆的潮流。

他认为，独立博客缺少聚合平台，导致一个尴尬的后果就是：博客写出来的东西只有博主们互相欣赏。独立博客需要的聚合平台应该是一个简单的门户。门户展示的内容不是博客，而是博文，是包含各种思想、技术、资讯的综合性平台。但事实上，不要说这样的门户，连一个成熟的论坛都没有。另外，独立博客目的性太强，要么是为了营销自己多接单，要么是披着博客的皮在做站，要么只是站群中的一个环节。

3. 论据三：微博实在是太火了

如果要问 2010 年互联网里动静最大、影响最大的事儿是什么，那答案显然是微博在中国的全面开花。微博以其他网络产品所不能比拟的传播速度和广度迅速征服网民，成功圈地，业内人纷纷称这一年为"微博爆发年"。历史证明，一切复杂、烦琐的东西往往都会被更便捷、快速、简单的东西取代。我们现在用的电脑、手机、家用电器等，无一不是如此。甚至有人畅想，也许有一天，你躺在汽车里，告诉汽车你要去的目的地，然后睡一觉就到了。

这是一个充斥着快餐文化的时代，"快速"成为了一个关键词。而微博本身就是快餐文化的产物，其维护关系、宣传、获取知识、快速关注新闻动态等特点，符合当下人们的思维、生活方式。有了微博，很多人都停止或很少维护自己的博客，因为写微博、看微博都只花几分钟时间，而写一篇博客往往需要绞尽脑汁，酝酿上半天。在微博面前，博客似乎就是一个老掉牙的人，而微博时尚无比。

反方：博客必将历久弥新

1. 论据一：深度经得起时间的考验

其实对博客造成"生命威胁"的最大隐患是其自家人——微博。但是也有很多人认为博客不会被微博取代。原因如下。

（1）博客和微博，就如同家常便饭和快餐，为了适应社会节奏，人们当然会吃些快餐度日，但粗茶淡饭细品慢嚼才是生活的幸福真谛。在这个浮躁的社会中，"快餐"文化注定会风起云涌一番，但往往兔子尾巴长不了，正如同当年的掉渣饼和刚刚过火的上网本。

（2）博客文章的深度是微博所不能比拟的，这一点上，注定了博客生存的时间要长于微博。博客和微博的差别，绝不是在文字的长短，而在于内容的深度和可读性。大多数的微博作为一种寻欢式的传播手段，只能成为茶余饭后的小品，注定成不了人们生活中的永恒主题。

博客让人深思自己、深刻感悟一些事和物；而微博恰恰让人感觉浮躁。一些信息随看随消，能沉积下来的不多（你能记得你昨天看过的微博的内容吗）。

（3）微博由于其方便性等特点，电脑、平板电脑、手机都可以轻松写、看、转、评微博，上网时间更长（甚至很多人到半夜），更加严重地影响休息和健康。

2. 论据二：独立博客是满汉全席

有人认为，假如微博能够持续繁荣的话，独立博客更应当获得新生，因为就内容来说，微博是快餐，而独立博客则是一桌满汉全席。文明的本质是对于糟粕的剥离和精华的泥固，从这个意义上来说，独立博客其实承载着崇高的使命，它的未来应当是光明的。

一般人写博客都是为了记录和分享，很少人专门用博客来赚钱。像月光博客这样的博主也是有自己的工作的，想靠博客来赚钱的人早就饿死了。所以，对于独立博客主来说，写博客只是一项娱乐活动，一个爱好。因为它不会直接影响我们生存，我们有空就写，没空就不写。正因为这是一项娱乐活动，所以它不会消亡。

结语

微博是互联网的新宠，但是它在本质上还是 Web2.0 的一种发展形式，而 Web2.0 的兴起原本就是以博客的产生为标志的。所以，归根结底，博客和微博其实就是一家人。那么，既然是一家人，为什么不能和平共处呢？试想一下，博客的深度和微博的迅速完美地融合在一起的话，有不同需求的人就会得到不同的满足。就像我们需要在家里吃家常便饭，偶尔也会出去吃一些街边小吃，这就是生活，不乏味的生活。如果没有了博客和微博中的任何一个，你的生活会不会因此而单一乏味呢？

(四)微博

引言：国内外微博发展简介

1. 国外微博发展史简介

(1)2006 年 3 月，blogger 的创始人威廉姆斯(Evan Williams)推出了一个叫"Twitter"的东西，它的字数被严格地限制在 140 字以内。Twitter 提供的是一种实时在线交流服务，而关注此用户的能在第一时间收到其发布的消息。

(2)2007 年 5 月国际间的一个统计发现全球总共有 111 个类似于 Twitter 这样的网站，而 Twitter 却在 2007 年赢得了部落格类的网站奖，这足以说明 Twitter 在这个领域中的地位。

2. 国内微博发展史简介

(1)由于 Twitter 在国外的巨大影响，也使得国内的一些人开始来开发这个领域，这种"迷你博客"开始在中国大陆崭露头角。

(2)2007 年 5 月，王兴创建了饭否网。同年，李卓桓也开通了微博网站叽歪网。紧随其后，拥有数亿用户的腾讯也进入了微博的领域，并于 2007 年 8 月 13 日推出了腾讯滔滔，这是中国大陆第一家涉足该领域的门户网站。

(3)后来，微博网站的数量又有所增加，如做啥网、嘀咕网等。但是由于经验缺乏，不成规模，单纯效仿国外微博产品等诸多原因，导致用户相对较少，致使关注度偏低。因此，一些微博网站就到了举步维艰的窘境，甚至还有网站到了被关闭的地步。

(4)在 2009 年出现了一批新的微博网站，如同学网、9911 微博客、百度 i 贴吧、Follow5、新浪微博、搜狐微博等，最值得一提的就是新浪微博，它的发展速度超乎想象，成为了中国微博领域的排头兵。微博领域也开始百花竞逐，呈现一番欣欣向荣的景象。2009 年，微博这个词汇也成了全世界最流行的一个词汇。

（5）经历了 2009 年的火爆之后，2010 年微博的发展就像水银泻地一般不可阻挡。不仅腾讯、搜狐、网易等门户网站相继推出了微博，就连一些媒体网站如凤凰网、新华网、人民网等也推出了自己的微博。

（6）据艾瑞咨询公司 User Tracker 发布的数据活跃账户突破了 6500 万个。借着 2010 年的强劲势头，2011 年和 2012 年微博的发展势头依然不可阻挡。

正方：微博"劣迹斑斑"难长存

微博虽然在目前来讲是一种非常受人关注的新兴媒介，用户群体也非常大，但是其凸显的劣势让它难以长存。

1. 碎片化

（1）微博是弱冠系的链接，信息的更新速度很快而且篇幅狭小，不容易形成深刻的讨论的表述，许多事情和观点是引而不发，引而无法发。需要借助线下的传统媒体和公众实践才能够形成合力。对于长期沉浸于微博阅读和微博获取信息的人群，必然影响其于阅读的质量和生活的质量，产生片面化的观点，难以全面准确地了解事情的全貌和真相。微博的内容关乎许多的人的个人生活点滴和细节，尤其是许多娱乐人物的花边和八卦，甚至是微笑的一个表情和转发，在这样细小的空间里难以挖掘全面客观准确的信息，微博渐渐地出现了平淡无味的内容泛滥状态。微博的创作状态时随机的和随性的，有时候甚至是无聊的和漫无目的的。短小快速的观点的呈现，有时只能够产生饭后谈资和两天热度的话题效应没有办法对许多读者产生深远的系统的逻辑引导作用。

（2）权威失声。微博的便捷性、低门槛、内容的短小精悍等降低了信息传播的难度，任何个人在任何地方随时随地地发布。微博表达的技术手段上面的公平性，让普通群众和社会精英的距离，尤其是专业性上面的差别很难直白地体现出来。短短的话语之间，专家学者的思考和深度难以表述和阐释，不能引导和普及常识，难以主导话语权，有时候会演变成为数量上的单独较量，"僵尸粉"和水军泛滥，让真知失去了变大的机会和平台，容易误入歧途。

（3）琐碎的生活秀场，有价值的信息少。传播的欲望、被关注的欲望、偷窥的欲望、宣泄的欲望，大众心理在微博这个秀场中表现得淋漓尽致。近乎为零的发布成本，使大量用户常常发布一些毫无价值和实质的琐碎信息。如此碎片化的信息，会加大新浪微博的维护成本，另外，当用户越来越多地接收到无意义的信息，他会在潜意识里认为该平台就是叙述吃喝拉撒的。信息的价值减少，平台也会面临着危机。

2. 国内微博环境封闭

现在互联网的生态是开放的生态，单靠一己之力已经不能够产生伟大的变革，微博开放的生态环境，社会化的平台，有着良好的各种整合机制和技术手段，以及良好的融合性质和兼容的平台，给予了用户更多的价值和渠道，也同时给予了微博自身平台更多的发展机会。这能使微博的发展越来越好。对比国外同类的服务提供商，他们都开放了自己的生态，促进自己的发展，国内的微博可能面临着自己禁锢发展脚步的可能。

3. 信息冗余成最大不足

微博是碎片化沟通时代的产物。文本碎片化给微博带来了传播的优势，但信息不成系统、短小、无标题往往会造成信息的无组织现象。另外，随时记录的微博成为了一个个人行动的日记本，生活和工作难以简明的分离。这令人不得不担忧微博用户今后是否会对这些冗余、重复的信息产生厌倦甚至排斥的心理。

4. 海量信息难于管理

由于在微博上发表内容极为容易，加上其分享、转发的功能，让任何一条消息都能迅速扩散。对于微博运营者来说，如何管理海量信息是一个很大的挑战。除了以往的关键字筛选之外，微博势必需要采用一些新的管理技术。

5. 信息真假难辨

随着智能手机的使用，微博用户们可以更加快捷、随意地发布信息，但这种大众、原创、实时播报的方式由于缺少有效审核，极易导致微博信息良莠不齐、真假难辨，部分言论甚至危害社会稳定。如何防范其负面影响，也成为尚待解决的问题。

图 2-7　微博也是谣传滋生的温床

6. 影响力不强，同质化严重

创建微博网站起点相对较低，近几年互联网上出现了越来越多风格、内容、营销手段等都十分相似的微博网站。而且，这些微博网站目前影响力也不大。在这种情况下，微博如何寻找自己的突破点，在竞争中立于不败之地值得深思。

7. 微薄的盈利空间面临着困难

微博在国内外的狂热发展虽吸引了很多商家的关注，被认为有捞一桶金的潜力，但它在客服上移动运营商的暧昧关系(移动运营商付费，而不是向微博网站)，使得大部分商家仍在观望，国内微博企业目前尚处于慢热的状态。再者，由于对于微博的收费还未出台硬性的规定，微博目前的收费仍然偏高，这对广大微博的用户或应用群而言，是个不足之处。

8. 微博的盈利模式尚不明晰

关于微博的发展，人们最关心的就是其生命力问题。迄今为止，微博客并没有出现一个系统化的盈利模式。虽然微博网站的成本较小，但仍需抓紧时间开拓出有效的盈利模式。

9. 信息发布和传播者的真实存在性

"粉丝"已经开发泛滥，而且目前新浪对此事件还没有应对策略。甚至已经出现某商城有"粉丝"关注、转发、评论等出售，"僵尸粉"泛滥，可见此事件严重性。

10. 竞争加剧，媒介工具更新换代

竞争加剧的行业环境也带来威胁。新浪的用户时间正遭到腾讯流行移动信息系统微信的蚕食。尽管微信用于私人通信，而微博侧重于公共广播模式，但这两款应用均在争夺用户的关注。尤其是在移动媒介领域，更新换代的速度很快，给微博的时间和机会越来越少。

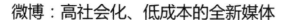

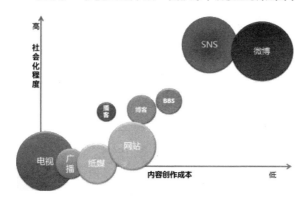

图 2-8　微博是一种高社会化、低成本的全新媒体

反方：微博"日滋月益"有前景

1. 快消费时代对于信息的速度要求给予了微博机会

短短的 140 字就能描述自己的状态、发布信息和进行评论，尤其是中文的内涵更加丰富，相关长微博工具的延伸，给了微博更广阔的舞台，这是微博受到广大人民群众喜爱的原因之一。在互联网的信息时代，大数据时代，信息爆炸，快节奏的生活和碎片化的信息使人们越来越难静下心来去获取信息和发现信息。但是微博是一个随时随地能够自由的、几乎不受信息审核的信息发布和信息获取平台，这样的机会给了当下时代的人们一个很好的沟通和获取信息的渠道，而且信息的质量有一定程度的保证。

2. 微博的实时性

微博信息的发布时间和地点，甚至是发布工具和人群特征都能够在网络上面留下痕迹和检索的信息，而且微博信息的发布是自媒体性质，不需要别人的编辑和审核，能够保障信息的快速和原发，保障获取信息的人观看到最新的消息和动态，这一点相比于传统的搜索网站的排名信息和各种更新的机制而言，有着天然的优越性。而且微博这种天生的秉性，对传统的搜索网站已经造成了很大的冲击。越来越多的人喜欢在微博上面寻找自己需要的信息，而不是在传统的搜索网站上。

3. 微博娱乐的传播性质十分强烈

微博的兴起缘由与微博大号和微博名人的加 v 和实名注册，跟当初新浪博客的成功模式有一定的相似度，作为娱乐和社会舆情的平台的功能十分突出，而且微博是弱关系的平台，跟腾讯强关系的平台有着截然不同的平台属性，可以单方面的关注别人或者被关注，互动的方法也更多的是陌生人之间的交流甚至是单方面的交流。微博这种的若关系的特征，建立了强大的"粉丝"效应和互"粉"效应，树立了微博上面的品牌效应，为将来微博挖掘自己的商业价值提供很好的平台。

4. 如何在微博上赚钱现在越来越清晰和多元化

(1)微博的营业盈利模式一直是运营商比较头疼的问题，现在阶段大部分平台都在大力做大平台，很少考虑运营收入的问题，随着微博生态的开放和各种衍生产品的加入，给微博提供了许多可借鉴的盈利手段和方法，尤其是当下比较流行的微博大屏幕直播平台短信互动，大量的短信信息和用户流量，产生了很大的价值，微博平台如何从短信中发掘价值，跟运营商交流合作共赢，也是未来的课题之一。

(2)庞大的用户群和巨大的流量是每一个广告平台都期望的价值平台，企业和投放广告的主体都对此十分的敏感和关注，这也是传统平台的主要营收之一，各个传统的门户网站和即时通信商都对此不陌生，在微博上面当然是必然的营收方法之一。

(3)品牌服务的使用。微博良好的互动性和开放性，给了许多机构和行业嵌入和整合的机会，极大地丰富了微博的生态环境，结合传统运营平台的经验和公司的强大后盾，为微博的推广和资本人力投入提供了一定的缓冲期，保证了微博生态发展的各种可能性，限制较少，而微博同时也给予了互联网行业重新洗牌的机会，许多公司借微博上位，跻身一线。

(4)电子商务。微博电商的发展前景是许多传统企业和电商看重的重中之重，未来 O2B，甚至 O2O 都是电商发展的方向，而微博就是践行社会化电商和社会化营销的最好平台，而且网商的社会化不足的缺点能够和微博的强项互为补充，发挥各自的长项，这为微博的盈利发展带来另一种可能。

(5)非真实的虚拟化价值。虚拟产品的价值在互联网企业又十分重要的商业价值，尤其是在社交和游戏领域，用户通过现实的资本投入获得网络虚拟产品提供的满足感和成就感是刚需求的一部分，运营商经营虚拟产品的生活流通和销售，提供增值服务和贵宾的社交体验能够获得盈利。

5. 大数据时代给予了微博大展拳脚的舞台

《纽约时报》2012 年 2 月的一篇专栏中所称，"大数据"时代已经降临，在商业、经济及其他领域中，决策将日益基于数据和分析而做出，而并非基于经验和直觉。而微博广泛的信息量为大数据时代研究提供样本。

6. 微博的社会价值

微博为社会环境的改善，社会舆论监督提供工具和可能。微博的存在，给予了一般人展现自我的平台，方便了消息的传播，一定程度上增强了人民群众对行政机构的监督力度，维护了大众的公民权，尤其是在推动社会反腐和政治体制改革过程中的作用是不可小觑的，微博的"反逼迫"作用，给予了广大人民群众监督政府和行政机关的舞台和手段，尤其是十八大之后的社会风气变化，微博的传播功能得到了很好的展现。

总　结

微博虽然有着一些不足和缺点，各种媒介也有着自己的发展规律和寿命，但是微博作为一种新媒介形态的发展才刚刚开始，自己还在不断的成长和发展之中，自己也在不断地探索甚至是自我革命，尤其是在眼下中国自我公民意识不断加强的情况下，微博作为自媒体的做好平台之一，其生命力是和当前的时代紧紧相连的，微博的未来还大有可为。

(五)社交网站

引言：社交网站之现状

1. 社交网络起源

"社交网络"是近些年最受关注的互联网名词，它的英文缩写是 SNS，第一个 S 是 Social 社会化，第二个 N 代表 Networking 网络，第三个 S 是 Services 服务。SNS 的概念起源于社会网络研究者提出的"六度理论"，即最多通过六个人你就能够认识任何一个陌生人。

SNS 将现实中的人际关系搬到了互联网上，让世界上的任何一个人都能通过网络联络彼此。红极一时的电影《社交网络》就是根据本·麦兹里奇的小说《意外的亿万富翁：Facebook 的创立，一个关于性、金钱、天才和背叛的故事》改编而成。影片的故事原型来源于网站 Facebook 的创始人马克·扎克伯格和埃德华多·萨瓦林。2003 年秋，哈佛大学恃才放旷的天才学生马克·扎克伯格被女友甩掉。愤怒之际，他利用黑客手段入侵了学校的系统，盗取了校内所有漂亮女生的资料，并制作名为"Facemash"的网站供同学们对辣妹评分。他的举动引起了轰动，导致哈佛的服务器几近崩溃，扎克伯格因此遭到校方的惩罚。正所谓因祸得福，扎克伯格的举动引起了温克莱沃斯兄弟的注意，他们邀请马克加入团队，共同建立一个社交网站。与此同时，扎克伯格也建立了日后名声大噪的著名社交网站"Facebook"。Facebook 后来陆续扩展到其他地区，很多学校要求加入，在美国迅速蔓延。到 2008 年，Facebook 面向社会人士开放，所有人都可以注册，随之用户数飞涨，现在已成为全球最大的社交网站。

2. 中国社交网络现状

现在中国最大的实名制社交网站是人人网，前身是成立于 2005 年的校内网。人人网前不久在美国纽交所上市，是第一家在纽交所上市的中国社交网站。根据 2011 年第一季度财报数据显示，人人网有 1.22 亿激活用户，月度独立登录用户为 3300 万，主要覆盖白领和学生群体。高中毕业生们刚入大学就会被学长问道："你有人人网吗？"人人网在大学生中普及率非常高，已经成为大学生们社交网络的第一选择。

据相关媒体报道，在中国一线二线三线城市的 5700 名被访者中，95％的人注册了至少一个社交网络。中国是世界上使用社交网络最活跃的国家，91％的受访者表示过去半年内登录过社交网站。日本的比例为 30％，美国为 67％，韩国为 70％。

今天，SNS 网站（人人网、开心网），微博（新浪、搜狐、网易、腾讯等），更是形成中国社交网络的新局面。休闲娱乐和游戏仍是目前社交类网站的主要应用功能。

许多在西方非常流行的社交网站在中国都有克隆版本：谷歌相当于百度，Facebook 相当于"人人＋开心"，Twitter 相当于新浪微博，YouTube＋vimeo 相当于优酷。

Facebook 和 Twitter 则是国外最受欢迎的两个社交网站。Facebook 有 8.45 亿活跃用户，平均每天通过手机访问 Facebook 的人数为 2 亿人次，平均每人每月访问 40 次，平均每次访问时间 23 分 20 秒。Twitter 有 1.27 亿活跃用户，13％的网络用户使用 Twitter，54％的 Twitter 来自手机，36％的用户每天要发推，平均每次访问时长 11 分 50 秒。

当然，Google＋，Pinterest，Linkedin，Reddit，Digg 等几个社交网站也比较受人欢迎，占据了一定的市场。

正方：社交网站难免江河日下

1. 社交鼻祖 Digg 被收购之说

2012 年 7 月，曾火爆一时的国外知名新闻分享网站 Digg(被誉为 Web2.0 模范的 Digg 是社交媒体领域的先驱，它允许用户整合身边的事和互联网上的新闻，以链接的形式发送到网站主页上。然后网站会根据用户的投票情况给内容安排到相应的位置)被 50 万美元低价收购。2008 年，Google 曾打算以 2 亿美元收购 Digg，不过最后该交易被取消。与现在 50 万美元贱价甩卖相比，确实让人大跌眼镜。

Digg 成立于 2004 年 10 月，由凯文·罗斯创办。从最初定位于科技新闻的挖掘，到之后的用户挖掘内容、阅读、评论内容等，网站排名不断靠前，曾打败了众多新闻媒体。但是随着用户抱怨内容冗长，以及新改版内容不被用户认可，用户开始断流。除了网站自身原因，Digg 的消沉亦与 Twitter、Facebook 等新社交媒体的兴起息息相关。

互联网历史上每一个时代的褪去都伴随着一个新时代的到来。静态网页的出现和浏览器的普及标志着 Web1.0 时代到来。网站加入社交网络功能标志着 Web2.0 时代到来。Digg 被 Betaworks 收购，并计划整合到 news.me 平台，标志 Web3.0 到来——移动互联网时代。

2. 社交网络的必死预言

《福布斯》杂志曾经指出，由于互联网领域的新老企业之间存在根深蒂固的差异，因此当新模式出现时，老企业完全无法适应新趋势。新老交替无法顺利进行，社交网络面临必死。这不仅可以得到理论支持，同样有史为证。所以，谷歌和 Facebook 很有可能在未来 5~8 年内彻底消失。

在科技行业，每诞生新一代科技企业，上一代企业都似乎面临不知如何变革的尴尬。Web 1.0 公司擅长聚合数据，并以门户模式展示出来。谷歌的表现好于 AltaVista、Excite、Lycos 和其他所有搜索引擎。亚马逊的电子商务网站则可以给顾客提供一站式体验。

等到 Web 2.0 崛起时，社交关系的魅力大增。MySpace 专注音乐，Facebook 着眼高校，LinkedIn 看重白领。Digg、Reddit 和 StumbleUpon 则展示出网民的原创能力，同时增加了整个社区的价值。

2010 年以后诞生的社交网络企业则有着截然不同的世界观。这之后的社交网络将重心放在手机平台上，有的甚至从未想过推出网站。在这些新兴社交网络企业看来，移动应用今后几乎会彻底取代网站。

3. 社交网站价值肤浅之说

我们把过多的时间和精力放在了社交网络上，可是，社交网络的容量其实是有限的，它容纳不了那么多的人，那么多的人在其中也会找不到自己的位置，也会迷失，也会厌烦。微博上的各种口水和骂战难道不让人感到厌烦吗？人人上的各种真相和转载难道不让人感到啼笑皆非吗？你又能在 5000 万的豆瓣用户中找到几个志同道合的朋友来？

当用户开始猛增，其实，社交网站已经就慢慢开始了它的死亡，从长远看，无论国外的 Facebook、Twitter 或是国内的微博、人人网，在成熟阶段都面临老用户流失、新用户增长乏力的问题。或许它们现在看起来还活得很风光，但不断增长的用户实则如同不断孳生的病菌一般逐渐侵蚀整个社交网络的机体。直到它们醒悟过来的时候，却已经迟了，那时已经病入膏肓无药可救了。这是大概就是 Lucius 所认为的社交网络的必死之路。

4. 社交网站被替代之说

麦克卢汉说，媒介即信息。网络媒体选择了更为融合的方式，几乎调动了整个感官，让文字、画面、图示等信息，以最易于理解和适合的方式呈现给了网民。

博客、微博、微信的相继出现，让人们看到媒介是不断更替成长的，正所谓"风水轮流转"。

博客出现了，新浪、搜狐、腾讯、天涯纷纷建立起自己的博客网站，随后更是出现了"博客中国"等博客专属网站。随后，微博进入了人们的视野。数以万计的新闻事件，在瞬间被熟知、被转载、被评论，微博的力量一时间强大的让人心惊。博客淡出了人们的视野，我们选择了更为便捷的微博。

之后，出现了微信。微信具有语音、文字、图片的快捷传递功能，匹配 QQ、手机号码，方便用户快速建立微信关系网。于是，众人一哄而上，注册用户很快突破 2 亿人。

从博客，到微博，再到微信，可以说互联网的发展只能够用瞬息万变来形容，之前还非常流行的一个网站，可能过段时间就会成为历史。在这信息技术飞速发展，社交网站层出不穷的今天，早已不是什么新闻，所以有了社交网站被替代一说。社交网站可能并不会长期存在，很有可能被新的媒介代替，可以肯定的是人与人在网络上的交流肯定不会减少——除非出现比网络更优秀的平台。

反方：社交网站定能平步青云

1. 社交是人类需求

时代已经变迁，"80 后"、"90 后"的独生子女具有开放的视野和心态，他们的社交需求已经越来越明显和重要。

社交网络存在的必然和意义，是人们的需求。人是社会化的动物，自人类诞生以来，交流就是人类生活不可缺少的。现代科技下，交通和通信越发达，每个人却越孤单。幸而有社交网络，大家可以晒照片、发心情、分享自己的生活状态，与朋友们在网络上也保持着联系。

2. 社交网络前景广阔

中国互联网络信息中心（CNNIC）发布的统计报告显示，截至 2010 年 12 月底，我国网民规模已经突破 4.5 亿大关，达到 4.57 亿人，比 2009 年年底增加 7330 万人，其中，手机网民规模达 3.03 亿，较 2009 年年底增加 6930 万人。早先的数据，据 CNNIC 测算，到 2009 年年底，中国使用交友和社交网站的网民数将达到 1.24 亿人。

在过去的一年中，热门的微博业务也开始爆发，CNNIC 统计显示，国内微博客用户规模约 6311 万人，在网民中的使用率为 13.8％，也就是说，100 个网民中有超过 10 人都会发微博。

而中国的电子商务发展迅速，手机网民在总体网民中的比例正在提高，从 2009 年年末的 60.8％提升至 66.2％，而这也从一方面解释了移动互联网产业在国内蓬勃发展的原因，在 3G 和 4G 网络上马之后，市场规模迅速扩张，各种手机上网应用正应运而生，一个很常见的现象就是，你可以在地铁、公交车等各种地点看到正"移动"着上网的人群。

美国知名调查公司 Forrester 2016 年发布的亚太电商数据报告指出，2015 年中国电商市场规模正式超越美国，成为全球第一大电商市场。中国国家统计局也给出了相关数据：2015 年中国网络零售额 38773 亿元，比 2014 年增长 33.3％。

种种数据都表明，社交网络前景一片锦绣。在未来的很长一段时间里，是不会消亡的。

3. 社交网站可长存

虽说社交网站发展迅速，但并不是所有的社交网站都会成为历史。Facebook 就是一个典型的例子，Facebook 自 2004 年 2 月 4 日上线至今已有七年历史，在这七年多的时间里，其发展并未呈现出减缓的迹象，此后社交网络层出不穷，其中不乏佼佼者，虽未能动摇 Facebook 在行业中的主导地位，但发展前景也依旧良好。

美博客所预测的在未来十年内不会消亡有十大社交网络，分别是 Facebook，LinkedIn，Twitter，Instagram，Google，Yelp，Spotify，Game Center，RenRen，Sina Weibo。它们都是目前发展良好且在接下来的一段时间里不会消亡的网站。

社交网络进入中国是 2000 年左右。那时候 Facebook 刚刚成立。中国社交网络产业的迅速膨胀很大程度上应该归功于 QQ 的平台建立，在 QQ 虚拟的空间推动下，中国人开始足不出户认识虚拟世界的朋友，我们有了远在天边，从未见面的匿名朋友。

如今，社交网络已经从新锐事物变成了网络的主流引导。社交网络的用户数量不断上升。对于年轻人来讲社交网络更是成了一项基本的需求——年轻人无论做什么，都想在自己的主页上面与朋友分享，晒照片、发状态已经成了他们生活的一部分。而社交网络的类型也越来越多元化，从起初的只是简单地和朋友在网络上联系发展到越来越多——有共同兴趣爱好的网友们可以聚在一起成立小组；明星们纷纷建立自己的社交网络主页与"粉丝"互动并发布自己的最新信息；连相亲也开始在网络上普及开来，各式各样的相亲社交网络也大红大紫。

社交网络的成功并不简单，网络技术、诱人的内容、聪明的营销缺一不可。首先，成功的社交网络企业必须有自己的技术创意，这种创意未必是技术上的创新，而是将现有的技术提炼出更多新的形式。其次，社交网络的内容越来越多元化，分享、交流、热点关注、新闻浏览，如今这些功能我们都能在社交网站上面实现。再次，社交网站品牌宣传也相当重要，要想扩大社交网络的影响力并不是容易的事，形成良好的口碑不是一个短暂的过程，开拓新型盈利模式也是社交网络企业所要探讨的课题。

国内的社交网络也在不断尝试新的商业模式。这些社交网站有着浓厚的中国色彩，它们多以吸引的用户数量来衡量企业自身的成功与否。这一观点正在慢慢转变，活跃的用户群才是企业生存的关键。开拓更多业务，实现商业上的扩张，而不仅仅是一个交流平台也是社交网络企业的前路所向。

4.社交网站具有极大的商业价值

"社交网站"井喷式发展，其巨大的商业价值也渐渐被人们开发出来。

(1)用户数量并非是社交网站的核心价值。在社交网站上进行的商业推广，许多人会聚焦在用户数量上。用户数量决定了信息传播的广度，但社交网站的核心价值是用户间的信任度和活跃度，如果商业推广中传达出的信息不被信任，再多用户也无价值，甚至起到负面作用。国内社交网站有着浓厚的中国色彩，它们多以吸引的用户数量来衡量企业自身的成功与否，这一观点正在慢慢转变，企业也应该寻求新的方向——追求质量而不是数量。

(2)核心商业价值：互动关系。社交网站给了企业、明星、机构与用户直接沟通互动的舞台，用户之间、机构与用户之间，会产生多重的互动关系。这种互动关系正是社交网站的核心价值所在。如果没有这些互动关系，社交网站的存在便只是一栋"烂尾楼"。

(3)核心价值的载体：被信任的信息。社交网站核心价值是用户间的信任度和活跃度，而用户间产生出的"被信任的信息"也是核心价值的载体。只有被信任的人，才能产生出"被信任的信息"，这些信息让社交网站丰富多彩。

商业社会迅速发展，广告无孔不入，其极端的表现就是：即使是无聊时间也会被广告侵占。现在的广告武装到牙齿，越来越不为人所信。或许我们可以看到，在社交网站两个核心元素的相互作用之下，结出一个非凡价值的果实——"被信任的信息"可能会创造比商业广告更大的价值。它利用的正是社交网站用户群体的信任度和活跃度，而且这样的信息会让人产生"亲切感"，这是商业广告无法达到的。

（六）微信

引言：是什么让微信这么大红大紫

信息技术飞速发展，新的传播工具不断产生。微博方兴未艾之时，微信也于2011年1月横空出世。目前，微信已成为最热门的网络信息传播平台和"掌上生活"的重要端口，它开启了移动互联传播的新时代。

微信是腾讯公司开发推出的移动即时通信应用程序，用户可以通过手机、平板电脑和网页，跨运营商、跨平台快速发送文字、图片、语音、视频等，可以单聊、群聊，通过"摇一摇"、搜索号码和扫二维码等方式添加好友，并可以将内容分享给好友、分享到朋友圈，以及提供公众平台和消息推送等功能服务。2012 年 3 月，微信注册用户数突破 1 亿人；2012 年 9 月，突破 2 亿人；2013 年 1 月，突破 3 亿人；2013 年 10 月，超过了 6 亿人，每日活跃用户高达 1 亿人。目前，微信已覆盖全球 200 多个国家和地区，国内外月活跃用户超过 2.7 亿人。微信公众账号在最近 15 个月内增长到 200 多万个，并且保持每天 8000 个的增长速度，以及超过亿次的信息交互。"微信成为迄今为止增速最快的手机应用，也是增速最快的互联网服务。"①

有研究指出，微信传播具有四个特征。第一，重社交轻内容，以人际传播为主。微信的重点是通信功能，侧重人际传播，社会交往，而非大众传播。第二，结合线下熟人关系建立强关系连接。微信好友从手机通讯录、QQ 好友等发展而来，这种基于熟人建立的关系，有效增强了用户之间的连接强度。第三，微信圈子成员数量快速增长。"新进入的成员会将更多的用户引进圈子，使一个圈子内的成员数量呈滚雪球式增长"，"在短时间内会集大量成员，信息得以迅速传达至更多的人"。第四，传播内容具有隐蔽性。微信是从手机通讯簿和 QQ 好友为基础的拓展，用户之间的对话是私密的。②

微信成为当下新媒介产品的突出代表，其发展前景如何同样有着截然不同的观点。

正方：微信圈层传播生命持久

因为微信至今是最热门社交传播平台，使用者大多认为其将换发持久的生命力，短时间内不会消亡。

1. 牢固的熟人网络和小众传播

微信作为一款手机社交软件能在短时间被大众所接受，一个主要原因就是其用户来源基于已有的腾讯用户，同时微信还可以实现跨平台的好友添加，微信用户可以通过访问手机通讯录来添加已开通微信业务的朋友和家人。微信不同于其他类似社交平台的特点就在于其建立的好友圈中均是已经认识的人，建立起来的人际网络是一种熟人网络，这种基于熟人网络的小众传播，其可信度和到达率是传统媒介无法达到的。

---

① 方兴东，石现升，张笑容，张静. 微信传播机制与治理问题研究[J]. 现代传播，2013(6)：122－127.

② 谢新洲，安静. 微信的传播特征及其社会影响[J]. 中国传媒科技，2013(6)：21－23.

2. 便于分享的富媒体内容

新媒体相比传统媒体的一个显著特点就是移动互联网技术的应用，通过手机等终端可以随时随地浏览资讯传递消息，碎片化的时间得以充分利用，而微信在这方面可谓做到了极致。微信特有的对讲功能，使得社交不再限于文本传输，而是图片、文字、声音、视频的多媒体传播形式，更加便于分享用户的所见所闻。同时用户除了使用聊天功能，还可以通过微信的"朋友圈"功能，通过转载、转发及"@"功能来将内容分享给好友。

3. 定向推广的微信公众平台

微信公众平台于 2012 年 8 月 18 日正式上线，通过这一平台，个人和企业都可以打造一个微信公众号，并实现和特定群体的文字、图片、语音的全方位沟通与互动。微信公众平台是企业进行业务推广的一种有力途径。微信公众平台的传播方式是一对多的传播，直接将消息推送到手机，因此达到率和被观看率几乎是 100%。已有许多个人或企业微信公众号因其优质的推送内容而拥有数量庞大的"粉丝"群体，借助于微信公众号进行植入式的广告推广，由于"粉丝"和用户对微信公众号的高度认可，不易引起用户的抵触，加上高到达率和观看度能达到十分理想的效果。

4. 基于 LBS，特殊的地理位置服务

LBS(Location—Based—Services)，基于地理位置的服务，它包括两层含义：首先，是确定移动设备或用户所在的地理位置；其次是提供与位置相关的各类信息服务。较于传统网络媒体，微信的地理位置服务是一大特色，"查找附件的人""摇一摇""漂流瓶"等功能均是以 LBS 为基础。微信可轻易通过手机 GPS 服务获取用户的地理位置信息，用户在分享最新动态时勾选地理位置，好友便能看到其所在地，而地理位置是商家进行精准营销的重要信息。

5. 便利的互动性，信息推送迅速实时更新

微信作为一款社交软件，其便利的互动性是区别于其他网络媒介的优势所在。尤其是通过微信公众平台，用户可以像与好友沟通一样来与企业公众号进行沟通互动。企业通过微信公众号可以即时向公众推送信息，迅速更新，如微信公众号中做得比较成功的"艺龙旅行网"会根据季节和天气状况向用户推送适合前往的旅游地区，用户可以直接回复，咨询旅游区的酒店预订情况，这些在其他网络媒介中都是难以做到的。

6. 微信成为推进经济增长的重要引擎

当前，移动互联网的发展处于初期阶段，其对经济社会的变革性影响还处于潜在状态。微信作为我国用户规模最大和活跃程度最高的移动互联网应用，以高度黏合的聚集效应和持续涌现的创新效应，成为推动经济社会变革和潜在增长的新动力来源。2014年，微信直接带动的信息消费规模已经达到952亿元，相当于2013年中国信息消费总规模的4.24%。其中，拉动数据流量消费是微信带动信息消费的主要来源，占微信信息消费的比重达85.7%；其次是微信游戏和公众平台，带动信息消费占比约为8.5%。

微信大大降低中小企业信息化成本，成为中小企业信息化的重要渠道。微信公众平台账号的公司或机构的使用比例已经达到70%。微信也成了重要的创业孵化平台，目前由微信带动的个体创业活动已经超过60万。

7. 微信成为政务服务的重要网络平台

微信在政府公共管理创新方面的作用越来越重要。2013年10月15日，国务院办公厅发布《关于进一步加强政府信息公开回应社会关切、提升政府公信力的意见》，将"政务微博、微信"作为与"政府新闻发言人制度""政府网站"并列的第三种政务公开途径，政务微信的开通和使用情况已被纳入中国政府网站绩效评估指标体系。目前，政务微信已经广泛应用到政府服务、交通、警务、司法、救灾、教育等多个领域，政务微信在提高政府公共管理效率、提供便民服务、提升政府执政的透明度等方面效果显著。

反方：微信内外受压发展受限

当前微信仍是如火如荼的发展之势，但也有观点认为其发展形势并非一片大好。若不及时改良，微信也可能在未来被新的媒介产品替代。

1. 微信自身定位仍未清晰

作为移动互联网时代的重磅产品，微信可说是腾讯帝国的万能入口，社交、电商、游戏、智能硬件等等，都与微信绑定。微信最大优势是社交，其他业务的发展都是靠强大的社交关系支撑起来的。因此，现阶段的微信还是通信工具，如果将明星、饭店、媒体、社区都移植进来，就会看不清微信的定位。微信公众平台算是精准营销，是一对一服务的体现，但平台还没有对此提供支持，更没让用户感知。如今，微信做插件、做公众号、做QQ消息互通、做PC端文件传输，其实和腾讯QQ的路数是一样的，定位还没找准。

2. 规避谣言等信息风险面临巨大挑战

微信在传播信息的同时，也成为谣言的滋生地，微信朋友圈中不断涌现出的健康养生、心灵鸡汤、代购广告甚至虚假谣言的泛滥正大大增加其触碰法律法规红线的概率。2014 年 3 月 13 日晚间，包括徐达内小报、罗昌平、共识网、旁观中国、中国旧闻日报等一部分公众账号被强行关闭。腾讯方面 14 日发布公告回应，"为保障用户体验，微信公众平台严禁恶意营销及诱导分享朋友圈，严禁发布色情低俗、暴力血腥、政治谣言等各类违反法律法规及相关政策规定的信息。"并称这些账号是由于多次被举报而导致封号的。微信媒体属性的不断彰显，正不断为其带来巨大的媒介管理风险，如何避免重蹈微博谣言所带来的生态灾难，已成为微信未来生存发展的重要议题。

3. 朋友圈成为信息负担

微信朋友圈"好友"信息在日积月累中逐渐成为众多用户的日常负担。虽然微信也提供了好友信息屏蔽等功能，但这些功能的私密化程度较差，微信用户可以轻易分辨出"谁不让看朋友圈"和"谁不看我的朋友圈"，为用户带来巨大社交压力。

微信朋友圈的信息噪声正在不断增大，微信"弱关系"好友的不断涌入更是严重破坏着原本具有强连接社交属性的微信朋友圈生态体系。于是有不少人开始慢慢淡出或关闭朋友圈，很多用户不再热衷分享自己的生活和工作信息，也不再喜欢阅读朋友圈转发的各类信息。

4. 微信公众平台交互性有限

自媒体的一大特征就是能够为受众与媒体、受众与受众之间提供交流互动的机会，而微信公众平台的交互性却不尽如人意，用户大多只能通过发送特定代码以得到机械的回应，没发获得真正人性化的沟通。而订阅用户之间同样无法方便及时地进行交流，只能是自顾自地参与阅读，这与互联网的互动精神背道而驰。此外，微信公众平台并没有没有热门推荐功能，订阅用户又无法将喜欢的内容转发到除微信自带的朋友圈以外的其他第三方平台，这导致了微信自媒体账号无法得到有效、广泛、快速的传播。

5. 微信产品某些功能"退化"

微信订阅大号一般有着大量的阅读用户，但是现在也在出现下降趋势。由于同质化竞争加剧，内容上求新求异越来越难。而网络媒体无成本转载、抄袭事件层出不穷……多数没有形成自己独特优势的自媒体小号阅读下降，成为必然趋势。

微信订阅号的阅读量下降是因为内容吸引力不够，还有微信用户的碎片化时间被朋友圈和微信群分流，对于微信订阅号的阅读动力在显著下降。而且，微信公众号的马太效应已经显现，微信大号的阅读量超十万二十万，而很多微信账号的阅读量不过数百，草根微信公众号的阅读量下降势不可当。

6. 来自同类产品的竞争压力

目前国内市场上米聊等和微信相似的社交产品仍占有一席之地。米聊依靠其强大的营销推广能力仍维护着一个不小的小米社区，而陌陌则专注于陌生人交友这一细分市场，同时还面临着同360联手进军国内市场的 Line 的夹击。印度市场已经成为微信第二大市场，但是米聊已经进军东南亚，而且 Line 在海外有着广泛的用户群和很高的受欢迎度。因此无论是国内还是国外市场，微信均不能掉以轻心。

第三章
2050 年现在开始向您直播

2050 年，当我们已老去，正是科技与信息腾飞的时代，每个人都在充当着信息的接收与传播甚至是制作者。当人作为"人"的职责发生改变的时候，一切也在发生着改变，媒体、社会都在改变着，适应着人们对于"速度"的需求。我们的梦想也在时间的奠基下，正在科学家的手中，一一实现，信息不再是虚拟的，它可以让我们随时随地地感觉得到，本章是对未来媒体的畅想，或者可以说是对于未来媒体我们期望的改变。也许有人说它是无稽之谈，这多少算是一份期盼与梦想。

一　4D 新闻带你"身"入现场

21 世纪中叶，全球范围内的信息"买卖"是常态，全息影像技术在新闻采访中被运用广泛，新闻写作类型化模板化发展。届时，人人都是记者，人人都有话语权，智能搜索让人们各取所需，4D 新闻让受众如临现场。新闻的真实性、现场感、定制化得以强化，受众的主体意识和信息素养全面提升。

(一)未来新闻人的一天

引言

近年来，全球经济迅猛发展，科技日新月异，新闻环境随着科技的变化日益革新。30 年前的新闻记者定想不到他们的同行今日全部电脑办公，文稿同步传输，同时，在线直播变得越来越容易，画质也越来越高清。更难以置信的是，30 年前，记者还是个需要受过专业训练才能从事的职业，而今天，在这个"人人都是新闻记者"的时代，一部手机一台电脑就能完成新闻的拍摄、编辑、发布等所有程序。这个世界变得如此之快，尤其是作为传输最新信息与及时消息的新闻业，不站在科技的最尖端的人，已经在新闻业界感到工作吃力。那么，作为未来的新闻从业人员，在学习最新技术培养自己的新闻素养的同时，也需要展望一下未来的新闻环境的变化，以适时完成对自我的蜕变，保证随时适应眼前环境的变化。

如今，这个世界变幻莫测，人类的智慧早已延伸到外太空。科技的进步真是"一秒千里"，"没有做不到，只有想不到"这句俗语非常恰当地表达了现在高科技的神秘与高端。未来的新闻环境必定会出现意想不到的变化。就让我们乘着想象的翅膀，去探一探未来的新闻人一天的面貌吧。

按照笔者的理解，新闻人是个广泛的含义。不单单指公众熟知的记者，更应该包括从事新闻行业的所有人员，包括编辑、新闻主播、新闻制片人、导播、发行人等。因此，在本篇幅里，笔者将通过同一件事情的时间线串联的方式，从多媒体状态下的"记编"及电视媒体的新闻编辑与新闻主播人三个方面全方位的展现未来新闻人的一天。

1. 未来的"记编"

2050 年 9 月，距离现在近 40 年的未来，新闻业发生着翻天覆地的变化。首先，专业记者已经可以足不出户就能通过电子设备知晓世界大事；同时因为电子设备的轻巧化以及资讯传播的飞速化，编辑这一行业将会消失，与记者融为一体，成为一个新的职业："记者编辑"，简称"记编"。记者在写完稿后，通过电子设备的智能编辑，就能成为一篇正式的报道；而同时，各家媒体已经不需要自己的记者，全媒体电子信息时代，每个人都是记者，都有属于自己的数字新闻平台，媒体的工作人员只需在网络上搜索今天的新闻，找到自己的感兴趣愿意报道的事件，再与新闻平台的主人联络，谈好价格拟好合同付款，就能拿到原始的新闻素材，通过简单的加工就能上传至媒体的新闻平台。这样一来，新闻记者也无须仅为一家媒体效力，而是可以在网络上等待多家买家。而媒体也不再是"制造新闻的机构"，而是"整合新闻信息的平台"。

未来"记编"的一天一般是伴着突发性事件的警报声醒来的。2050 年 4 月 22 日这一天也不例外。

早上六点，H 市某间干净整洁的卧室里，嘀嘀嘀的突发新闻警报声连声震响，睡梦中的记者 A 被惊醒。他翻过身打开手机，安装在手机上的新闻追踪器显示 H 市的上空正弥漫着浓浓烟雾，这表明距离其不远的地方刚刚发生一起巨大的火灾。

记者 A 揉了揉眼睛，侧过身，轻巧地按下了枕头边的突发新闻检测仪的"追踪"按钮——通过 GPS 全球定位追踪各种突发性新闻。霎时间，工作间的各项仪器开始高速运转——网络索引出与本次事件相关的所有类似信息，并且按相关度由高到低排好，等待 A 的挑选；GPRS 全球跟踪仪及时搜集当地实时卫星图像，还原事件原始全程影像；新闻文本撰写仪开始自动套用火灾新闻模板，快速编辑新闻初稿；新闻图片生成器开始根据当地卫星传输过来的原始图片资料，筛选新闻图片；新闻影像生成器开始数字合成现场三维立体动画，再现事件全过程……与此同时，H 市当地的相关新闻部门已经将已确认的新闻信息传输到终端系统，各项数据的统计和分析工作正在例行自动进行着。

而此时，A 也已经梳洗着装完毕，坐进了工作间。面对着面前的显示屏已经完成的一系列新闻资料的搜集和整理结果，A 考量着这条新闻的重要性。他思考片刻，决定还是去现场看看。2050 年的出租交通工具已经是出租飞机了。片刻，A 即到了火灾现场，他打开多功能电子设备的摄影功能，拍摄到现场的画面，且采访了新闻当事人。之后储存了新闻数据，记者还录了自己采访的声音进去。

上午 10 点，A 的工作室里。A 把网络上搜集到的资料，GPS 定位系统传送回来的当时火灾场景，以及自己亲身实地采访的资料都导入智能新闻编辑软件。不同于现在繁复的新闻编辑软件，30 年后新闻编辑软件已经等同与智能机器人，带上专门与智能软件沟通的特殊耳机后，陈述了自己理想中这则新闻的发展的逻辑顺序与面貌，智能机器软件接受到使命后，就立刻按照"火灾模板"进行新闻的编辑并且迅速导出原始素材。之后，A 用智能麦克风口述了新闻的文稿报道信息，智能麦克风通过分析数据，把这则语音新闻完美地附在了视频新闻之上，同时语音新闻还自动与新闻文本撰写仪结合，生成了最终的文字稿，结合从候选图片中筛选出的几张图片，配合着事件影像，自动打包放入了新闻库，并且上传到了 A 的新闻平台，等待买家的到来。

2. 未来的电视新闻编辑

下午 4 点的会议室里，《晚间新闻》的全体工作人员正在开会，讨论本期的新闻内容。大家都在网络上搜寻相关新闻，除了在记者的新闻平台上搜寻之外(记者已经不仅仅在一个媒体供职，而是自己在属于自己的新闻平台发布内容，供有需要的媒体付费下载），还在百姓的平台上挖掘新闻，并尽力通过网络以及 GPS 定位联系到相关新闻当事人。在开会期间，电视新闻编辑 C 在记者 A 的新闻平台上发现了上述那则突发性火灾的新闻，于是立刻提出可以做这则新闻的相关报道。通过其他工作人员举手表决以及制片人同意后，电视新闻编辑 C 立马着手做这次火灾新闻的专题报道。

他首先通过报纸记者的新闻平台联络到 A，通过拨打 A 留下的手机号码，他们进行了视频通话。C 表示电视台想要购买 A 的这则新闻，A 欣然同意，谈好价钱后，C 用手机语音功能，口头陈述了一遍合同内容，连接高端智能打印机后，按下"语音合成文件"按钮即生成了一份字面合同，并且储存在手机内。C 通过手机把这份合同发送给 A，A 在手机触摸屏上用电子笔签了字并且回复给 C。与此同时，财务室的智能账户上自动划了一笔购买新闻的款项至 A 的账户。这样，一桩新闻买卖就完成了。

下午 5 点，C 的办公室内。C 看过 A 的原始新闻素材后，开始联络新闻当事人。通过无所不在的 GPS 定位及全世界都在同一个区域内的网络，C 轻而易举地找到了新闻当事人。在与他们视频通话沟通后，他们表示愿意上电视新闻从主观的角度述说这则新闻。同时，为了以防新闻当事人到时改变主意造成直播无法继续的结果，C 还在视频通话中采访了新闻当事人，并且通过手机的视频截屏功能直接把这段采访当成新闻素材记录下来，导入新闻编辑软件。做完这一切准备工作后，C 就开始在自己的新闻平台上编辑这则新闻。他一打开新闻编辑软件，智能机就自动在所有的新闻素材上加入了电视台的 LOGO 及编辑的名字以保证版权所有。与上述 A 所使用的智能新闻编辑器一样，C 使用的软件自动完成了所有编辑程序。另外，因为对新闻当事人视频采访的部分只是以防他们不来现场直播的备用，所以机器人在这段视频中留下了一个特殊的记号以示"此段视频为备用"。只有当现场直播出现了特殊的状况，编辑按下"紧急备用键"时，才会被播放出来，不然就只会成为隐形文件被跳过。

下午 6 点，做完这则新闻的编辑工作后，C 指挥智能软件导出这则视频，并且用无线波智能传输给总编辑室，在那里今晚要播出的新闻都排着队，等待着智能编辑软件安排其播放的顺序。

3. 未来的新闻主播

下午 6 点半，《晚间新闻》新闻主播 D 躺在化妆室里，把脸伸进智能化妆机里，选择一系列如希望妆容是淡妆还是浓妆、需要带妆的场合等问题的答案后，化妆机根据她的脸型及回答问题的答案选择了最适合她的妆容，D闭上眼睛，感受智能化妆机在自己脸上涂抹，大概半小时后，化妆机轻柔地在她的耳边说："谢谢使用。"她站起来，满意地照了照镜子之后，去了新闻总编辑室。

晚间7点45分，新闻总编辑室内。虽然《晚间新闻》这档节目在晚间10点播出，但是在晚8点之前就必须把所有的新闻都编辑好，所以负责每个板块的编辑必须在晚8点前把新闻传去总编辑室，同时需要传送几条备用新闻以备不时之需。与现在国内的新闻节目主播就是承担起播报的任务的现状不同，这档节目是主播中心制。主播并不一定要年轻貌美字正腔圆，但一定要有自己的个性魅力与决断能力，她对自己的节目必须有着非常透彻的认识，对要发布的新闻掌握着绝对的主动权。因此，掌控新闻总编辑室这个责任就交托给了主播。主播在8点左右赶到总编辑室，浏览了每条新闻的大致内容后，对智能编辑器提出自己的构想，如新闻的逻辑顺序，每则新闻的时间长短等，编辑器就按照主播的口述要求排编出本日新闻的内容。

晚间10点，一切准备就绪。直播正式开始。主播室里，主播D并不是一个人在战斗，她还有个搭档——机器人主播。因为2050年的新闻已经是5D版的了，观众在家看新闻如同看5D电影，同时还能随时参与新闻的互动：每台智能电视机都安装了无线波系统，只要观众在新闻的互动环节愿意说出自己的故事，观众的家就会变成一个小型的新闻直播室，智能电视机上的无线波会把他的影像传送至千家万户。这时候，在新闻直播间，呈现5D效果及传输观众的图像的任务就由机器人主播来承担了。今天的内容重点是C编辑的火灾新闻，主播播报了这则新闻，并播出影像，在家的观众都被5D版如同现实的浓浓大火吓到了，机器人主播还向D喷出了大火。在安抚了大家的情绪后，画面转向愿意接受采访的受火灾侵害的百姓们。他们在自己被火灾掠过的满目狼藉的家里为大家带来"现场报道"，他们的影像通过无线波传输到全世界。新闻主播D从机器人主播那儿感受到了灾民们的恐惧，立即通过机器人主播的无线波与政府代表家的智能电视机取得联系，邀约政府代表出面做出回应。政府代表同意出面，当着所有观众的面会妥善解决灾民们的难题。之后，D以同样的模式播报了余下的新闻，并时不时与机器人主播逗趣。整场新闻直播下来，严肃与有趣并存。

晚间10点40分，新闻直播完美结束。走出直播间，D与同事们互相祝贺，然后各自搭乘智能小飞机离开。回到温暖的家后，同事们通过群组视频通话总结了今天的直播，这一切被智能手机全程拍摄下来，并自动归入"新闻总结"的数据库内。之后，各自睡去，结束了这完美的一天。

尾　声

谁也无法准确预测2050年科技会革新到怎样的地步，以上的猜想都是笔者对未来新闻业的期盼罢了。只是，笔者相信，不管未来科技多么发达，技术多么进步，设备多么革新，只要新闻人不丢掉智慧，掌控着主动权，再发达的设备也只是人的辅助罢了，它们的存在只是为了减轻新闻人的体力工作量，更加凸显出思想的重要。

说到底，只要人不放弃思考的能力，这个世界就会是人的世界，而不是机器的天堂。

(二)一条新闻的流程

目前，最简单的云计算技术在网络服务中已经随处可见，云技术可以理解为信息数字化技术，如搜寻引擎、网络信箱等，使用者只要输入简单指令即能得到大量信息。未来如手机、GPS等行动装置都可以透过云计算技术，发展出更多的应用服务。而一篇新闻稿的形成在2050年的时候将会大量的使用到云技术，主要依靠关键词的搜索、自动排序生成。

图 3-1　云计算技术把信息集中在云端

2050年，仍然是传统媒体与新媒体的结合时期，这一时期将有更多的品牌选择使用新媒体。但是，在中国特定的社会、文化、习惯等情况下，传统媒体仍将在较长时间内处于主流媒体的位置。在这种背景之下，将传统媒体与新媒体有机地结合起来，将是未来的最佳选择。

1. 社会结构演变促使新闻格局发生变化

随着城市化进程的推进，促使社会格局发生很大的变化，未来的社会分层将会越来越明显，而且不断固化。社会分层的固化必然导致各个阶层的社会需求不同，包括每日阅读的新闻内容和阅读方式也将会不一样。接受过高等教育的知识分子更加关注高端方面，如财经、名人之类的新闻，新闻媒介将会是智能终端机；而那些收入相对较低的人群，将会更加关注社会新闻和民生新闻，新闻媒介主要是电视和报纸。由于不同的阶层对新闻的需求不一样，那么新闻媒体将会根据不同的人群对新闻做细化处理。所以新闻的形式和新闻存在形式也将会不一样。

2. 新的新闻后台运行模式

之前一条新闻都是经过记者采写、编辑，通过传统媒介—报纸、电视、手机传输到受众手里。而现在的新闻的产生和存在形式除了一部分按照原有的模式发展，包括媒体人的写作、自媒体等，更多的是依靠先进的技术—信息数字化。当然也并不是说现在所有的新闻都是依靠云技术，对于不同形式、不同受众需求的新闻，新闻媒体会做出不同的处理。现在一条普通的新闻，不再是单纯的人工操作，而是依靠强大的网络计算机实现自动化，计算机负责新闻的搜集和整合编辑。当然这要依靠分布在各个地方的计算机硬件设施；另外，在计算机系统里会根据不同类的新闻对新闻资源进行分类整合，以新闻模板和新闻常用语句形式存在，同样在遇到某类新闻时会根据关键词的搜索，及时地对其进行编辑。如一条车祸信息，计算机就会在突发新闻这一栏里寻找相关的资料，并根据最适用的语句将其迅速地编辑成一条新闻，然后进入待发布状态。以下面一条新闻为例。

4月13日，重庆到云阳的高速公路12公里处发生一起特大交通事故，9人在事故现场死亡，另有24名伤者被送到医院接受治疗，目前还有6名重要伤者未脱离生命危险。

这条新闻是根据设置在该路段的设备根据现场的情况做出的反应，它会从突发新闻中的交通事故那一栏里寻找常用词组，并按照正常语序对其进行编排；在新闻被整合编辑好以后，作为技术人员兼新闻工作者的工作人员会根据新闻的真实性对编辑好的稿子进行审核，确保其真实性后再进行发布。这种全自动的产生模式极大地增强了新闻的时效性，能在第一时间内让读者看到新闻。

未来的高关注度新闻将会是技术、民生、政治方面的新闻，具体哪类新闻的持久性更长，决定于它本身的浏览量。像上面讲到的这种社会新闻，如果受众没有继续关注的需要，那么这条新闻事件就以这种形式存在媒介当中；如果受众有继续关注的欲望，这种新闻事件必然有后续报道，或深度报道。新闻工作人员可以根据第一次发布新闻的点击量来判断该新闻事件需不需要进一步跟踪下去，并且新闻的产生不仅仅依靠技术，更多依靠的人。像民生新闻、专业新闻，一般做得比较细致，追求新闻的深度，主要是靠资深记者或编辑对其进行采访、编辑，这种新闻的产生方式还是像传统模式一样。

3. 媒体融合促使新的传播手段和传播形式

我眼中的媒体融合，是一种智能终端机器，依托信息数字化技术，将多种媒体融合到一起，这种机器既可以播放文字，又可以播放音频和视频。未来的新闻媒体将会合并为一家或几家，他们将掌握这种媒体融合技术，它会通过上面讲到的一个媒体系统将所有新闻传播活动整合到一个渠道当中，承担起主要传播任务。

这种传播手段将是空前的，人们接触新闻变得触手可及，伸手一点，文字就会迅速出来，这和目前的情况基本是一致的；随之而来的是与其相关的图片和视频，目的是让新闻变得直观、有趣和生动。未来的新闻形式不是现在这种主要与文字为主，阅读太多的文字会让受众产生阅读疲劳，这一时期的新闻文字更加简洁，朝短讯方向发展，随着文字数量减少，与其相反递增的则是图片和视频数量的增多，未来新闻将会进入读图时代或者看视频时代，有时候图片和视频比文字更具有说服力和震撼力。当然这些技术可能的实现受到通信技术的限制，如果没有强大的通信技术，受众是不能快速接受新闻的。并不是说有了先进的技术，传统的媒体就会绝迹，那些深度报道报纸和专业化报纸还会存在，并且这一时期他们的电子版将会做得更加绚丽。

4. 社会化导致传播理论改变

社会分层的清晰化打破了传统的传播理论，采用的是网络多渠道传播模式，不再是这种一对多，面对点的传统传播模式，而是分众化、小众化传播，不同类的新闻将会被其对应的阶层所阅读，那么这一时期的专业化新闻将会不断增多。另外，除了这种接收式的传播模式，现在的传播模式更多是互动或者多方互动，任何一个受众都可以根据自己的原有知识对新闻做评论和建议，这样会促使新闻更好的发展。

上述讲的是针对正式的媒体系统发布的新闻传播模式。现在很多新闻都是根据网友爆料得来的，这就说明了未来的新闻发布主体也在发生变化，发布主体不再是新闻工作人员。新闻的来源和发布主体不再那么集中，他可以是医生，也可以是学生，只要有新闻，就可以爆料，网友报道新闻的渠道可以是微博、微吧等大众化、透明度高的大众媒介。当然专业的新闻工作人员会根据网友的爆料对新闻事件进行深入采访，为受众提供更加翔实的报道。

5. 新闻传播特征

即时发布，新闻媒体会根据计算机反应迅速将新闻发布，另外，受众阅读新闻可以不受地域的限制，在第一时间内获取最新信息。实行推送式发布，推送式发布也就是指新闻精编，在原有新闻的下面对新闻进行分类，如热点新闻、网友热议等新闻；这样推送不仅可以把新闻推广出去，也可以节省读者的时间，便于读者在第一时间内获取最新、最热门的信息。另一个特点就是新闻报道和事件解读高度结合，如2012年伦敦奥运会，除了大媒体争相报道体育竞技情况外，中国的白岩松会在一个为奥运会专门设计的演播室里，为观众解读奥运会上的人物和事件，那这样受众在看体育资讯的同时也可以享受资深评论员带来的精彩点评，不失为一个好的手段。

6. 受众消费方式

新闻存在形式是数字化形式，那么浏览新闻就要依靠通信技术，阅读新闻同样要收费的，只不过这种收费不是传统的收费模式，它是按照流量收费，与之前的手机上网套餐收费方式一样，受众可以根据自己的需求来购买套餐流量。

(三)人人都是记者

你可曾想过2050年的新闻界？这世界逐渐融为一个真正的地球村，国家与国家之前不再存在信息的隔阂，不仅瞬间可以知晓地球另一边发生了什么，更可以准确无误地、不掺杂任何政治观点地将消息传播；又或者大量的信息让人们的生活更加的焦虑，不得不每天阅览新闻才能不被这社会抛弃；最最值得探讨的，是记者这一职位。如今，随着网络的普及和科技的发展，越来越多的人们参与到网络社会中，对时事发表自己的看法和意见，那么到了2050年，能否真正实现"人人都是记者"这一畅想？

据中国互联网络信息中心提供的数据显示，截至 2011 年 6 月底，中国网民规模已达到 4.85 亿人。而且，从 2009 年至今，许多热点事件都是由网友在社交网络上的一条短短微博而掀起的。

凭借网络这一新兴的媒体，"人人都是记者"有了发布平台，任何人都可以成为"自媒体"。以微博为例，北京大学中文系教授张颐武指出："微博已经变成大批媒体和媒体人聚集的地方，大家把微博当成自己工作的平台，掌握信息、处理问题、进行交流，微博已经成为记者生活的一个重要部分。"

"自媒体"虽然有着与传统媒体相比的优势，其自身的弊端和缺陷也不容忽视。在 2050 年的将来，"人人都是记者"这句话，究竟应该是一个疑问句，还是在其结尾处能够画上一个完美的惊叹号？

1. Web2.0 时代下，"自媒体"与其不容忽视的弱点

"自媒体"是新闻界一股新生的力量，而且这股力量越来越引起了人们的注意。在 2009 年普利策奖的角逐中，首次允许只在网络上发布的新闻内容参加全部奖项的评选，普利策奖评委会主席西格·基塞勒表示，这一举动"是普利策奖历史使命的逻辑性延伸，我们仍在继续关注媒体行业发生的变化，并随之进行适当的调整"，这表明，"自媒体"这一新兴的新闻形式在国际上也得到了重视。越来越多的人在网上成为一个小小的意见领袖，他们建立自己的社会圈子，拥有自己的"粉丝"。尤其是演艺界的名人，他们的如今的影响力远比过去几年大得多。无论是通过电视、广播、报纸等传统新闻媒介，都不可能在短短几月间达到上亿的关注度。但是如今在微博，诸多明星因为关心社会议题、自身形象亲民等因素，迅速实现了过去不可能完成的任务。

但是，这并不意味着"自媒体"这一新型新闻媒体就可以完全替代传统媒体。

其中，"自媒体"的可信度是其最大的弱点。纵然名人在微博上的言论可以一石激起千层浪，但是并不是所有的"微博红人"都具备理性的思考和分析能力、对社会及国家的责任感、或是洞悉真假的调查能力。也因此，"自媒体"的自身限制让其不如传统媒体的可信度高。传统媒体拥有扎实的新闻理论基础，宽广的信息面，庞大的编辑审核群体，这让传统媒体在群众心中的形象远比"自媒体"要高大坚实许多。

不仅如此，记者这一职业的特殊性对"自媒体"将来的发展提出了挑战。记者的言论需要为国家政党服务，肩负责任和使命。如果记者言论不慎，就会引起社会上人心的动荡和不安。在这一点上，"自媒体"因其身份及能力的

限制，并不能像传统媒体的记者一样满足要求。

而且，记者是一项对体能、脑力要求非常高的职业，需要进行长期的专业技能培养和后期的实践经验磨炼，并不是人人生而即为记者，光有一个伶牙俐齿是远远不够的。传统媒体的记者在日日夜夜的前线为新闻业奋斗着，他们积累的经验和历练，是"自媒体"这一新型媒体所无法迄及的。

有时，"自媒体"的发布人其实在新闻界发挥的并不是记者的功能，而是一个传统媒体的"线人"。传统媒体由"自媒体"所发布的只言片语迅速赶到事发现场，采集信息并予以发布，最终才能形成影响力广泛的传播。

除此之外，"人人都是记者"不等于每个人的信息都能够被传播。在微博、人人、天涯等知名社交网络中，只有固定几人的微博会大量被转载。大部分人并不具备"自媒体"这一媒体的动机，更不用提传播的能力。点对点的传播是新媒体的基础，但是点对点的传播是远远不够的，只有当其对大众产生舆论上的影响时，它才能够叫做媒体。

2."自媒体"——应运而生的新媒体

无独有偶，当"自媒体"受到质疑的时候，在中国台湾，公民新闻这几年却风生水起、发展迅猛，而这也与台湾传统媒体的新闻总是一味地追求吸引人眼球的新闻价值观分不开。有数据表明，2006 年艾德曼公关公司发布亚太地区民众信赖度的调查，台湾民众对媒体的信赖度是亚太地区最后一名，媒体信赖度只得 1％。

"自媒体"试图冲破传统媒体的限制和压制，让每个人都可以不再仅仅是被动的接收者，而是主动地、积极地参与到社会中的信息发布中去。它试图推翻传统媒体在人们心中的地位，颠覆新闻界传统的秩序和日益腐朽的价值观。在这一点上，"自媒体"的作用不容小觑，它为新闻界注入了一股新的血液，也督促传统媒体审视自身，加速转型。

又或者，我们真的可以将"自媒体"的希望寄托于微博上、天涯上一些已有的意见领袖上。一些名人在微博中极有发言权，短短一条公益性的微博就会引起数十万的转发。如果这些名人，这些新一代的意见领袖们，能够加强对自身的修养，严于律己，每条微博在发布前都可以对其影响思前想后，或者有背后团队支持其行动，那么这些名人就具备了成为一个"媒体"的条件，并且这种"自媒体"比传统媒体的影响大得多。

如前文所说，"自媒体"的出现在某种程度上充当的是传统媒体"线人"的角色。这样一来，就弥补了传统媒体无法第一时间参与事件发生的遗憾，将

"自媒体"的亲身参与，与传统媒体的专业度和影响力相结合，如此一来即可形成一种全方位、高水准的新闻报道。这也是"自媒体"出现的一大好处之一。在 2050 年的未来，或许我们可以看到传统媒体的转型成功，进而和大众"自媒体"有机地结合到一起。

3."自媒体"的美好未来

不论是"！"还是"？"从媒体的角度来说，自媒体时代的到来仍然是令人高兴的。中国政法大学新闻与传播学院院长陆小华对此评价说，"微博如今已经是互联网的新入口，是信息传播的新渠道，是社会关系的新节点，也是人们意愿表达的新平台，更重要的，它是利益联系的新纽带，也是政府、社会和个人施展影响的新空间[1]"。

"全民皆记者的时代，其实是一种进步。[1]"曾从事多年媒体工作的白岩松表示，"全民皆记者"有助于让更多的老百姓向公民的方向转变，开始更多地关注与自己无关的事情，这一点非常重要。当很多的民变成公民，那这个世界和这个国家就将变得不再一样。

"人人都是记者"从本质上看，是实现民主参与的一种方式，它让人民真正拥有了言论自由的权利。但目前，我国网民还尚未拥有足够的能力去实施这项权利，在知名论坛或者 SNS 的上，只有少部分的意见领袖的言论一针见血，能够引起人们的讨论；但大部分网民多半只是记录生活，或者参与转发，并不能真正利用网络平台去担任一个"记者"。所以，真正实现"人人都是记者"不仅需要国家的支持和推动，公民也需要提高自身能力，真正掌握主动权。

4. 畅想 2050 年

目前，"自媒体"发展还是一个未知数，没有人能准确预测它将来的存活。或许，随着科技的发展，2050 年的"自媒体"可能已经成为主流媒体的一种。人们可以凭借自己手中的高科技终端产品，第一时间采集并发布消息，并且提供除传统的文字、图片、视频之外多种形式的资料；网络平台更先进更便捷，网民上传资料不受网速的限制可以第一时间发布，并且有专业的新闻发布网站提供平台；新闻监管制度也更健全，给予网民们最大限度的自由。

我们可以试想，高科技的研发让人们可以在体内植入芯片，通过卫星通信来收发信息，全民记者的时代真正来临。每个"记者"将身边发生的事情第一时间传送至新闻发布平台，每个"记者"有自己的网站和空间。同时，人们可以有选择的接收自己感兴趣的信息，而这一切不过是通过脑中一个小小的芯片来完成的。

话语权不再是被垄断着的，但与此同时，国家的新闻监管也需要采取新的举措。为了防止假新闻扰乱社会，国家必须对发布者采取实名制。但这并不意味着国家对消息的垄断仍然存在。凡是通过认证的记者都可以自由地发表言论，国家没有权利去随意删改一条真实的信息。

我们也必须承认，并不是所有人都有意愿或者能力成为一个"自媒体"，依旧只有少部分人能够拥有可以与传统媒体相媲美的专业素养和责任感，但这部分人打破了传统媒体的垄断，让话语权不再是单一、单向的，而是人民民主意识的真正体现。

(四)现场采访的全息影像

全世界的记者天天报道两国的紧张局面，战争终于爆发了，刺激着很多人的神经。记者鲍尔兴奋极了，这即将是他记者生涯里第一次战地采访，和平环境出生的他对战争是很陌生的，他很幸运，自从科学家发明的全息影像机投入战地采访后，记者们再也不需要冒着生命危险到战场去采访，在家里就可以体验到战争场面的炮火子弹。

全息影像技术在四十几年前就已经有人使用了，并没有这样生动灵活，只是很小一部分的利用。例如，将电脑的键盘投影到任何平面上，人们可以通过敲平面上键盘的投影就可以输入任何信息了，这样一来，不喜欢触屏平板电脑的朋友也可以携带超薄电脑，并且可以感受任何质感的触感。还有将人进行投影的，在2008年美国总统大选的新闻报道中，CNN电视台在传媒行业首次应用了全息投影技术，将身处采访现场记者的影像再现到CNN总部的演播室中，与主持人"面对面"进行交流，令人仿佛置身于科幻电影中的未来世界。在这一全息投影项目中，总共动用了35部高清摄像机，从各个不同角度同时对主持人进行拍摄，而图像数据传输到20台电脑中进行合成处理，最终由高清投影机实现全息人像的再现。当然，最终人像再现前，工作人员会通过37英寸等离子电视进行预览，以确保画面不出现问题。此外，还有日本的完美偶像演唱会。人对完美事物的追求催生了偶像崇拜，而实际生活中的人总难免有各种不如意之处，而虚拟世界则能制造出更接近于完美的偶像。在2007年8月31日日本的世嘉公司在东京举办了一场"初音之日"演唱会，主角初音则是通过一整套4D全息投影技术完成的虚拟偶像。在这次演唱会上，初音以全彩色的可爱形象出现，表演时间长达2小时，影像的真实感令人惊艳。表演期间还穿插了闪电换装，初音的虚拟伙伴也同台献艺，打造出了技术含量极高的虚拟世界。

随着人们对全息影像技术掌握得越来越多，2043 年便开始造出能运用于现场采访的全息技术，到了现在，这项技术已经非常完善，并且价格不太贵，所以一般的媒体集团都能购置一台，并且支持多人使用，但是不能同时使用。

鲍尔将家里的窗户全部调成了黑夜模式，顺手将脑波感应器戴在头上，屋里变黑了，他站在全息影像机前开启了脑波感应器，不到三秒鲍尔又启动了全息影像机，这不是一个很庞大的机器，只是一个小小的黑匣子，匣子上端有一个小孔，这个小孔就是走入万千世界的通道。

在小黑启动的同时，一个月以前就已经安置在家里的小眼睛（它是小黑的伴侣，为全息影像提供视图）也启动了。小黑通过卫星控制着它。这个小眼睛不但小而且很轻，它的身子是用硬铝、玻璃纤维、碳纳米管、碳纤维制作而成的，直径为 0.3 米，小巧轻盈。它还有一个旋桨，16 个对置活塞驱动，四个 8 叶凸轮，最高转速为 1 万转/分。以上优点使小眼睛能够躲避流弹或者任何其他具有威胁性的撞击，使它能安全地、保障性地完成任务。它的视角是全方位的 360°，比人的视角宽得多。它的燃料是氢氮合成物，能为它急速前行提供足够的动力。它的行动全部受小黑的控制，而小黑又是受鲍尔的脑电波感应器控制的。只要鲍尔的大脑发出"出发"的信息，小眼睛便会启动飞出自己的"床"。它可以停靠在任何可以依附的地方，并将实时的影像通过小黑上端的小孔影射出来，让鲍尔身临其境地感受到它的历程。

在鲍尔大脑的指挥下，小眼睛锁定了巴拉的位置后，以 1 万千米/时的速度升到了 3000 米高空，显然鲍尔有点太激动了，不过还好这只是影像，并不会对他的身体带来任何伤害。现在鲍尔看到整个巴拉城是一片火海，战火异常激烈，小眼睛必须以最快的速度到达那里，不然就会错过很多精彩的画面。

小眼睛加足马力，以每小时 15000 千米的速度朝目的地靠近，这大概只需要两分钟。这个城市鲍尔两年前来过，充满了异国风情和生命的气息，还有古老的城堡，并且和其他现代文明城市一样，彻夜灯火分明，但是现在，照亮这个城市的不再是灯火而是战火，浓烟从巴拉街区升腾而起。越来越靠近目的地了，鲍尔可以感觉到夜里的这一股寒气，夹杂着浓浓的炮火味儿，战火将城市周围照得通明，但他看不见任何一棵树木，也没有人。短短的两分钟，鲍尔脑子里不停地闪过战争、报道、危险、传奇，每一个字眼都敲击他年轻的大脑，时而让他兴奋，时而又让他犹豫。

鲍尔开始靠近地面了，他想离战火的地方近一点，人生的惊吓总是不期而至的，突然鲍尔身后轰的一声巨响，把小眼睛震了一下，鲍尔觉得自己的身子有点哆嗦，眼睛有点眩晕，鲍尔赶紧飞离了这个地方，回头看时，看到离刚才停留的那个地方不到 30 米处有一个 10 米的大坑，还好小眼睛能很好地躲避这些伤害，要是真人在这里的话估计已经没命了，鲍尔呼了一口气，在想接下来去哪里，他看不到一个人，只看到发出子弹的弹口，像一个个疯狂的巨兽，不停地吐出火舌。

鲍尔想去看看这个城市的步行街的状况怎样了，以前他还在那里留过影，那里有一个他很喜欢的店铺。一路上，鲍尔看到的都是残骸，到处坍塌的钢筋水泥和铁皮炮火，被炸成一堆废铁的坦克，翻了个儿，只剩下底盘。

他到了公寓区，很不幸，他看到了来不及逃到地下避难营的人们的尸体躺在大街上，有几岁的孩童，手里还拿着一颗棒棒糖，还有年轻女子，手里拿着手机，耳机还塞在耳朵里，鲍尔很想知道他现在听的是什么音乐？莫扎特的《安魂曲》吗？在炸弹落地的坑道边，鲍尔还看到了散落的焦黑尸体……

鲍尔来到了避难营，这里黑压压的全是人，战争把整个城市的供电系统破坏了，所幸地下避难营的供电系统没有受到损害，但是这和外面的黑暗有什么区别，他们不知道战争什么时候结束，他们生活的美好家园被摧毁了，不知道什么时候才能恢复生机，女孩儿们眼神恐慌地抱在一起，老人们则一直在祈祷，希望战争能早点结束。失去亲人的人们悲哀无助地望着天花板。

在医疗区，一名男子抱着儿子的遗体哭泣。还有一个全身包满纱布的市民，他刚刚没有了呼吸，他的亲人在病床边哭作一团，哭声一直回荡在整个避难营，其他人好像已经习惯了这样的哭声，没有人投去关怀的眼神。

通过小眼睛鲍尔还看到郊区延伸的公路边的村子残破不堪，没有一点儿生命的迹象。有的时候你迎着风走还会闻到一股血腥味，让人作呕。第一次独自面对这些悲剧的鲍尔有些扛不住了，这些悲剧就像是直接发生在他身边一样，真切得让你也成为悲剧的一部分。鲍尔心里充满了愤怒，从最开始的兴奋变成了愤怒，他在心里狂吼，是什么造成了这一切，是战争，是一些人的狂热和私欲，却又要打着正大光明的幌子，叫无辜的民众承担这些苦难。

人生第一次总是最难忘的，鲍尔永远不会忘记他看到的，世界上最血腥的战争。

鲍尔在这场战争里无法自拔，他回到现实中后立即发报，并且将有用的视频剪辑好发到电视台及各大网站，这一天他滴水未进，他没有意识到饥饿。

他又回到了巴拉。

战争一直相持不下，巴拉城被攻下几次，又被反扑几次，来回的战争拉锯战使这个城市几乎被夷为平地。这个地方让鲍尔觉得是地狱，虽然他知道自己在采访中是不会被伤害的，但是他仍然在战火中奔走，看到了太多的悲剧。他看到了难民眼中对外界的仇视，只要有汽车停下来马上就要小孩儿扔来石块儿。在避难营里，他看到人们为了争夺一点救济食品和水反目成仇。

鲍尔通过脑电波控制着小黑，让它完成下载、剪辑、发稿的任务。他要让世人都身临其境地感受战争给难民带来的困难。

战争发起者一再吹捧自己的武器能够实施"精确打击"。是啊，这次战争只夺去了很少一部分人的生命，但是那些生命终究是永远消逝了。生理上的伤口是可以愈合的，但是心灵上的伤口是永远无法愈合的。那些打着人道主义幌子的恶人眼里只有利益。鲍尔无力地躺在地板上，望着天花板。但是他必须起来将这些他亲眼见到的东西让更多人看到，让人们知道和平是多么的重要，让人们自己去选择接下来应该怎么做。

(五)看新闻，看现场

1. 媒介大环境：媒介发展中的"补偿性"和"仿真性"

(1)媒介发展中的"补偿性"探索

媒介自诞生以来，其发展经历了从简单到复杂，从音响到语言、从文字到图文并茂、从黑白影像到彩色影音、从单一媒介到多媒体乃至网络传播的过程。纵观媒介发展的这一过程我们不难发现：每一种媒介的出现和发展都是针对前一种媒介在运用过程中出现的不足之处而做出的补偿性探索。这种"补偿"就是英国传播学者莱文森所说的"补偿性媒介"理论的核心，它表明了人类对媒介发展的一种主动性和选择性。

(2)媒介发展中的"仿真性"追求

从根本上来说，媒介之所以出现和存在，其目的就是对某种体验进行传播和交换。而这种体验的具象形式，普遍存在于我们的日常生活之中，各色的信息、各类知识抑或是各种情感等。物理上的差距，使得人类不断追求面对面似的感知和交流，这种心理驱使人类在进行体验的传播和交换时不断地趋向"仿真"，通俗来讲，就是越来越契合受众的亲身经历，确保这种体验能够达到最理想的传播效果。因此，媒介在发展中对于"补偿性"的不断探索正是基于深层次上对"仿真性"的追求。人类在某种体验中倚赖于自身的六大感官，即视觉、听觉、味觉、嗅觉、触觉和感觉。在对某种体验进行传播和交换时，对受众感官的调动越是充分，就越趋向于仿真，传播的效果就会越显著。

(3)未来媒介的发展方向："虚拟现实"

未来媒介的发展会使受众越来越身临其境。"计算机图形、数字影像、人机交互、传感技术、人工智能等技术的进步和综合运用能创造出一种基于可计算信息的沉浸式交互环境，这就是'虚拟现实'。"未来的受众可以通过人机交互式的媒介，跟"虚拟现实"中的对象进行面对面的交流对话，产生同真实环境高度相似的体验。

2.受众心理的转变：变被动为主动，真正意义上的"自媒体"

(1)受众群体的概念

"从新闻传播学角度而言，受众主要是指大众传媒中的信息接收群体，其中包括报刊读者、广播听众、电视观众，还有现代网络媒体的使用者。从另一角度而言，大众传媒的受众其实就是在大众传媒面前具有不同需求的个体。"[①]

(2)传统媒体时代的受众心理

一是获取信息，认知世界。信息是每一个人在生活实践中所不可或缺的。人们希望通过大众传播媒介了解世界其他地方的人和事，通过信息收集积累自身无法亲身经历的经验，以此找到一种生活中的安定和平衡感。

二是期待认同，寻求心理归属。无论是文学作品还是影视剧作品，受众范围往往是广泛的，不同的人能在同一部作品中获得类似的情感认同，新闻也不例外。当人们看到新闻上报道了关于国外某个城镇发生的一些事情，人们会迫切地联系到自身，试图找到类似的特征以满足自己的情感归属。

三是促进个体的社会化。人们通过频繁地接触媒体形成对周围世界的价值判断，以此来矫正自己对伦理道德的认知并获得更加准确的自我评价。一个人了解社会的程度及能力，能够促进个体调整自身，以适应社会的发展变化，从而完成个体的社会化。

(3)新媒体时代下变化中的受众心理

一是受众的主体意识增强。随着媒介的发展日臻成熟，受众对待信息的态度也逐渐发生变化，由习惯性地"被动接收"开始向"主动寻求"转变，更加频繁地通过各种途径来表达自己的意见。

---

① 陈业雷，陈红.新媒体时代受众心理特征变迁[J].青年记者，2011(3).

二是受众的判断能力增强。受众接触的信息越多，对信息的熟悉程度和判断力也会逐渐增强，受众会在接收的过程中形成自己对于信息真实性和权威性的认知，不再人云亦云，而是强化自身的思维和主观判断能力。

(4)真正意义上的"自媒体"

这是个信息大爆炸的时代，多媒体移动终端的普及和完善拉近了每个人与新闻的距离，但手持相机、手机、DV，并不意味着受众完全拥有了新闻记者的权利和能力，互联网可以作为每个人传递信息的工具，但并不意味着这就是"自媒体"的时代。

真正意义上的"自媒体"不是被动地全盘接受信息，也不是"弱水三千，我只取一瓢饮"地随意遴选；真正意义上的"自媒体"不是胡乱拼凑世界观，也不是被庞杂的信息消解掉自己的注意力甚至是判断力；真正意义上的"自媒体"是受众主体意识的觉醒，是平等的信息交互和观念碰撞，必然会出现在信息社会日趋成熟的阶段。随着受众身份和观念的蜕变，未来的媒介形式更加多样，2050年的媒体有望抓住这样的契机。

3. 身临其境的体验：亲身感受新闻现场的魅力，独立式新闻评论与交互体验

(1)新闻现场全息展现——4D新闻

说到新闻现场的全息展现，有些人有些会觉得多少有点儿玄乎和不明所以，但如果提到4D影像，我想各位都不会觉得陌生，自从首部标榜4D电影的《阿凡达》上映以来，高仿真的影像技术已经走进了我们的视野，更走进了我们的生活，我们可以毫不费力地看到丝丝入扣的细节和立体的空间，好像亲眼所见和亲身所经历的一样。

但是它的高成本和技术繁复的后期制作限制了它的普及性，随着4D影像技术的日趋成熟，4D技术有望运用到未来我们的新闻业当中，成为主要的新闻制作和展现方式。

(2)新闻内容的4D定制

当然，无论4D技术在2050年的媒体会是多么的普及，其制作与播出成本不会廉价到市场上白菜的价格，就像当初摄影和摄像技术的出现并没有完全取代文字的地位一样，媒体会根据新闻价值的大小，新闻的特性对新闻的报道和呈现方式做出分类，什么样的新闻适合用文字传递，什么样的新闻适合做成图片报道，什么样的新闻适合视频播报，什么样的新闻需要用到4D影像来展现。"杀鸡焉用牛刀"，这是一个以价值论等级的时代成本与收效必

然是要旗鼓相当的，至少不应偏差得太厉害。这就决定了 4D 新闻的题材特点，必定是具有重大意义的新闻，必须是场面足够宏大的新闻，必须是有反复观看价值的新闻。

符合这些特性的新闻内容在未来的媒体发展中必然会出现专属的 4D 定制，每个人都可以通过信息检索和遴选来确定自己想要了解的信息，想要看到的画面，想要亲身体验的新闻现场。新闻内容的 4D 定制成为可能。

（3）亲身感受 4D 新闻现场的魅力

如果你是个体育的狂热爱好者，如果你想看世界杯或 NBA，又不想花大量的时间浪费在飞机上，你可以选择 4D 新闻中的世界杯板块，便会瞬间置身在球场一般。

你看到逼真的足球向你飞来，你会下意识的躲闪，但在空中快速飞旋的足球打中你还算高挺的鼻梁；你能感受到自己紧跟在运动员的身后奔跑，他身上的 11 号球衣能刮到你的脸；你能听到裁判嘹亮的口哨声，震动着耳膜，就像知道你在旁边而故意的一样；你能看到摔倒在地的球员膝盖上混杂着汗水而流淌的鲜血；你能感受到现场观众因狂热而粗红的血管和青色的筋脉，你完全沉浸其中，甚至都忘记了准备在沙发旁的薯条和啤酒。

如果你是高科技的爱好者，或是对宇宙探险拥有莫名的好奇心，你像往常一样洗了澡窝在沙发上，跟着手指随意浏览新闻："文字新闻""图片新闻""视频新闻""4D 新闻"。

你习惯性地翻开"4D 新闻"，按区域划分的新闻板块映入眼帘，国内新闻、国际新闻、星际新闻……地球上每天发生的那些破事儿，无论是国内的还是国际的，都已经很难进入你的眼中，于是你准备去看"星际新闻"。此时，有一条"国际新闻"吸引了你的注意："中美俄三国合作建成'太空天梯'今起试运营。"这意味着你将不用再乘坐昂贵的火箭去星际旅行，你觉得有点儿意思，你点击"观看"。

你突然感到一股海风扑面而来，好像整个身体轻盈了起来；

你举目四望，发现自己置身在广阔无垠的大海之上；

没有暴风雨、闪电和巨浪。

你透过薄薄的雾霭，看见不远处有一根根的红线，鳞次栉比，直插霄汉。呼啸的声音摩擦着你的耳膜，好像有轨电车铛铛的回响；裹挟的海风吹动了你的发丝，好像秋日金色的麦浪。

你觉得那些红线离你越来越近、也越变越粗了。

你注意到了红线下面连接着的底座，四角固定在海面上，好像一个海上钻井平台。

此时此刻你已经悄然落地。

你推翻了之前的结论，不像海上钻井平台，更像是首都国际机场，大而宽广，给人一种笃定的安全感。

你发现那直插霄汉的红线好像是一根放大 N 倍的缆索，在望也望不到头只会扭伤脖子的另一端，天晓得绑在哪年哪月哪国发射的与地球同步运行的航天器上，你不得不承认这玩意儿确实很像裸露的电梯。

你的目光随着缆索望去，望不到头，你想象着缆索的另一端会是怎样的光景。

此时此刻，你已经步入电梯，你已经完全步入电梯。

里面漆黑一片，你听到了身后电梯门关闭的声音。

与此同时，头顶突然出现了一个巨大的环形屏幕，开始有了光线，并渐渐明朗直至明亮，但不晃眼。

你看到了很多座位，你想到了多年前的电影院。

座位舒适而柔软，有天鹅绒般的触感。

你听到了语音提示："欢迎乘坐星际 1 号电梯，请在红色区域选择您所需要抵达的楼层，第一层月球，第二层金星，第三层火星，第四层水星……需要去往太阳系以外方向的乘客请选择换乘楼层海王星，谢谢！"接着是英文和俄文的翻译重复。

你看了看右手边高智能显示屏上的选项，按下了【月球】，显示屏跳出"运行时间：45 分钟"。

你觉得椅子有轻微的晃动感，整个身心就开始往上走了。

头顶上的环形屏幕适时地出现了即将到站的第一个楼层月球的介绍，你顿生一种坐在天文馆里坐看漫天星斗之感。

你正兀自感慨的时候，突然间所有的体验仿佛消失了一般。

你回过神来，发现自己依然坐在沙发上，蜷着小腿，面前摆着超薄的透明报纸，跳出一个选项框，是否保存"观后感"，你习惯性地点击"是"。

你关上报纸，沉沉睡去。

也许我们现在来设想这些太空电梯还言之尚早，听起来好像是在写科幻小说里的故事情节，然而未来的一切皆有可能，来自《新华网》2012 年 10 月 31 日的一篇报道《美公司将建"月球天梯"：用高强度缆索连接地球和月球》为这样的设想提供了实现的可能性。

（4）独立式新闻评论与交互体验

受众在自主选择新闻现场并获得亲身体验感的同时，会形成自己对于该新闻的价值判断，每位观看该新闻的人，都可以通过脑电波对该新闻做出相应的"观后感"即新闻评论，其功能类似于目前的论坛，只不过反馈与观看几乎是同时进行的。观看完毕后，"观后感"随即生成并自动保存，受众可根据跳出来的选项框自主决定是否提交到新闻评论数据库。

（六）各取所需的信息

你是否还在抱怨如今的新闻门户网站内容太多太杂，看不过来？你是否还在为网站各个角落无孔不入的广告烦恼？你是否还苦恼于关键词搜索内容浅显单一？对，这是您2012年的烦恼，2050年可不这样。自我定制各取所需的新闻，干净爽朗的页面，丰富全面的搜索推送，都保证只打造属于您的重要信息，让其他信息垃圾见鬼去吧！

1. 新闻定制化——我选择我做主

2050年的新闻应该会以个人为中心，也就是有专门的新闻定制。所谓新闻定制，就是为用户量身定制新闻内容。用户可以自己选择感兴趣的新闻类别，输入关键词，最后呈现出一张只属于您的独一无二的新闻页面。

其实如今新闻定制的雏形已初步形成，就是人尽皆知的微博。微博的兴起打破了受众在大量信息中挑选新闻的习惯，开启了用户选择性获取信息的形式。虽然微博已经尽可能将消息细分到公众人物个人、企业、地区等，但由于其特殊的字数限制和更为偏重社交的特性，使得其还不足以成为专业的新闻定制模板。

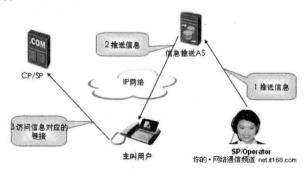

图3-2　当前信息推送初现端倪

（1）新闻客户端

2050 年的新闻媒体，为迎合受众的阅读习惯应该会产生一个全球统一的新闻客户端，在这个客户端中，用户可以自行输入关键词，编辑想要获得的新闻内容。该客户端中的新闻内容涵盖全球各个媒体的报道内容（当然也包括花边新闻），以及准确消息。

纵观如今的各大新闻门户网站或电视新闻，每天的重大新闻不过那些，重复性较高。而一些地方或行业新闻又过于分散，用户想要阅读不同新闻就要不断打开各个新闻网站，这个选择过程庞大且烦琐，且在人为的筛选过程中很容易漏掉一些内容。加之如今各个国家之间的新闻在受众中联系不甚紧密，使得普通受众就仅局限于自己国家自己地区的新闻，或只能透过本国媒体来获得国外重大信息，内容又稍显单一，甚至缺乏客观。怎么办？那我们当然需要一个综合的新闻汇集平台。

这个新闻平台也就是我所说的全球统一的新闻客户端。这个客户端涵盖了全球各个媒体（无论大小无论类型）的推出内容，包括视频、收音机、平面媒体。旗下分类的板块数以万计，可以细分到各个产业各个公司、各公众人物、各学科、全球各地等。而不仅仅局限于如今的"财经、房产、社会、娱乐、体育"等。除了板块选择，用户还可以自行设置关键词进行细分。用户最后选择出的板块（关键词）内容，就会一并显示在新闻客户端上。

①客户端设计——重要程度自己编辑

当然就算是用户自己选择的新闻大类，也会有主次之分，总不能一窝蜂地全涌出来。所以用户也可以通过页面编辑，依次标出各类新闻的重要程度，或自行编辑页面版式排列各新闻出现位置，自己制作一个属于自己的新闻网页。如果用户想了解某新闻事件的后续深度报道，则可以打标，等深度报道一出便会马上红色提示。如某地新政策很重要，显示在左上角；SOHO 动态居其次，显示在中间；重要新闻显现蓝色。常常有同一个事件多篇报道的，在版面不够的情况下则点击方框延伸。

②客户端设计——各国语言翻译

既然是全球统一的客户端，那语言当然是个问题。别担心，既然如今的谷歌浏览器都能帮您自动英译汉，那我们 50 年的客户端当然也可以。这个客户端不仅能实现各个语言文字间的准确翻译，更重要的是在转换过程中还能为视频或音频提供字幕。虽然也有在线语音翻译，当然这得加钱才行。

③客户端设计——广告与盈利

有了这样一个新闻客户端，我们就不必再挑选于各个官方网站，不用担心新闻遗漏了。可是，当新闻定制化以后，我们的广告客户怎么办？要知道，广告可是媒体赖以生存的重要条件啊。虽然到了 2050 年，我们也不能免俗，毕竟社会是一个商品经济的社会，另一方面，2050 年时想必各个国家的知识产权都已得到重视。所以，我们的新闻客户端分两种：一种没有广告，但需要按年付费；另一种免费提供，但会根据您所选择的板块在页面中投入为您量身定做的广告。

④客户端媒介——手机、电脑、电视

2050 年，三网合一实现，手机与电脑安装新闻客户端是必然，电视当然也紧跟步伐。如今的数字电视基本已实现用户自行定制频道、选择栏目，但尚未普及。想必 2050 年，在人人都是数字电视且三网合一的时代，我们也能通过电视上的新闻客户端选择定制"我的频道"。那时，每家每户看的电视内容可能就不一样了，大家坐在客厅的沙发里，就能实现全球的视频及网页观看。到时候，你就不必每天在电脑前被坐得腰酸背痛了。

2. 搜索推送

(1)浏览器记忆——自动推送信息

当然，新闻客户端上，基本上还是新鲜资讯和新闻信息。要想搜索其他信息，您还得用浏览器。2050 年的浏览器能为您记忆所阅内容，根据您过去浏览内容的频率自动为您提供相关内容。而不是仅仅像如今的浏览器一样，只能记住您所浏览的网站。

如您最近都在热衷于搜索某城市的打折信息，浏览器就会为您记住，在有该地新的打折信息发布出来时，浏览器就会在您下次打开时在右下方显示出来，点开与关闭自行选择。或您最近正在查某项研究的资料，浏览器也会根据您的历史点击数，自动为您搜索相关最新材料。若您不需要它再为您搜索，则点击"不再搜索"。

还或许您搜索的内容暂时未找到搜索结果，您可以打上标记"继续搜索"，如果该内容上传到网上时，则浏览器会记住您当初的选择为您推送出来。

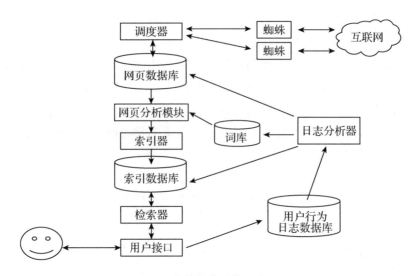

图 3-3　当前搜索引擎工作原理

（2）关键词搜索——关键词含义识别

如今的关键词搜索，若是文字搜索，其可以根据您所输入的关键词，将其中标题或内容带有该关键词的文章显示出来。我们还常常遇到这种情况，若是输入一句话，搜索引擎不能识别其意义，只会显示"抱歉，未找到……"或根据词句给出一堆牛头不对马嘴的内容。但如果再将该句换换关键词，则出现的又是另一堆信息。这都是简单的机械推送结果，并没有深浅主次之分。

而 2050 年的搜索，则能自动识别关键词或语句含义，在检索过程中还能将最接近该搜索的内容按照主次依顺序显示出来。如果内容太多，还可以通过选择"深度""同类""相关"等选项，来进行更有针对性的搜索。2050 年的搜索，有了这样一个有思维筛选的过程，则为用户避免了不必要的垃圾信息。也就是说，2050 年的搜索时代，是一个信息丰富又精简的时代。

（3）关键词搜索——对象内容识别（视频、文章）

除了对关键词含义的识别，2050 年的搜索还能实现对搜索内容的识别。也就是我们现在常常遇到的，输入关键内容，如果在搜索内容中没有或极少有那个关键词，则将导致内容显示不出来或出现一堆垃圾信息的情况。2050年的媒体，则会对承载内容进行解读，不仅有其字面意思，还能识别其内容含义。这样一来，搜索变得智能化。

电脑对文字搜索的解读比较容易，但对视频解读却相对较难。就像现在我们搜索视频或音频只能通过输入正确标题才得以成功，因为如今的搜索对视频音频的内容不能识别。那么 2050 年的搜索呢？当然可以。对于未来的视音频搜索，我们可以通过描述视音频中的内容，就算没有涉及标题中的关键词，搜索引擎也能自动识别，根据内容弹出我们所找的视音频。理想状态是，正确率能达到 90％以上！

(4)关键词搜索后——实现自动推送

2050 年，当关键词搜索变得智能化，准确度加强后，当然我们还会遇到"自告奋勇"的内容推送。如您在搜索"大学生就业"的信息时，您可能获得的不只是大学生就业的现象信息，系统还会为您推送出关于大学生就业难、大学生就业方向、择业问题等深度信息；还能获得关于大学生就业的招聘单位。也就是说，在内容搜索出后，系统还会自动为您推送出相关的内容，而不仅仅是您所搜索的内容，这就为您提供更多更全面信息参考，提高未来的工作效率。

3. 总结

也就是说，到 2050 年，随着人们的知识结构增强，新闻的受众将越来越广，而互联网等媒体技术的进步，也将为迎合受众阅读习惯其方式也会越来越方便。同时信息搜索也会更加精简准确，媒体能自动检索搜索内容，摒弃垃圾信息，推送有用信息。总之，2050 年的媒体，是只为用户量身定制个人有用信息，简略搜索过程。

二　万物互联信息畅流

2050 年，我们将拥有针对外星人的广播频道、能够传输气味的智能电视和以透明曲面屏为载体的电子报纸。到时候，虚拟化的新闻演播室大行其道，微型电脑"置于"或"置入"人体已不是新鲜事。媒体传播的渠道和内容进一步多元化，媒介的伴随性和契合性优势也会更加鲜明。

(一)面向外星人的广播频道

1. 概述

广播在当今仍然是最主要的传媒形式之一。它利用电子技术，通过无线电波或导线传送声音节目的大众传播媒介，因其传播速度快、范围广、收听方便、收听工具廉价等独特优势，成为最广泛、最普及的传播工具。对外星人也不例外，广播的传播优势有增无减：迅速传播先声夺人、渗透力大受众面广、声情并茂感染力强、收听迅捷不受限制等。

一直以来，为了向外星人传递信息，人类付出了巨大的努力，一些研究人员甚至为此发明了称为"宇宙语言"的人工语言。2050 年，一个信息沟通不止于地球表面不同的国家间的时代。没错！21 世纪来了，人类对宇宙的探索以不可逆转之势向前迈进，从太阳系到银河系再不断向其他星系扩张，我们取得了突破性的进展。起初，科学家从银河系内离地球几十光年的类地行星入手，通过测量计算出它们的宜居率，选择存在生命可能性的比率高的着手进行了大规模地毯式探测和研究。科学家通过不断像这些星球发射无线电信号，在多个波段展开收听，结果却令人沮丧——无线电静默。

①到底有没有外星人存在呢

与此同时，在 21 世纪初曾堪称 21 世纪现代物理科学中两朵新"乌云"暗物质、暗能量却取得了突破性的进展。暗物质被认为是宇宙研究中最具挑战性的课题，它代表了宇宙中 90％以上的物质含量，而我们可以看到的物质只占宇宙总物质量的 10％不到。暗物质无法直接观测得到，但它却能干扰星体发出的光波或引力，其存在能被明显地感受到。针对这一课题，在 2050 年暗物质已经被证实存在并能通过科学手段探测。同时，暗能和暗物质相依相伴，暗能量是一种不可见的、能推动宇宙运动的能量，宇宙中所有的恒星和行星的运动皆是由暗能量与万有引力来推动的。之所以暗能量具有如此大的力量，是因为它在宇宙的结构中约占 73％，占绝对统治地位。由于暗物质和暗能量的这种强大的稳定性且在宇宙中超大规模的存在率，我正在运用新的技术，改变电荷的结构，让电荷附着在暗物质中，利用暗能量的反作用力引导电波的传播方向。于是，我们惊人的发现，电波的信号传播速度由 21 世纪初每秒 30 万公里提高到了每秒 1 光年，而且信号能量被放大万倍，几乎极少受被大气的影响和干扰，因而在信号传输上基本完全摆脱的天气的限制。这一技术已经发现，便开始并大规模的运用到了广播界，在全球范围内的广播技术的革新的时代就在 2050 年。于是我们用来传输信号的载体被科学重新命名为能量波。

②能量波开启一个向宇宙探索的新时代

"科学家们通过了新一轮的数据采集，更加精准地锁定了太阳系外其他星系的类地行星开始逐一大规模的发送能量波，并进行了多频段的监听，无线电静默、静默、静默……宇宙之广大，对外星人的搜寻，定如大海捞针，可是，突然，天文界传来了响彻世界的新发现——听！静默、静默、静默等，仔细听！有回应！中国国家天文地外生物探测室内的欢呼声响彻天际。"这是2023 年中央人民广播电台获得新闻奖一等奖的关于地外生物首度被发现的广播稿选段。

自 2023 年以来，我们开启了从发现到开始和外星人沟通的不断探索，截至 2050 年，已经初具规模。尽管，宇宙的无穷大让这项瓶颈般的新突破有了它在未来更大的延展性，同时兼具惊奇和冒险。地球是和平的使者，我们对外星人进行研究探索和发现的根本目的在于和他们进行文明和技术交流，探寻不同的领域。在最短的时间内实现突破性进步最有效的方式就是学习和借鉴或者直接引进。

当然也有批评家表示，尽管我们现在和已知的星球在部分领域实现了交流沟通，但却不一定能达到预期的目的。最主要是问题是，对于不同的物种的探索的风险性仍然存在，因为极有可能引发新病菌感染、星球大战等人类无法预知毁灭性问题，我们必须随时做好抵御外星人保卫星球不被侵犯的准备。

在这个大环境下，广播业异军突起发现新商机，针对外星人的广播不但吸引了外星人的目光成为非官方的外星人沟通的桥梁，更带来了意想不到的收获——在地球上反响强烈，好评如潮。分析人士表示：这种现象是在预料之内的，由于诸多问题和原因与外星人的交流即便暂且停留在官方，却遏制不住人类对外星人的好奇，人们更愿意听听我们传送给外星人广播来获得一些特别的猜测来满足自身的好奇心。

2. 2050 年针对外星人的广播

各种媒介、各个传播领域的传播方式，归根到底都受传输系统和符号系统的共同制约广播也是如此。下面我们从这两个方面分别讲述 2050 年针对外星人的广播。

自 2042 年由联合国支持建立的地球唯一一家星际广播电台在美国曼哈顿成立以来，开启了星际传播的新时代。该电台创办以来至今，吸引了大批业界精锐的进入，目前已经规模初具，此时，是一个无国界的时代，地球作为一个整体与外星人进行沟通交流。有关评论人员调侃：外星人的发现，引领了全球化的真正到来。在此笔者对此观点成肯定态度，全球融化大势所趋不可逆转。目前，外星广播业务主要由该公司进行，地方国际广播电台对其提供支持的支持的方式进行。

①传输系统

针对外星人广播的传输系统，一样也是由发射、接收装置和能量波构成。

由于能量波的介入，只是将发射和接收装置在原有技术上稍做改装就形成了完整的信息传输装置，我们的技术已经能达到只要设定程序锁定传输目标就能够准确及时的发送能量波信号，进而进入空间站广播机构，经过技术转码加工，再分频道传输到他们的接收装置，届时异星接收装置便会自动接收来自地球频道的能量波信号，地外星人就可以用收音机调到我们的频段进行收听了。

我们都知道广播的符号系统是以声音为主。由于，每个星球上的物种使用的语言不同又各有其特点，大部分的人包括广播从业人员是不懂多种多样的外星语。外星语，因外星人的发声系统与我们的差异对人类的学习目前还存在困难，目前，全球只有少数语言学家能够借助发生装置与外星人进行直接交流。不过，好在我们的技术过硬，语言学家与程序工程师联手研发的声音转码装置已经在多个星球上被采用，这种人工智能装置通过对人声进行录入，直接根据不同的内容进行智能编程转码，最后模拟出外星人的声音符号进行输出。这是我们和外星球进行直接沟通的主要方式，技术时代给我们的分享信息带来的无限的便利。这种技术甚至可以直接作用于我们日常不同语言国家的人们进行交流，但目前并未投入使用，因为多数专家认为，这样会增加不同的国家的人们之间的距离感，让人与人之间的真实情感无法直接反馈交流，从而不利于社会的进步。

由于沟通和交往的需要，太空星际空间站如"雨后春笋"相继由国际朋友与我们共同建立。目前与地球签订互信协议并准许进入的有 321 间。因此空间站成了与地外星球沟通的桥梁，各个有需要的行业在联合国和大经济组织的帮助下纷纷在星际空间站设立分支机构和办事处。

为了更加及时有效的传播信号、控制信号的传播方位，我们广播行业也获得许可并进驻几经有 5 年之久，目前正在不断发展日趋成熟。我们派遣专员进行设备操作及维护，一般的工作人员实行轮岗制，身为广播系统的技术及工作人员，通常只要你提交身体检查的合格报告并向所在机构提出申请，获得本单位的推荐，通过严格的材料审核，就能够参加开设在美国纽约"太空专员培训计划"，这是目前全球唯一一家专门为因工作需要而需进入太空的人员进行培训的机构，它利用更新的技术超高仿真的模拟太空及空间站环境，以达到训练效果，如果你训练有素并且通过考核就能获得有联合国太空公共事务办颁发的太空签证，有效期为 7 个月。那时，你便可以乘坐每月两个班次往返于地球和空间站的太空直通车进入指定空间站进行规定期限的工作。当然，一定要注意签证的期效，过期也是会被星际空间站组织机构驱除的。

②符号系统

那么我们具体的传播内容有都是什么呢？由于地域、环境和文化的巨大差异性，在日常生活中我们分享的内容受到很大局限，而且官方对与外星人的沟通渠道进行严格把控等多种原因，我们目前的节目主要以音乐类节目为主，不论语言多么的不同，我们都始终相信文明中，最具分享性的便是音乐，在伟大的艺术文明的长河中，只有音乐是共通的，可以打破时间和空间的限制，悦耳动听的声波频率都是被认为舒服得极富美感，这一点在对外星人的广播上得到了充分的体现。

我们在一档对外音乐节目里讲古典音乐讲巴赫，我们将我们录制的附带详细信息的一期节目，在能量波发射声音收集装置前播出，这些包括我们广播主持人的语言和音乐资料(如讲到巴赫的小步舞曲，根据节目内容需要插播一段该音乐)经过我们的程序设定转换成编码信号，通过能量波传送到空间站，再由空间站的工作人员针对不同星球进行转码发送，外星人便可以在固定的时间调节到我们的频段进行收听了。

当然，除了音乐类的节目也有一些新闻访谈类的节目，但这类节目大都只根据新闻的接近性和相关性展开，访谈嘉宾目前主要也是一些涉地外的外交高官和领导人，针对双边达成的新共识、新合作、新交流及取得的新成就问题展开。出于对不同生物文明的好奇，我们的节目收到了外星球的高度关注，好评如潮，新的节目体系和形态的呼声日益增加。

同时，由星际广播站转播的外星频道引进的外星人广播也由开始的 2 个频段增加到了 5 个频段，人们对地外文明的了解渠道也在不断扩展，这在很大程度上满足了人们面对新事物的兴趣点和好奇心，这无疑给我们本土的广播带了不小的冲击，如何跟外星人的广播在业界也被提上了日程，虽然就像地内广播仍然占统治地位，但只有不断创新(包括我们的节目和形式)才能实现长足稳定的发展。

总之，我们针对外星人的广播在不断自我探索中不断发展，正向着在星际广播占据一席之地不断努力，同时我们也在借鉴外星人对地球的广播中的精华，争取向更广阔的地域和领域扩张，再过 50 年，或许我们会形成星际联盟，那时不管是我们的广播还是我们的生活将不再局限于地球，届时我们的生活和活动空间都将得到扩展，我们的广播也将有着应时所需带来突破性的大发展大融合。

(二)人手一张电子报纸

继中国西汉《邸报》开始，每经过一次技术的飞跃，新闻媒介及学术界便开始了纸质报纸是否会跟随着技术的发展而消亡的一些论证。而至少，直至现今，整个媒体发展不是一个新的媒介取代老媒介的过程，而是一个媒介相互叠加的一种融合并存。所以，每当计算机行业提出全新技术对数字化报纸的改进时，那些认为纸质报纸会消亡的论断总会受到各界人士的怀疑甚至批判。

但是，2050 年，这些认为纸质报纸会消亡的群体可能就会实现他们的断言——2050 年，人手一张电子报纸，比手机更加的轻便，比电脑功能更加的强大！

1. 2050 年的报纸将会是什么样子的呢

随着电子网络技术的进一步发展，很多人已经不满足与目前电脑网络必须要有电脑、网络、电源等硬件设施才能搜索到世界的局部新闻和信息。电脑的不方便携带让受众寻找另一个技术的高端，想象着未来的新闻和信息更加方便的获取。

2050 年，随着云计算、物联网等智能化技术的发展，受众将会人手一张电子报纸，而这样的电子报纸会是什么样子的呢?

根据目前电脑的缺点，首先，从外观来看，2050 年的报纸可能变成是一张可以无限折叠的软质报纸。现在科学界已经发明一种集化学、物理学及电子学科等为一身的电子墨"水"(E-ink)实现生成视觉上类似于纸张的电子显示器，通过胆固醇液晶显示技术、电泳显示技术(EPD)及电润湿显示技术等高端技术使这种电子报纸更具有可塑性。

可以想象，这种电子软质报纸在三四十年后通过折叠达到如同米粒般大小的方块或者球体，可以串在钥匙扣上，或者是挂在胸前。而且每天这个可以收缩的软质电子报纸可以从环境中获取外界的气候信息，根据个人独特的颜色喜好，事先设定什么样的气候(比如，晴天、阴雨天气、狂风暴雨或者是将气温进行划分温度段)，那个电子报纸就会出现什么样子的图片和会呈现出什么颜色。小巧方便，便于携带。抛开电脑外观的不可塑造性，2050 年的电子报纸可以根据自己的喜好折叠出各式各样的形状，隐蔽地放在身上的任意一个地方，只要不开启，就是个零辐射的装饰品。

再者，电脑的屏幕是固定的，每个屏幕正常就只能出现一个新闻或信息，如果要想获取多个新闻信息就要打开多个网页。

2050 年的电子报纸却是可以随意地拉大，使所有的信息同时出现在同一个屏幕上。通过特殊处理的电子墨"水"针对每一个像素构造一个简单的像素电路，实现电子墨"水"显示任何我们需要的文字、图像甚至是视频信息。同时，这种电子报纸不是像传统纸质报纸或者是电子书型的报纸，每次都是只能看到报纸上印刷的新闻信息或者事先存储在电子书上的信息，2050 年的电子软报纸是张随时可以更新的报纸，这个新闻信息观看完了之后立刻消失，出现新的，除非你再次将它"唤醒"。

2. 云计算与物联网技术的发展，让世界笼罩在信息网里

物联网技术可以通过射频识别（RFID）、红外感应器、全球定位系统、激光扫描器等信息传感设备，按约定的协议，将任何物品与互联网相连接，进行信息交换和通信，智能化识别、定位、追踪、监控和管理以对空间的环境进行监测，相关的新闻信息被直接智能化的输入空间的网络云端，实现无限的被存储在空间中网络中。而编辑们则坐在办公室或者是无编辑全智能的运用云计算技术通过网络以按需、易扩展的方式获得所需资源。未来的电子报纸通过物联网技术与云计算的进一步发展与结合运用，在世界各个角落收集无限的信息，以供读者随时获取。

2050 年，全世界将会被密密麻麻的无限网络所覆盖，没有一个角落会被它所遗忘。而那个时候的电子报纸比将不是像现在的电脑一样需要在固定的空间，插有电池，连接网线或是收到空间的无限网络才能进行信息的搜索，而是可以通过阳光直接获取太阳能，在没有阳光的时候，只要身边有相关的电池存储设备，比如说电池、手机、相机甚至是手电筒，你的软质报纸轻轻地放在这些设备的旁边，报纸就可以正常地运行。

电脑只会认识手动的信息输入，而 2050 年的电子报纸却是可以文字语音双重接受，同时它的输出方式也是文字与语音双运行。2050 年的电脑不仅可以任意地收缩，同时还伴有隐形的耳机，当你想要坐下来闭眼休息的时候，轻轻地向你的软报纸语音输入你所需要的新闻信息，然后你就可以很安静地坐在后车椅子上或者是公园某个椅凳上，你的电子软报纸就会在你安放它的地方开始向你提供隐形耳机，然后将你想要的新闻信息开始封闭式的向你朗读这些消息。

以前的你是否会认为，要生鸡蛋必须要有鸡，要得瓜就必须先种下瓜的种子？但是你知道吗？在 2050 年，你的电子报纸将会颠覆你的想象，它就只是一张可以收缩的软质、透明的报纸，但是，当你发现你与别人一起看报纸

不方便的时候，它就像一个没有机械、不用纸张的打印机，当你身边的朋友甚至是陌生人想要向你询问一些信息要让你跟他们共享资源的时候，你不用感到一丁点儿的为难。你只要文字或者语音向电子报纸输入命令查询新闻信息，当信息出现的时候，你轻轻地在这个信息的中间拉过之后，这个信息就可以打印出来，这时的软电子报就是个可以随意撕扯的"面包"随便你们任意共享！

此外，2050年电子报纸也是跟电脑一样具有动感。可以伸张出不同的按钮，可以根据自己的需要拉动视频画面，选择观看新闻及新闻中的任意片段。同时此款软电子报纸是支持多个耳机同时使用的，具有很强的新闻视频共享性。并且通过不断地拉大电子报纸的屏幕，视频画面就会被无限的放大，但是清晰度却始终保持着一样的，清晰、生动！

3. 脑控技术实现电子报纸提供无形的信息

早在几十年前，就已经出现了大脑控制技术，这项技术主要包括对大脑信息的解读和控制两个方面。通过发射电子信号到对象的大脑，接受对象大脑中的信号流，然后对接收到的信息流进行解码，知晓对象的记忆、思维。

人的一切生理心理活动信号都是靠生物电流传输的，人脑实际上是一台生物电脑，大脑无时不刻在产生和传输脑电流，而有电流产生就会有电磁辐射伴生，大脑会产生不同但有规律的脑电波反应，所以根据脑电波变化特征研制出破译思维的仪器通过高灵敏的接收元件接收并放大大脑活动所产生的微弱脑电波电磁辐射信号，经专门的电脑译码软件（或交由操作方另一个人的大脑）处理就可读懂大脑内部的思维活动。

这样的脑控技术将在2050年得到更广阔的运用于发展，不仅仅局限在测谎等事件上，更多地被运用到媒介层面。通过无形的脑控电磁波网，空间的电磁波就会自动地对读者的大脑进行信号的读取，智能解读读者大脑中的需求，及时提供读者需要的新闻信息内容。

就像指纹一样，每个人都有特定的脑电波特征，首先在百米内用接收器对准人的头部，采集该人脑电波特征，存入电脑后，由译码软件根据脑电波特征进行解码，从脑电波信号中分离出视觉听觉语言情感等各种神经活动信号，以图像文字方式显示在电脑屏幕上，记录在电脑中。反过来可将所需写入大脑的信息，由电脑根据脑电波特征码进行编码后，将信息直接写入大脑，被写入者会觉得那就像是自己的直觉一样，从而从控制脑电波入手控制人的大脑。

读者可以不必通过对空间的信息进行需求的命令输入，空间的信息就可以？相应的大脑电磁波向人脑输入每个人所需要的新闻信息，这种信息的输入是全智能化的，不用人类去观看，不用人类去收听，直接可以神不知鬼不觉地获取，使一个人获得无限的知识，同时也节省了无限的时间。当然，你如果需要享受那个听新闻与阅读的乐趣的话，空间接受到并反映的大脑需求信息电磁波映射到电子报纸，通过电子墨"水"向你提供实物报纸阅读，也可以提供耳机来收听，但是你的命令却是无形的，不用对它"说"，也不用对它输入需求命令就可以获取。

4. 处处可以产生电子报纸，实现每时每刻人手一张电子报纸

电子墨"水"(E-ink)的液态材料中悬浮着成百上千个与人类发丝直径差不多大小的微囊体，每个微囊体由正电荷粒子和负电荷粒子组成。只要采取一定的工艺就能将这种电子墨水印刷到玻璃、纤维甚至是纸介质的表面上。这也就是说，只要带有这么一种电子墨"水"就能实现随时随地自制大脑中所需的具有个人特色的电子报纸。

2050 年，每个人都能拥有一个每时每刻都不一样的私人电子报纸，这个报纸代表他的需求，这个报纸具有与众不同的特征，这个报纸可以让他在第一时间阅读、观看、收听到世界各个角落他所需要的信息和新闻。走到哪里就有大容量的信息跟随着他到哪里，但是他却是一身轻松，没有纸质报纸的负担，更没有电脑手机的负重，隐形携带，小巧装饰。

未来电子报纸的出现，将打破世界人群接受信息的身份差异、经济地位的悬殊。信息沟逐渐被填满，信息有限效果论的争议不复存在，媒介不存在它的议程，人人成为自己信息的把控者和主宰者，整个世界将会出现信息"大爆炸"中活跃！

(三)传输气味的智能电视

背景

1. 听觉媒体

广播诞生于 20 世纪 20 年代。世界上第一座领有执照的电台，是美国匹兹堡 KDKA 电台，于 1920 年 11 月 2 日正式开播。中国的第一座广播电台建于 1923 年 1 月，由美国的奥斯邦创办，属于中国无线电广播公司的广播台，首先在上海播出。广播的优势是对象广泛，传播迅速，功能多样，感染力强。广播的作用在战争时期表现的十分重要，人们需要收听广播来获取战争的最新状况。

广播的产生和发展极大地丰富了人们获取信息的渠道，实现了声音的远距离传播，人们凭借听觉这一感官来接受信息。广播是一种纯粹的听觉媒体，通过电波来传递信号，但是这种信号是最简单的模拟信号，当播音员的声音转换成模拟信号之后从收音机里传到听众的耳朵，模拟信号的固有的缺陷会导致声音的失真及噪音。所以，广播已经越来越不能满足当代人们对多元化媒体的需求，逐渐被世人淡忘。但是，即便如此，直到今日，广播仍然在人们的日常生活中扮演者非常重要的角色，特别是出租车司机这一特殊人群。

2. 视觉媒体

早期的电影是没有声音的，只能靠着演员夸张的表演，如肢体语言等使观众理解电影的剧情。但是即便在没有声音的情况下，默片时代的无声电影依然在当时的社会中流行开来。人们惊奇于电影画面的真实感和现场感，各式各样的画面让人们目不暇接。

无声电影的产生带来了视觉上前所未有的震撼效果，实现了时间和空间的再现，人们仅靠自己的眼睛来获取画面中的信息。而在信息空前繁荣的当代，电视、电影、网络、电子报等媒体提供给人们多种多样的信息，人们不再是单一地只能接收到信息的一面，而是可以同时通过视觉和听觉更加全方面地感知信息。作为视听结合媒介的典型代表，电视和网络的地位在人们的生活中基本上无可替代。对于年纪稍长的中老年朋友以及家庭妇女来说，电视可以说是他们生活中的必需品，他们在电视节目中寻求慰藉打发时间；而对于"80""90"甚至"00后"们来说，网络是他们获得信息的重要渠道，他们对网络的依赖性远远地超过了我们的想象。在信息爆炸的今天，不同的画面充斥着人们的眼球，不同的声音影响着人们的耳朵，人们就在这信息的海洋中徜徉。

3. 触觉媒体

人体皮肤可以感觉环境的温度和湿度，这些都是触觉在起作用，都可以作为传递信息的媒体。虽然严格来讲，真正意义上典型的触觉媒体还并未出现，但是触觉传播媒介也就是传感器是有的。指点设备与技术的产生和发展使典型触觉的出现成为可能，这些指点设备包括光笔、触摸屏及输入笔等，采用力反馈和热觉反馈等原理对传感器进行控制，从而完成指令动作。

现在我们常用的智能手机及平板电脑等就是触觉传播媒介最常见的应用，智能手机和平板电脑采用的是热觉反馈的原理，通过手指的温度对智能机和平板电脑的电容屏下达指令。最初，绝大部分的手机屏幕都还不是电容屏，而是运用力反馈的原理对手机屏幕下达指令。在科学技术日新月异的今天，离真正意义上的触觉媒体的产生已经指日可待。

可是，人们对信息的需求远不止于此，总有些信息通过视觉、听觉和触觉人们也无法感受到，比如说气味和味道。

4.2050年的信息传播新形式——嗅觉媒体

设想一下，2050年的媒体是否可以使人们运用一种全新的感官来接收更加全面的信息传递？如嗅觉和味觉。人们可以从电视上问道事物的气味，甚至可以尝到某些食物的味道。这在现在听起来似乎让人觉得不可思议，但是却让我们感到兴奋、感到渴望，因为事实上我们可以从现在的科学技术中找到一些依据来证明这个假设的合理性。

(1)2050年能传播气味的新媒体

2050年能传播气味的新媒体会是什么样子呢？试想一下，或许2050年的电视已经不是一个独立的信息载体，它可能和抽油烟机、冰箱甚至空调等家用电器相结合。这些家用电器除了保留和改进其某些特有功能，比如，吸油烟、冷藏食物、制冷的功能外，可不可以也是一个电视机。比如，挂式空调，除了制冷这一功能外，它的正面可以做成一个电视屏幕，这样一来，我们就可以舒服地躺在卧室的床上一边享受着冷气带给我们的清凉，一边看着精彩的电视节目，同时还达到了节省能源实现环保的目的。

来个更细节化的设想：2050年的某天，你正在张罗着做一顿精致的晚餐，因为今天你的孩子要回家吃饭。抽油烟机的电视屏幕上正在播出一档美食节目，这是你最喜欢看的一档节目。电视上的特级厨师正在做准备工作，"好，我们现在要开始切干辣椒，干辣椒一定要挑选辣的，越辣越好，不然做出来的辣子鸡丁就不醇正"。特级厨师一边讲解一边切辣椒，那股刺鼻的辛辣味道从电视里传出来，你不由得打了个喷嚏。最后一个菜了，你想打电话问下孩子到哪儿了，电话通了。

——"儿呀，你到哪儿了，妈做最后一个菜了哦。"你边跟孩子说话边翻炒着锅里的辣子鸡丁。

——"快了快了，妈你做啥好吃的呢？这么香，我都要流口水了。"

——"妈跟电视上学辣子鸡丁呢，你不是最爱吃辣的吗？"

——"嗯呢，这味道可真香。"

图 3-4 　人类正在研制从嗅觉到味觉的感官体验的电子化传输[①]

　　很难说这样的情景在未来不会出现，如果某一天，我们可以闻到电视上飘下的饭菜的香味、可以闻到咖啡的香味，再加上我们所看到的 4D 甚至 5D 画面，听到的更加真实的立体声效果，或许我们将很难分清这是电视节目还是现实世界。但是，如果你觉得这是我异想天开的场景那你可能真的错了，因为我们当下的技术已经足以证明未来的电视是完全有可能实现气味的传播的。

　　(2)气味传输已有初步的技术支撑

　　①一种新型的数字化信息——气味

　　气味也将成为数字化信息？是的，气味将和文字、声音、图像等信息载体一样成为一种新型的数字化信息。这并非我个人的凭空臆想，事实上，也有很多人跟我一样，在媒体实现气味传输这一问题上有着一样的见解。韩国政府最近就发布了一份报告，在这份报告里明确地提出了"未来的互联网将能够提供味道信息"这一观点。这份报告吸取了韩国 3500 名技术专家的意见，韩国专家们有着比我更为前卫的观点，他们认为到 2015 年，互联网就可以提供气味信息，事实证明当初的设想没有实现。笔者以为到 2050 年，技术的进一步发展将使互联网具备传输气味的能力。到那个时候，每一种气味，将成

―――――――――

　　① 　图片来源：中国经济网 http：//www．ce．cn/kjwh/kxjy/kjqsh/200508/17/t20050817 _ 44450
06．shtml

为数字化信息，电脑将根据数字化信息进行排列组合，从而重新演绎不同的气味。所以未来的个人电脑将加入"气味盒"，从而向网民提供不同的服务。

如果说韩国信息通信部的报告还停留在纸上谈兵的阶段，风靡全球的 iPhone 手机研制气味散发的新成果已经将气味的传输到实践中。我们总是无法准确地形容出具体的气味，因为形容气味的词语无非只有"香""臭"，即便是学富五车的大文豪，提起与气味相关的形容词或许也会"捉襟见肘"。气味这么难以描述，我们要如何解决这个问题呢？很简单，因为现在一款新型的趣味 iPhone 插件便提供了这种可能。这个插件在其味道存储器内会预置集中一些特别的气味，用户可通过 APP 来远程发送指令，让插有此配件的 iPhone 手机"散发"出需要的味道，如此一来，我们便能将味道准确无误地传给他人了。但是，遗憾的是目前它只能通过预置的方式来散味，还无法将世界上所有的气味预存到存储器中。但是，这一款插件却让我们实现气味传输，并将引领我们实现所有气味的数字化传播。我相信，在不久的未来，实时"录制"气味并加以传播将成为可能。

除了 iPhone 的这款插件能够预存气味实现气味传输之外，英国一家名为 Telewest 的宽带服务商也在测试一种气味发生装置。这种装置将很快允许用户通过互联网传输他们选择的气味。这个茶壶大小的设备内置 20 种气味胶囊，通过释放一种或者多种胶囊的微粒，它能够制造出 60 种以上的不同气味。配备有这种设备的电脑可以通过软件识别网页或者电子邮件所携带的气味信息，并促使设备释放出这种气味。这些研究都加速了实现气味数字化传播的进程。

②超声波刺激大脑产生一系列"感官体验"

这是一项尚在理论阶段的技术，旨在用仪器将超声波输入大脑，修改大脑特定部位神经细胞的工作模式，目的是计大脑产生包括味觉和嗅觉在内的各种"感官体验"，不需借助设备，不利用手术新概念只需大脑接收超声波 。这种只基于理论而不是发明的专利标志着向"现实生活的矩阵"方面迈出了第一步，这种构想的目标是创造从移动图像、嗅觉味觉等一系列的"感官体验"。

③味觉传输已有数学公式，过往传输方式倚赖传感器

其实，用网络传输味道的想法早就有了，其他一些科研机构也在进行这方面的探索。以色列魏茨曼研究院是一个经常在科技方面取得突破而享誉世界的研究机构，该学院的两位科学家研究出了"可以传输味觉"的数学公式。根据他们研究出的方法，我们可以从一台计算机向另外一台传送"加密"的信

息，然后这一信息可以通过一个传感器转化为可以使人"感觉到"的香味。当然，这只是两位科学家通过一系列的运算法则控制传感器，混合化学制剂，使其发出香味的结果。

两位科学家还计划不久后推出自己研制的嗅觉传感装置，这个装置将包含有几种基本的味道，像调色板一样，通过这几种味道的组合，可以产生几乎所有的人们常闻到的各种气味。这项研究中最难的部分是如何同步传达味觉信息。通过电脑的屏幕，你可以看到对方发来的电子贺卡或别的文件，但如果是两方都有摄像头，如何实时传达味觉信息，就成了难题。

两位教授认为这项技术的应用前景还是相当广的，例如，当我们在电视上看厨艺节目时，如果有了他们研制的装置，就可以同步闻到厨师做出的菜的味道，给人以切身的体会，这就跟我前面所提到的设想是一样的。

截至目前，手机已经实现了气味的"传输"，互联网的气味传播也在努力开发中，将来能够连接互联网的智能电视要实现气味的传播是完全可行的。作为"80 后"、"90 后"的我们，我相信，我们是完全能够等到气味传输真正实现的那一天，并享受到这一新技术给我们的生活所带来的方便与快乐。

(3)"坏气味"该不该传播

所有专家的注意力都放在了媒体的气味传播上，但是似乎没有人意识到这个问题，那就是：如果食物的香味可以从电视中飘出来的话，那么其他气味如汽车的尾气、下水道的臭气甚至于演员的口臭、放屁等所产生的"坏气味"应不应该从电视中传出来呢？

就我个人观点，我不赞成"坏气味"通过媒体传播。因为最初人们产生通过电视传播气味的设想是源于对好的味道的向往和喜爱，本来一个美妙的想法不应该为了追求现场的真实感而改变诉求。现实生活中的汽车尾气、下水道的臭气已经破坏了空气质量和影响人们的身心了，难道还要将其不断在电视等媒体上不断地传播而去扩大它的破坏力吗？这将是人们所不能容忍的。或许，在将要实现气味传输之前，我们可以做一个全世界人民对于"坏气味该不该传输"这一问题的民意调查。我相信，全世界大多数人将和我一样反对"坏气味"的传播。但是，又有一个新的技术问题出现了，我们如何选择并拦截"坏气味"的传输呢？

(四)虚拟化演播室

摄影棚？播音员？别告诉我你说的是真的！现在的电视台怎么还会有这

些"OUT"到家的"设备"！别说你是从遥远的20世纪来的！什么？你说你生活在2016年？真是遥远的过去，我实在难以想象当时你们的生活会是多么的落后和不方便。嘿，别冲我发火，别以为你们当时认为是理所当然的东西至今还会存在于已经2050年的世界，虽然残忍，但是我不得不告诉你，你所说的这些"古董"，早已在高度信息化与数字化的2050年消失了，你说我太夸张？好吧，我可以换一个不那么"直接"的词语，他们仅仅是被"代替"了。

看你一脸难以置信的样子，好像我是个现在早已"灭绝"了很久但在你们的时代却很流行的"人贩子"在怂恿你追随我的痴人说梦，没办法，我的爷爷现在也依然无法很好地适应我们年轻人的生活，既然如此我就勉为其难地带你来看一下，2050年的"现代化"——"虚拟"化演播室。

2050年的演播室？这个说法不太恰当，因为现在已经不存在"演播室"这个东西了，因为我们有了更好的替代——虚拟生存空间。听起来有点难以理解？其实非常简单。让我先从电视节目说起。

现在我们的节目主要分为两大类："虚拟类"新闻播报与"真人秀"类综艺节目，和你们的时代还是差不多的吧？其实并没有发生什么翻天覆地的变化，最大的变化只是由真实变成虚拟，由国家变成世界，由地球变成整个太空。

图3-5 未来演播室虚拟化大有可能

1. 新报播报节目"虚拟化"

在你们的时代，新闻播报节目都有一个比较统一的模式：一男一女两名播音员，一个主播台，几台固定角度的摄像机，一个不太宽敞的演播室，一切都在一个既定的禁锢空间，或者说现实空间里进行，节目中插入已经制作好的新闻现场视频及配音，而这一切都是由导播现场控制的，所以偶尔也会出现导播失误导致不该被播放的画面被观众看到甚至记录下来，或者是播音员出现口误，这些或许在观众看来十分有趣，但是对节目的制作人来讲却往往是个不小的打击，当然现在这些情况都完全不用担心，因为在新闻播报方面，现在的新闻节目已经与过去完全不同了。

现在的新闻节目，已经没有实体的演播室，也没有了实体的播音员，我们所看到的最终呈现的节目形态依然没变，但是我们所看到的一切都是虚拟的数字影像。播音员、演播室，都是由 4D 影像制作而成，我们依然有一男一女两个"形象"处在电视屏幕的那端，但是他们已经不是"有血有肉"的实体，而是极度仿真的"动画形象"。别觉得贻笑大方，因为到了 2050 年，我们已经拥有了更先进的图像处理以及 4D 处理技术，现在的我们看 40 年前你们的平面的 2D 影像，就像当时的你们在看 1950 年的黑白电影，缓慢而与现实不同对吧？的确是这样，因为现在的我们所看到的一切都是 4D 的，当然你也可以选择 4D、5D 或者是置身其中，随你喜欢，总之，2050 年的新闻节目是一个立体的全方位的世界，因为我们的演播室也不再是曾经的那个固定的空间，而是一个可以随意设置的"虚拟空间"，于是我们的新闻播报类节目不再需要摄像机，不再需要摄像师，不仅如此，在新闻播报类节目里，导播的功能也被智能终端"机器人"所取代了。

2050 年，不仅演播室内的一切消失了，就连演播室后部的整个操作体系也得到了大大的简化，因为全部影像的数字化和虚拟化，我们不再需要导播，也不再需要配音人员，整个新闻节目运行的背后，仅仅是一个高度集成的智能设备："节目控制系统"，它是一种高度拟人化的高端设备，由这种设备来代替导播与其他各类后期制作人员。具体说来，这种设备承担着整个新闻节目的流程，从人物形象，到音频设置，再到镜头的切换等，全方位一体化，进行了极大的简化和压缩，如果这样说难以让你们 2012 年传统的思想接受，现在我来举一个具体的例子，相信会让你对现在的节目有更多的了解。

现在的新闻节目运行十分简单，我们需要的只是人数极少的工作人员，便可以完全一整个节目的制作与播出，节目中的形象与场景是已经设置好了的，无须进行更改，工作人员每天要做的事情只是将要播报的内容输入"节目控制系统"，系统会自动将输入的文字变成相应音频，混入视频中相应位置，并与虚拟播音员的口型动作进行匹配，使其看起来更加自然，同时，技术人员要在节目流程中设置几个节点，包括节目的开始与结尾时间，每段插入视频所处的位置、时长等，这样一来，整个节目流程都被系统程序化，无须人工过多干预，一切已可以由高度智能的机器来完成，所以现在对我们来说，最重要的不是导演，也不是播音员，而是机器的操作及调适人员，只要设备不出问题，我们不会再看到播音员失误，也不会再有导播失误的现象出现，新闻类节目成为一个统一的程式，以更高效的向人们传达最重要的信息。

或许你会质疑这样的节目需要提前制作没有时效性，其实并非如此。因为在 2050 年，电视节目已经没有了固定的播出时间，我们已经可以真正地做到全时段播出有差异的节目，一方面，节目流程化与数字化使我们节约了大部分的人力以及时间，我们可以有更多的精力不断播送信息；另一方面，现在我们的每一台电视机都有自己的存储功能，会自动存储已经更新的节目，同样的功能也存在于人们随身携带的任何一种有播放功能的便携设备中。如果你没有时间，你不用再担心会像在 2016 年那样错过重要事件或节目的直播，因为无论何时何地，你都可以调出你需要观看的内容。

至于为什么新闻类节目会变成固定化与虚拟化的形式，不仅要归于技术的进步，也要归于这类节目自身的特点，因为固定化本身就是这种节目的特征，它的存在意义非常简单，就是让人们了解到自己的身边及整个世界正在发生什么样的事情，既然如此，我们就没有必要为了一个简单的目的保留许多没必要的花哨功能，只要能够达到其最初也是最终的目的就好，随着时代的进步，效率正在变得前所未有的重要，人们不会过多地关注传递信息的方式是否美观，关注的更多的是信息的传递是否及时，所以新闻节目的虚拟化一个最大的优势就是真正的实时化，真正的 24 小时不间断地更新与播出。我们不再受人的精力的限制，因为一切操作都已经最简化，将人力消耗降到了最低，我们可以真正地做到将任何时间发生的任何事通过任何一种手段传递给任何人，不受任何时间、空间、载体的限制，将时效性发挥到最大，同时又要优于网络信息传递的庞杂，是一种真正可以做到信息的真实性与时效性兼顾的手段。

当然了，它的局限性也是很明显的，就是"非人性化"，没有交流感，因为现在，新闻播报类节目被当做仅仅是一种传递信息的途径，而非有娱乐或休闲的目的，而这种节目形态因节目自身性质而定的性质也是电视节目最大的一个发展，我们不再追求"大一统"，而是寻求"个性化"，因为没有一种方式是适合所有类型的，只有将不同类型分离出来，分别制定个性化的方式，才是迎合大众需求的一种最高效也是最有效的方式。

2. 综合娱乐节目的灵活化

如果你认为新闻类节目太过程式化让你觉得冷冰冰的没有人情味儿，那么新的综合娱乐节目一定可以满足你的需求。

在综合娱乐类节目中，我们依然需要主持人掌握节目的过程并与受众进行互动，只是演播室还是消失了，我们不再耗费大量的资金与占用大片的土地面积来维持演播室，就像拍摄《阿凡达》只是在一个虚拟摄影棚进行一样，现在的娱乐节目也是通过虚拟摄影棚与虚拟摄像系统的合作达成呈现状态的4D化。演播室走向了虚拟化，但是虚拟化同时也意味着多样化，固定的演播室无法经常进行更新及变化，但是虚拟化的演播室却可以随着节目主题的变化而变化。举个例子，在一个访谈节目中，主持人与嘉宾的谈话内容将会影响着演播室的变化，同时，在一个游戏竞技类节目中，游戏设置的不同也会左右演播室的环境，总之，演播室变得更加"善变"，变得更加多样，也变得更加人性化。

就如4D电影一样，综合娱乐类节目尽管走向虚拟，却带来受众感受的"真实"，让我们如同置身其中，增加了交流感，因此，娱乐节目的"虚拟化"与新闻节目的"虚拟化"是两个不同的方向，一个走向"参与"的"真实"，一个走向"虚拟"的"客观"，这是由节目定位不同造成的，也是真正考虑到受众的真正需求而演变的。

另一个重要的变化是摄像师的消失。虽然在综艺类节目中，我们依然需要摄像机进行拍摄，但是拍摄的主体及控制者不再是摄像师，而是"控制中枢"，它可以是一台机器，也可以是一个系统，总之，摄像机通过信号受控制中枢的控制，包括景别、走位，都可以通过专业人员对"控制中枢"进行控制而达成，摄像机本身变成了独立的行动者，并具备某些人工智能，通过系统的设置可以自行进行景别处理的判断，这在另一程度上也大大解放了人力的束缚。因此在2050年，综艺节目的录制也已经可以忽略时间与空间，同时因为控制系统的简化，效率也大大的增加，这在另一方面促使了节目形态的多样化，因为我们节省了更多的协调时间，同时也有了更多空闲的工作人员与演员，加上节目录制的简便化，节目类型因此变得更加丰富多彩，让你可以随时随地看到自己感兴趣的任何类型的节目。

总之，2050年，随着数字信息技术的发展，2016年的现有工种在极大程度上被机器与系统合并，从前需要几十人甚至几百人进行的录制活动，如今只需要一个智能化的系统，加上几名专业的操作人员便可达成，我们的工作变得更加富有效率，呈现出的节目形态也更加多样。同时，随着数字及图像信息处理技术的发展，虚拟形象及虚拟演播室成为普遍选择，电视节目突破了时间空间与媒介的限制，更加富有时效性，同时也增加了交流互动的可能性，可以说，技术的发展使电视摆脱了其自身特性带来的时滞与架空感，使其变得更加快速、亲民，可谓在保留了其自身声画优势的同时也吸收了网络与其他媒介的优势。

回到2016年，现在的我们在看到未来时不禁要想，拥有如此优势，电视是否可以一家独大？也不尽然，毕竟时代在发展，技术也在进步，或许会出现其他超越电视的传播方式也未可知，或许异想天开，但我们还有30年的时间来发展进步，30年后发生的未来会变成什么样子？一切皆有可能，一切都会发生，不是吗？

（五）私人新闻机

现在人们已经不能想象没有网络怎么生活，更不说没有电视或收音机。每天我们漂泊在无数信息大海里。每天早上一起床大部分人会打开电视或上网了解最近世界上发生了什么新事。拿一个家庭来做一个例子：可能爸爸想了解政治方面的新闻，妈妈想看生活类型的信息，而孩子对关于明星的八卦感兴趣。这样的话怎么办才可以满足每个人的独特需求？在网上找自己喜欢的信息？太浪费时间了。

有办法！我给大家介绍一个新媒体创意：私人新闻机。样子就是一般智能手机似的，又轻又小，方便随身带，随时了解自己感兴趣的信息。有了它就再也不用在网上搜索各种信息，都会自动被发送到你的个人新闻机。2050年时人们不用再担心没网络。整个地球覆盖了免费无线网络，每个人随时随地上网享受信息时代。

个人新闻是多种能量机器。可以用电也可以用太阳能来充你的新闻机。几乎不会遇到没电的情况。

个人新闻机菜单很简单。不管是小孩或老年人都可以操作。

一进入菜单先选择你想收到的新闻一个或多个类型。比如，你只想了解经济新闻，选择这一项就可以避免收到无数八卦新闻或其他你不感兴趣新闻的烦恼。或你只想了解政治和突发事件的新闻，选这两项就可以了。如果你对娱乐八卦新闻感兴趣也很简单。可以直接输入你喜欢明星的名字就可以收到关于他所有的新闻。

信息重要性。你可以选择所有的，高中低一个或多个选项。个人新闻机会按照你选择的重要性从所有信息里选择合适的显示在你的机子上。这样比较忙的人为了避免打扰工作可以只了解最重要突发新闻。

下一项就是你感兴趣新闻来源的国家。比如，你只想了解中国、日本和美国这三国新闻。菜单里勾选这三个国家就好了。从此一来其他国家的新闻会自动被淘汰，不会显示在你的个人新闻机。不过如果你想了解各国新闻也可以选所有国家新闻来源。

那么你选了美国为新闻来源国家但是你不会英文怎么办？这个问题个人新闻机也可以解决。在语言菜单里选择希望收到的新闻语言。比如，选择中文，这样所有的新闻不管来自哪个国家会自动为你被翻译成中文。再也不用担心看不懂。不过如果你在学外语可以选择多个语言。这样的话所有的新闻会以双语或多语模式显示在你的新闻机。很方便吧？顺便可以练一练外语。

收到新闻时间也可以选。比如，你是 soho 族在家里上班不会遇到开会或其他不方便接收信息时间，那么你可以把接收新闻时间调为随时以便准时能收到所有的信息。但如果你是学生周一到周五要上课白天不方便接收信息可以把时间调为 00：01—8：29 和 18：00—23：59。这样的话在 8：30 到 17：59 收到的新闻会 18：00 显示在你的个人新闻机。

收到信息声音。按个人喜好可以选择收到信息铃声。可以设置自己喜欢的歌曲，各种震动或静音模式。

更新时间。还可以选择更新信息时间段。肯定最好设置为随时以保证新闻的准时性，但是如果需要尽量省电也可以把更新时间调整为 30 分钟、1 小时、2 小时等时间段。

新闻保存时间。每天收到的新闻多的话可以选择保存新闻时间。可以选择保存一天、一周、一个月等时间段。也可以手选一些个别最喜欢的新闻永久保存。

新闻搜索。每天个人新闻机上会积累很多新闻。到时候想找到一条几天前收到的新闻怎么办？你的新闻机有语音搜索功能。只需要说出来新闻内容的关键词新闻机会自动为你搜索到所有相关的新闻。

新闻分享。看到了特别好看的新闻吗？想跟家人朋友分享吗？没问题。只需要选择一条新闻并输入手机号码新闻就会以的新形势发送到你朋友或家人手机上。到时候跟朋友吃饭时就会有很多可聊的话题。

加密。为了保证你的隐私个人新闻机具有加密功能。为了保证别人不会知道你对什么事情感兴趣打开新闻机需要主人手指碰到屏幕。新闻机会扫面手指纹分辨拿到新闻机的人是它主人。

上传新闻。你还可以自己上传新闻到网络上。你的个人新闻机配用高清晰的摄像头可以拍出来高质量的照片和视频。在路上看到了有趣的事情？拍下来写几句内容后你的个人新闻机会自动把这一条新闻分配到一定的类型发布到网上。不过如果你的智能新闻机认为你的信息没有新闻价值就会拒绝发布你的新闻。

这个时代里每个人都有机会具备所需要的知识作为成功的人士。我们最缺少的就是时间。生活节奏越来越快，感觉上时间越来越少。个人新闻机可以使你在最短的时间里随时随地拥有各种信息提高你生活和工作质量，让人生更精彩。

（六）人体电脑

随着信息化社会的发展，网络技术成为未来科技的主导。电脑作为网络技术的物质承担者，将会成为人类改造和研究的重点，那么，2050年的电脑，究竟可以达到一个怎么样的不可知境界呢？

我的想法是，有两种大致情况：一个是将电脑"置于"人体；一种则是将电脑"置入"人体。下面，我们就具体来探讨一下这两种可能性。

1. 电脑"置于"人体

"置于"人体，我的设想是将电脑放在人的身上，就像穿衣戴帽那样，只是电脑很隐形，很微型，可以任意放置。研制出世界上第一台穿戴式电脑的美国麻省理工学院人体工程学设计研究科学家史瓦茨向人们展示他的构想时曾经说过，"到2010年，一切都将进入无线时代，人们可以随身穿着一台电脑到处游走"。虽然现在我们还没有看到人们穿着电脑游走，但这多少表现出了人们对技术实现的自信和期待。我们的设想和这个大致差不多，电脑"置于"人体，通俗来讲，就是把电脑放在人身上，和人形影不离，跟随人到处活动。比现在我们用的电脑，置于人体的电脑，不仅具备其所有的功能，更增加了超级感应系统。即对人体体温、皮肤干燥程度、人体身体内电流等的细微变化的即时感应。如当感应器感应到人体皮肤湿度降低，缺水需要补水时，会记录下来并发出提醒，使得在人自然感到渴觉之前进行水的补给，更有利于身体健康。

同时，感应器还可以通过对人体血液流动、人体电流等的感知，来和电脑记忆中的人体健康指标相比较，及时发现主人身体中存在的健康隐患，并发出警戒信号，对于疾病的预防有相当重要的作用，避免一些恶性疾病的发生，防患于未然。

不仅如此，置于人体的人体电脑，还能为主人充当高级"秘书"，记录主人的各种日程任务、人际交往、个人财务等信息，同时可以根据主人发出的指令来自动完成电脑操作。比如，现在我们想要在网上买一件衣服，需要自己搜遍各个网店，比较价格、质量、送货时间等，而置于人体的电脑，可以自动帮助主人在网上进行搜索，比较、探讨几个，搜寻主人需要搜索的物品和信息，以及工作中需要的资料等。同时，还可以帮我们提醒提前安排好的工作议程，而我们却感受不到电脑的存在。

2. 电脑"置入"人体

通俗来讲，就是人和电脑合二为一，电脑成为人体的一部分。近几年，科幻小说层出不穷，而人机相连则是其主题之一，各种各样关于微型电脑的幻想，使得电脑在小说里无所不能。其实，这早就不仅仅在小说里实现了，多位电脑及软件方面的专家就对此领域表示出极大的兴趣和信心。据报道，微软公司总裁比尔·盖茨曾在新加坡举行的微软论坛上，畅谈未来"人机"科技时表示，可以在人体内移植电脑，让盲人复明，聋人复聪。有朝一日，微型电脑将可以被移植到人体内，从而间接地"修复"人类的生理缺陷，例如：盲人可以重见光明，聋人也可以听到美妙的声音。

在我看来，将电脑植入人体，其功能远不止这些。植入人体的电脑，其实就已经成为了人体的一部分，因此，可以通过血液、神经等和人体的其他器官相连，可以随时感知到血液的流速、浓稠度，以及血液内营养量、其他器官的律动等，一旦身体某个地方出现病变，植入人体的电脑芯片可以及时感知并通知相连的电脑程序进行相关的联网查找和分析，提出解决方案，并通知人体大脑，对这一病理及时采取措施，避免进一步恶化的可能。

人体电脑不仅对于人体健康方面有不可小觑的作用，更是在工作、学习、生活、人际交往中发挥了重要作用。比如，学习，一个学生要写一篇作文，当他接收到外部指令写作文以及作文要求后，和他大脑相连的电脑就会瞬间自动启动，来辅助他的大脑构思，当他大脑构思到某个地方需要参考时，电脑芯片会自动感应，并通过联网瞬间在网上搜索到他想要的东西。这样，从接受任务到完成构思，所需要的时间少之又少，大大提高了效率。在完成上，当开始写作时，传统的模式是学生自己在电脑键盘上敲击或者动笔写，而有了人体电脑，电脑芯片会自动感应这个学生大脑里想些什么，想写什么，可以跟随思路自动在电脑上出现文字，并根据需要修改，这样，在学生想完后，作文也完成了，效率之高，可以想见。工作之中也是如此，快速完成工作，是同一个道理。

有趣的是人际交往方面，当主人接触到外界人时，电脑芯片会自动搜索主人大脑中关于此人的所有记忆，为主人在第一时间里招呼对方提供翔实资料依据。不仅如此，当主人想要向对方表达一种语言或者意思时，电脑芯片会根据记忆中此人的脾性和谈话方式，来为主人组织出妥帖的语言，瞬间输送到主人的大脑中，这样，大大提高了人际表达的效率，也极大地减少了由于语言方式等问题产生的人际误会，使得人际交往更加快捷明了。

还有一种"懒人设想"，可以应用于人类知识文化的教育传承方面。我们每个人从出生到正式踏上社会工作，需要花费十几二十年，如果能研制成功植入人脑中的电脑芯片，那么我们可以将大量的知识浓缩于芯片中，通过芯片来直达大脑，这样，我们是不是就可以在育人方面实现质的跨越？同时，对于改造、劳改等方面，也会变得非常容易？到时候，"人人都可为善，人人都可为智者"了。

这些并不是空穴来风地胡乱猜想，医疗方面的科学家已经取得了某方面的成果。以色列魏茨曼研究所的埃胡德·夏皮罗教授和同事们在比利时布鲁塞尔举行的一次学术会议上，就勾勒出了利用 DNA 电脑在人体内自动诊断并治疗疾病的设想。

不过，这个电脑是作为一个 DNA 细胞在人体血液中游走的，就像白细胞之类的一样。据报道，早在几年前，夏皮罗和同事就研制出了一"台"DNA电脑。它的大小只有一滴水的一万亿分之一，是目前世界上最小的电脑。据夏皮罗介绍，他们的构想是，可以先编排好一定的程序，将一些人体正常的生理指标输入微型电脑，当 DNA 电脑在人体内游走时，可以将感应到的人体实际各项指标同电脑记忆中的相比较，从而发现异常，进行有针对性的治疗。

"我们的电脑可能有一天被当做药物，在人体内通过血流、根据相关特征对疾病进行检测，可以自动地、独立地在每一个细胞内进行检测。"夏皮罗说。

与上面彻底将超微型电脑置入人体稍稍不同的是，我认为还可以把大脑和电脑相连，用意念控制机械四肢。就如《盗梦空间》中的一样，在人脑里放置一个类似于芯片的感应器，通过这个芯片可以将人的脑电波传给电脑，电脑可以将这些电波翻译成我们看得懂的语言。这种情况下，对电脑的体积要求并不是太严格，电脑在这里只是起到了一个传输作用，但是，对于这个类似于芯片的感应器的要求非常高，这个应该是研究的重点。

以上是我对于未来人体电脑的一些想法和构思，在我看来，前景展望肯定是美好的，但是"人机"在生理功能上的互动还需要几代人的努力，完全实现需要很多的技术支持，虽然复杂，但并不是不可以完成的。一旦完成，将会给社会带来极大的变化，给人类医学研究、疾病预防、更便捷的工作生活带来巨大的福祉。

三 世界是"屏"的

未来社会，媒介技术与人们的生产生活不可分割。家庭空间、公共场所以及办公区域都笼罩在一个"全屏"的世界，每个人有着为之量身定做的广告信息，人们能够接收并理解来自不同符号系统的信息资源。媒介是人的延伸，互联网也将会是大脑的延伸，各种媒介将回归到人本身，让人"多媒体化"，让家庭和生活智能化。

（一）无处不在的屏

走到现在的屏

早在 2500 多年前，古希腊人就发现用毛皮磨擦过的琥珀能吸引一些像绒毛、麦秆等一些轻小的东西，他们把这种现象称作"电"。

公元 1600 年，英国医生吉尔伯特(1544—1603)做了多年的实验，发现了"电力""电吸引"等许多现象，并最先使用了"电力""电吸引"等专用术语，因此许多人称他是电学研究之父。

18 世纪中叶，在大洋彼岸的美国，大电学家富兰克林又做了多次实验，进一步揭示了电的性质，并提出了电流这一术语。

1800 年春季，有关电流起因的争论有了进一步的突破。伏特发明了著名的"伏特电池"。伏特电池的发明使人们第一次获得了可以人为控制的持续电流，为今后电流现象的研究提供了物质基础，也为电流效应的应用打开了前景。电和电流被发现以后，电的影响便无处不在，它的产生还大大改变了人们的生活方式，加速了世界工业的现代化进程，开创了人类历史的新纪元。

在此之后，人类逐渐发明了电灯、电报、电话、电视等新事物，并极大地改变了人类的生活，不过对人类生活影响最大的新事物，大概可以说是电脑。

1946 年，第一台电子数字积分计算器（ENIAC）在美国建造完成 1979 年，夏普公司宣布制成第一台手提式微电脑 1982 年，微电脑开始普及，大量进入学校和家庭及至 21 世纪初，电脑遍及全世界，电脑屏幕也成了人类最常面对的屏。

图 3-6 人类进入一个多屏的时代

在当今时代，最常见的屏应该是电视屏幕、电脑屏幕和手机屏幕，另外还有户外广告屏、电子指示屏等各种各样、功用不同的屏。

走向未来的屏

在人工智能不断发展的 21 世纪，人类的生活可以预见肯定会越来越方便，在 50 年后，信息承载和传播的媒介，即"屏"，也肯定会越来越轻便。

21 世纪 60 年代，电视、电脑和手机的区别应该已经不再存在，三者功能合一。实际上，在今天，智能手机已经几乎包含了电视和电脑的功能，越来越多的人用智能手机打电话、上网、看电视，以苹果手机为代表的智能手机从人们生活的各种需要出发，扩展出种种意想不到却有用的新功能。

50 年后，电脑和电视应该已不存在，手机也不再是真正意义上的只用于打电话、发短信的手机，而是一个便携智能终端。它比现有的手机更薄更轻便，它也许不再是一个硬邦邦的小方块，揣在人们的衣袋里，而更有可能看起来只剩下显示屏，没有外壳，没有按键，像一张软乎乎的塑料纸，透明无色或者色彩纷呈，全在于你的心意，你也可以将它像一个书签一样夹在书里，放在口袋里，更可以设定图案将它夹在衣服上作为装饰品，需要时取下，它就会恢复硬度，让你可以进行各种操作，当然我希望这张纸片的大小可以随心改变，那样的话，用起来就更方便了。

除了可随身携带的手机，生活中还有很多其他的屏。

让我们想象一下未来家庭生活的场景：回到家里，你不需要钥匙就可以进门，因为门就是一个屏，你可以选择手动输入密码开门，也可以选择指纹、虹膜或者是语音识别开门，同时，门上还会出现家人或者宠物的身影，他们会在第一时间欢迎你回家进入家里，你习惯性地看向门边的镜子，那也是一个电子屏，你脱下正装和鞋子，同时，镜子上会显示出当天的备忘录，提醒你今天要做的事情，镜子上还会显示当前屋内的温度、湿度等情况，它一般都会自动调节至最适合你的状态，如果你想要尝试不同的环境，伸手摁几下就可以了。走进客厅，沙发对面的整面墙就是一个大屏幕，你可以直接点击这个屏幕调出你想看的电视节目，或者拿起桌子上的游戏手柄玩游戏。当你正玩游戏时，电话响了，你摁一下电话使它与电视墙连通，游戏自动暂停，妈妈的笑脸出现在墙上，你可以躺在沙发上与她聊天，不过你最好是把桌子上乱七八糟的东西收拾好，把空的零食袋子扔掉，否则，对面墙上的那个人会忍不住唠叨你，甚至跑来亲自替你收拾的！

通话结束，到做饭的时间了，你走进厨房，不知道做什么好，只好求助于网络你点击料理台，光滑的台面上出现一个搜索页面，你想了想，搜索了几个家常菜的做法，选择了两个比较简单的菜。电子页面扩大至整个台面，做菜的步骤清晰地展现在你面前。你走到冰箱前，透明的冰箱门让你很容易就看到了需要的材料，门上有光闪烁，提醒你有两盒牛奶已经快到保质期限了，你拿出牛奶和需要的食材，准备在饭后给自己做一道水果酸奶。当你做饭时，面前墙上的屏幕为你播放当天的新闻，或者其他你喜欢的节目，使你的做饭过程一点也不无聊。

吃过饭，你端着一杯饮料来到阳台上，准备晒着太阳读一会儿书。摇椅旁的小桌上放着一张薄薄的透明的纸，那是你新买的电子书，虽然你仍喜欢阅读纸质书的感觉，但是电子书确实很方便。最新的电子书不仅体积小存储量大，阅读时的页面也和真正的书和报纸很接近，你也可以自己设置页面的图案，电子书还可以和手机远程连接，这样，即使手机不在身边，你也能很方便地接打电话，完全不会打断你的阳光时间。电子书内部还有光源，能够自动调节亮度，不管是在阳光下还是黑暗中阅读，它都不会伤眼睛。

　　夜幕降临之后，到了休息的时间，你走入卫生间，开始洗漱通过洗手台上的触屏，你可以调节水温，也可以命令浴缸自动出水并添加你喜欢的精油，为你的睡前浴做准备。在你刷牙时，你抬头看到镜子上的备忘录，检查一下当天的事情有没有完成，并添加明天的事情。要做的事情你可以输入文字，也可以录制语音或者视频提醒，既方便又有趣，马大哈的你再也不需要到处贴纸条了！洗漱过后，浴缸里的水也准备好了，满浴室都是你最喜欢的茉莉清香，泡澡时，你点击浴缸边缘，墙上出现了一个屏幕，开始播放你最喜欢的娱乐节目。快乐的热水澡过后，你关掉节目，点击浴缸放水回到卧室，你坐在梳妆台前，点击镜子，镜子上会出现智能系统根据你的自身状况和天气给出的护理建议，根据建议，你进行了睡前护理。然后，你走到落地窗前，将透明的落地窗和白色屋顶调节成美丽幽静的星空，在一片温柔的夜空里，你很快就进入了梦中。

　　50年后，不仅仅在家中会有如此多给人方便的屏，在其他地方，未来也会有很多屏存在。在户外，公交车站的显示屏会向你展示详细的路线，如果你想要了解等车时间，点击屏幕，它就会告诉你下一趟车会在几分钟后到达。公共场所的所有指示屏，都不再会是功能单一的塑料牌，而是可以供人搜索详细信息的电子触屏。超市内，购物车上的小屏幕会自动显示放入车内的物品价格，并会计算车内所有商品的总价，顾客也可以将手机与它连通，点开事先列好的购物单，它会告诉你购物单上的任务还有哪些没有完成。当顾客到达收银处时，购物车会显示各个队列的等候人数，选出最短的队伍办公室内，几乎所有的桌面、墙面都是电子屏，老板可以和一个客户点击自己的办公桌谈生意，也可以和多个员工面对前面讨论方案，或者在墙上显示多个对话窗口与不同地区的合作者进行网络会议。员工们在自己的隔间里工作，桌上树立着一个个显示屏，但是不再需要实体键盘，点击桌面就会浮现出键盘的图形，在桌上其他空白地方点击或者直接点击屏幕，就可完成鼠标的工作去餐厅吃饭，不需要服务员呈上菜单，直接点击桌面就可查看菜单并点菜，同时顾客还能查看餐厅的许可证等以及其他顾客的评价用餐完毕，同样是点击桌面，顾客就可以用电子账户结账，省去了等候结账的麻烦。

　　50年后，无处不在的屏会使我们的生活更加方便，我们不需要使用现在的这些笨重而且功能单调的物品，通过一个个触手可及的屏幕就可以完成许多事情，既节省空间又方便省力。

值得思考的屏

为了操作上的方便，人们用触摸屏来代替鼠标或键盘。当前流行的触摸屏大概有以下几类：表面声波屏、红外屏、电阻屏、电容屏。但是，当前这四种屏都各自有缺点，在使用时会给人带来不便。表面声波屏要保持清洁，如果屏体表面附着了油污、灰尘或者液体，那么就会影响触摸性能甚至完全不能使用；红外屏怕光干扰，并且使用寿命由红外管的寿命决定；电阻屏表面易损伤，使用寿命短；电容屏成本高，易受外界环境因素干扰。

触屏的发展和使用，必须克服这些问题，解决现有流行触摸屏的缺点，发展出一种成本低、使用方便、寿命长且少受外界干扰的新型触摸屏。或许，50 年后的新型触屏会是当前集中触屏的优点集合，取长补短。

想要在 50 年后实现触屏无处不在，第一，新型触屏要做到成本低，否则想要实现我前文中描述的生活，人们的购房成本、公司的办公成本及政府的市政投入都会大大增加。第二，要达到使用寿命长、更换简单的要求，否则那些嵌入墙体、桌面和路边设施的屏幕，既容易坏又难以修理的话，就有悖于智能生活便民的追求。第三，新型触屏还需耗电量小，未来触屏无处不在的话，人们生活中的用电需求就会更大，如果触屏耗电量大，就会给电网带来很大的压力，使现有的城市供电问题更加严重。

同时，智能生活的发展，不仅仅是给人们的生活带来方便，也有可能带来麻烦。随着科技的发展，越来越多的服务不再需要人，只是机器和各种屏就可以完成，这就可能会造成很多人的失业，增加社会的负担和动荡危险。在许多发达国家，现在就有很多工人因为工作内容被机器替代而失业，不仅增加了社会福利的负担，更导致了贫富差距的拉大，很多人选择走上街头游行示威，甚至街头暴动引起大骚动，严重影响了正常生活秩序，更甚者会造成人员伤亡。前段时间的英国大骚动和去年的"占领华尔街"运动，不能不说没有这个方面的缘故。

在美剧《犯罪心理》中，有好几集中都出现了反对智能生活的片段，有一集的主要内容就是一个年轻人反对智能机器的发展而杀人的故事，虽然片中的主人公思想极端，要求不合实际，但是也一定程度反映了科技发展的弊端。

无处不在的屏在方便了人们的联系之时，也可能会淡漠了人们之间的感情。人们习惯了面对屏幕与人交流、进行娱乐之后，可能就不再会进行面对面的感情交流现如今，在公交车、地铁上，朋友聚会的饭桌上，很多人都面无表情地摆弄着手中的手机，生活中许多看似木讷的人在网上妙语连珠、判若两人。现如今，就有许多父母抱怨，孩子回到家中就只会抱着手机或者电脑玩得不亦乐乎，对父母则少言寡语，即使父母想主动沟通交流，孩子也没有兴趣，没有话题可聊。2050 年，无处不在的屏可能会方便人们远距离的交流，但是，如果因此使得家庭内部、邻里之间的关系更加淡漠，这样的发展或许是得不偿失吧？

(二)无须翻译的信息全球化

周新，×市人，某跨国公司行政总裁，现居住于本市富豪小区。

新闻：2050 年 6 月 30 日上午 6 时许，本市发生一集团盗窃案，富豪小区车库均遭洗劫，无一幸免。但仅仅在发现之后 1 小时就宣布告破。原因是本市著名富豪周新动用他私人的卫星协助警方破案，并且他的车上装有隐秘的最新全球定位系统，成功地瞒过了匪徒，让警方轻松地找到了匪徒的老巢，并在这批车被改装之前就成功将之擒获。这款卫星是全球最新应用的民用卫星，包含了全球通信系统、全球翻译系统……

周新微笑地关掉了车载视频，这也是通过自己的卫星同步收到的新闻频道，每天都会用它留意一下新闻，没想到今天自己成了新闻的主角了，一直想保持低调，还是很难啊，这个卫星很方便使用，可是也使得自己备受关注，还是挺苦恼的，不过想起它的功用，苦恼就苦恼点吧，自己省了很多事啊！呀！走了一下神，都到了公司有一会儿了，得快点了，今天还有个全球会议呢，幸亏及时找回了车子，不然真的很麻烦啊，资料都在车上了！呵呵，买了这个卫星，费了这么大劲儿，还是很值得的，虽然受关注多了点，不过也不差这点了。

来到了会议室还好准时到了，推开门进去了，一看都到了就差自己了，还好自己还没有接通视频，他们没有看见自己刚刚赶过来的狼狈样子。有了卫星的帮助让自己最近都有点变懒了，呵呵。全套配备的虚拟影像模拟会议室，都是跟卫星一起安装的，让自己省去了世界各地来回飞的麻烦，还解散了公司庞大的翻译队伍，既省钱又省事。看着每个人清晰的面孔，什么白种人、黑种人、黄种人啊都全了，再看看每个人嘴里说出来的都是中国话，真实惬意啊！大家可不要以为是中国话这么流行啊，那可不是，中国话这么难学怎么可能呢！都是自己新买的卫星的全球翻译，现在一些非常古老的语言已经失传了，还剩的一些语言种类都是人口较多，比较常用的，通过各国的努力已经形成了一套完整的语言系统，就全装在了这个卫星中了，并且开发公司还会每隔半年对卫星进行远程系统升级，资料更新。

这半年的总结会议终于开完了，最近这段时间可以不那么忙了，家人都去旅游了，不知道现在在哪呢，我也可以跟他们一起去了，说起来最近公司半年度总结一直在忙，有一段时间没见了呢！老爸老妈和小妹都把摊子丢给自己，他们却去逍遥了，不公啊！唉，真实说曹操曹操到啊，刚想着呢，电话就来了，正好通过我家的卫星视频电话，看看他们在哪呢，风景怎么样，好的话我也去，嘿嘿。现在真是方便，记得小时候爸爸一出国就很难联系，出去旅游吧也经常遇到好的风景却没有信号，有一次被困在山里两天呢！最后在军警双方合作下才找到我们，想想真的好险啊。现在可以放心地让家人出去玩了，每个人身上都装了卫星定位系统，既可以定位又可以打电话，又不用担心信号的问题，卫星电话走到哪都保持通畅。

"爸爸、妈妈玩得怎么样了，小妹呢？"

"我们很好、很开心，你小妹啊，呵呵，那不在那边跟一群年轻的游客玩得正开心呢，把我们老两口扔下不管了，我们一想啊也有一段时间没见面了，今天你也应该开完会了，正好有时间，就给你打电话了，怎么样，看看这里漂不漂亮，你也别说我们把你扔下没良心，现在有时间，就过来吧，跟我们一起放松、放松。"

"呵呵，我正在想这事呢，你们可真是了解我，风景很漂亮啊，我交代一下就立刻过去找你们，现在不去就又没时间了，好久没给自己放假了，一定要等我啊！"

"呵呵，放心吧，一定等你来。"

这时自己的卫星网络发来提醒，中午还有跟几个国外来的合作伙伴吃饭呢，不提醒都忘了。

"爸爸妈妈，我还要跟客户吃午餐，就先不聊了，见面再说吧，再见！"

"嗯，你忙吧，再见！"

到了事先约好的地点，我们都准时到了，戴上蓝牙耳机，一一跟他们打招呼，这几位都是有自己用的卫星，大家交流很方便，只要戴上，卫星配用的蓝牙耳机就可以自由的交流啦！每个人都说着自己的本国语言，蓝牙耳机就自动的转化成自己的语言从听筒发出，并且对于没有这个卫星装置的人也有用，因为可以设置自己的话筒语言，将自己所说的转化成需要的语言，让我身处这群外国人中，再也不需要翻译一句一译了，可以尽情地与他们沟通，我们的合作关系更加密切了。很愉快地用完了这一餐，我们的合作意向也在这次饭局上有了一个基本的意向，真省时间，正好可以尽快结束一些必要的工作，开始我的假期了。

下午的工作开始了，还是要了解一下今天各国公司的动态啊，以前看到各国文字就望而却步了，都需要翻译将每天的新闻翻译给我，这样总是不能及时地了解，有了问题也不能及时地发现，有了这个卫星之后，我只需要将浏览器的语言设置成中文，使用卫星的网络，卫星就自动将页面信息进行同步翻译给我，而且我无论在哪都可以使用网络，遥控工作。

了解完公司信息，看着电脑中家人之前用卫星拍照传来的照片，还能体现一下异国风情，现在真是很难像以前一样感觉到，国与国、人与人之间的差别，文化和语言上都没有太大的区别感了，卫星翻译让所有的都融入了自己的生活中，使得翻译不再是一件事了，地球也真的如地球村一样的无差异化的感觉了。

这些也在其他方面也有体现，有个朋友在警局工作，据他说在军方和警方也有类似的技术，甚至更加的成熟，但是仅限于高层可以拥有使用权，例如，全球一体机里面拥有世界全部在案的被通缉者名单及详细资料，并且每个拥有者都可以上传更新资料，只要通过相关的认证。呵呵，似乎还听说了一件很奇怪的事，不知道真实性如何，可能有点苗头，但是没有那么夸张吧。就是据说已经找到了一种频率，对于所有人都可以直接理解的一种频率，包括外星人，我想即使有的话，从发现到能成为商品的过程也是一个很漫长的过程，毕竟是要能为人体所适应，虽然现在科技发展这么快，但是相信也不会有"火箭"的速度。但我仍然相信这个商品会出现的，到那时才是真正的无翻译化，现在或许对那时来说只是个虚拟模式，呵呵。到那时也就不用学校手语什么的了，虽然还会有残疾人的存在，但与普通人之间的交流将不会成为问题，毕竟接收频率是每个生物所具备的本能。

呵呵，又在乱想了，我又不是科学家，只要等待就好了，操心那么多做什么。噢，下班的时间到了，现在开始我的假期了，爸爸妈妈，还有小妹，哈哈，我来了！

(三)思维的第二故乡

到2050年，经过互联网近一百年的发展，整个互联网将形成一个类似于人类大脑结构的统一体，它将拥有虚拟运动、视觉、听觉、感觉、记忆等系统。人们通过各种通道连接到整个互联网模拟大脑中，以虚拟大脑的神经元的角色驱动这个超级大脑的运转。

——刘峰《互联网进化断代史》

著名的传播学家马歇尔·麦克卢汉早在《理解媒介：人的延伸》中就提出媒介即人的延伸这一概念。他认为，媒介是人的感觉能力的延伸或扩展。印刷媒介是视觉的延伸，延长了我们的双眼；广播是听觉的延伸，延长了我们的双耳；电视则是视听觉的综合延伸。每一种新的媒介诞生，都使得人的四肢或其他感觉器官增强。那么，1946年诞生于美国的电子计算机，则是大脑的延伸。也有人认为，从人类的发展史看，人类的进步就是器官不断延长和连接的历史：棍棒延伸了双臂，石头延伸了拳头，汽车延伸了双腿，望远镜延伸了眼睛，电话线延伸了耳朵，公路、铁路使人类四肢最终实现"联网"。

作为大脑延伸的电子计算机能够利用互联网技术，实现对大脑功能的全方位模拟，甚至拥有自己的思维。中国科学院虚拟经济与数据科学研究中心研究员刘锋在2007年与同事合作发布的学术论文中提出了这样的预测：2050年，互联网虚拟大脑将会出现。2010年，在中国出版的美国作家杰弗里·斯蒂伯的《我们改变了互联网，还是互联网改变了我们？》一书中也提出"互联网是一个大脑"的观点。他们都认为，随着更多互联网技术的应用，互联网将更加趋近于人类大脑。

微博、博客、电子邮件这类互联网用户交互系统，智能搜索引擎的功能可对应人脑的虚拟神经元，它们能完成信息交互、数据整理和挖掘等工作。互联网虚拟感觉和运动神经系统逐步成熟，远程手术亦成为可能。人工智能从荧屏走进人们的生活——互联网虚拟自主神经系统中预先存放了算法和知识，在运行时并不需要人的主动控制。当然，互联网虚拟大脑的核心是互联网虚拟中枢神经系统。它的硬件基础是互联网的核心服务器以及联结它们的路由器和交换机，在这些硬件设备上统一运行的虚拟感觉神经元、听觉神经元、视觉神经元、运动神经元、数据整理和挖掘神经元、映射型神经元等互联网应用程序将构成互联网中枢神经系统的软件基础，包含文字、音频、视频、文档等信息的数据海洋将组成互联网中枢神经系统的信息基础。

简言之，互联网将具备与人脑功能类似的虚拟视觉系统、虚拟听觉系统、虚拟感觉系统、虚拟神经系统、虚拟神经元等。它庞大、精密、复杂、高效，它能在数秒之类处理数以亿计的信息，能像大脑一样储存记忆，没有分毫差错，它能洞悉一切。

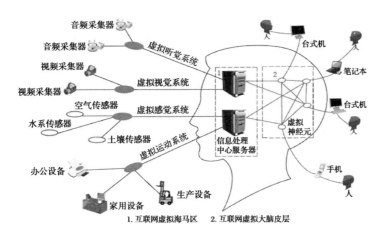

图 3-7　互联网虚拟大脑简略图

它会给我们的生活带来怎样的变化？

无处不在的互联网——互联网虚拟感觉和运动神经系统

"下一代互联网将逐渐放弃 IPV4，启用 IPV6 地址协议，几乎可以给你家庭中的每一个可能的东西分配一个自己的 IP 地址，让数字化生活变成现实。"

——清华大学信息网络工程研究中心主任吴建平

目前的 IPV4 协议下，现有地址中的 70% 已经被分配光了，明显制约着互联网的发展。而下一代互联网 IPV6 协议的广泛使用，将会使原来有限的 IP 地址将变得无限丰富，大得可以给地球上的每一粒沙配备一个 IP 地址。这就使得互联网遍布我们的生活成为可能。

较早研究互联网发展的中国科学院虚拟经济与数据科学研究中心客座研究员刘峰指出："我们提出互联网虚拟感觉和运动神经系统在成熟后，主要有两种运行模式，第一种是互联网用户直接操控模式，第二种是互联网用户的间接获取模式。"在第二种模式下，传感器、视频、音频采集器、工作设备能在本身的程序的驱动下，自动运行。

想象一下，空气传感器可以收集各地的实时天气情况，通过互联网提供给有需要的人；利用全球广泛分布的视频采集系统，我们可以了解道路交通情况，甚至实现足不出户的"环球旅游"；办公设备、家用设备、生产设备都可以在互联网的控制下按照既定程序自动运行，有效地节约我们的时间和精力。在互联网的帮助下，我们的生活更加便利，人类能够看得更远，走得更远。

我们生活所需的冰箱、电视、洗衣机、汽车，一切用得着的东西，都将融入互联网。当我们还在睡梦中，厨房里的电饭锅已经忙碌起来，为我们做好早餐；电视机像定时闹钟一样，根据我们的日程安排，播放悦耳的音乐，提醒我们该起床啦，早餐已经做好。打开衣柜，智能机器人已经按照我们喜欢的穿衣风格搭配好今日着装，还有一把伞也在推荐的位置，看来今天有雨。钥匙已经不再是出门必备，连通的网络能为室内的安全层层把关。关门的瞬间，车库大门收到指示，缓缓打开，新的一天，即将启程。

与网络对话——互联网虚拟神经系统

如今刚在智能手机上初步应用的语音输入方式到了2050年将发展得更加成熟。Android系统的 Voice Actions 提供了非常坚实可靠的声音识别引擎，它的高识别度令人称奇，但同时也要求你说的话要具备严格的语法结构和格式，否则系统将无法识别。2050年，通过技术人员将算法和规则放入相应虚拟神经元中，一旦互联网的虚拟感觉系统获得信号触发，虚拟神经元便开始驱动互联网虚拟运动系统或其他系统完成特定功能。那时，网络的语音系统将是智能化的，它会利用人工智能系统去分析，在语境中领会你的意思。

你可以命令你的电脑："帮我订一张周日下午飞往上海的机票，靠窗的。"这时，电脑就会自动锁定你语句中的关键词"周日下午""上海""靠窗"，将搜索结果显示出来，待你确认后自动完成网上支付等一系列工作。

同时，互联网视频、图像系统也将变得更加先进。互联网具备的图像搜索工具，可以做到更好地理解一幅图片，而不需要依赖上传者的文字描述。它可以自动识别图像中所包含的人物、色彩、文字等信息，当这些信息被送达这个神经网络的时候，不同神经元之间的关系就会发生改变，同时得到对某些特定数据的反应机制——就目前而言，这个网络现在已经学到了一些东西，谷歌的"虚拟大脑"就是其中的一个代表。当使用者利用搜索引擎查找需要的图片时，只需要利用语音系统录入关键信息，互联网便会自动搜索出相关图片，并根据匹配程度排序。

在云端——互联网虚拟中枢神经

互联网的核心服务器和应用也已经呈现出了集中化的趋势。当今正流行的云计算就是这一趋势的反映。通过使计算分布在大量的分布式计算机上，而非本地计算机或远程服务器中，这使得用户能够将资源切换到需要的应用上，根据需求访问计算机和存储系统。好比是从古老的单台发电机模式转向了电厂集中供电的模式。从云计算这些特点看，它具备了互联网虚拟中枢神经系统的雏形。

物联网是在互联网的基础上，将用户客户端延伸扩展到几乎所有物品上，并在相关物品与物品之间进行信息交换和通信的一种网络。物联网通过充分利用射频识别技术、传感技术、纳米技术等新技术，将各种物体实时连接，并将相关信息传送到云端，进行进一步的分析、处理和收集。而只有具有高效的、动态的、可以大规模扩展的技术资源处理能力的云计算，才能满足物联网发展的需要。云计算，是实现物联网的核心。

数十年后，云计算的深入发展，将使得物联网也取得跨越式的发展。二者将高度结合，犹如一张网，网罗生活中方方面面的信息，为人们的生活提供便利。

以智能电网为例，从电力资源的发、出、变、配、调、用等方面都可以广泛应用物联网和云计算。如用电环节，通过在已经普及到户的电表上安装传感设备，实时收集用户用电信息，传输到云端，再通过云计算分析出每段线路用电的高峰、低谷，这样，电力公司就根据统计得出的数据信息得知用电的高峰期和低谷期，再按照高峰低谷定制差异化的电价，利用价格杠杆，平衡电网压力。如果某片区因为特殊原因用电量突然增加，居民用电都受到影响，智能电网能及时得知这一情况，从资源过剩区调电疏导压力。

高铁物联网作为物联网产业中投资规模最大、市场前景最好的产业之一，将会大规模的应用，为旅客提供人性化的服务。购票、检票将升级为人性化、多样化的新体验。旅客可以根据自己需要，采取网络购票、刷卡购票、手机购票等多种方式，彻底摆脱拥挤的车站购票。所有的订票信息都将储存在云端，通过对应的身份证、指纹或面孔识别可以查询订票信息。纸质车票将会消失，一个更加高效、环保的时代即将到来。

而互联网虚拟大脑给我们的生活带来的最大的变化是：人类的思想将变得像文档一样，可以被读取、复制、传播。你会不会经常遇到这种情况：脑海中有很多想法，却一时无法用言语表达，而灵感是稍纵即逝的。虚拟大脑可以读取你脑海中的想法，以你需要的形式，文字或语音表达出来，甚至通过网络进行传播。写作会变得更加简单，把感应器安装在头上，畅想小说的故事情节和发展，甚至主人公的样貌。看，文字就在屏幕上。这就是你的行文风格，比你一个个地打字可快多了。

能够读取思想，存储思想，那么死亡，也就不再是思考的终结。未来的世界，是思考者的时代。

（四）量身定做的广告

2050 年 12 月 30 日　　　星期五　　　惜时小学　　　晴

"Hello，advertisement！"下课铃刚响，惜时小学三年级（2）班教室里就陆续响起了同学们手机接收到广告的提示声。家长老师们不用担心广告成为影响孩子们学习的骚扰短信，广告商也不必担心孩子们不喜欢这些广告而控诉广告商。依据学校的作息时间量时定发，依据孩子的喜好量身定做，如今异彩纷呈的广告已经成为了孩子们欣然接受的课余生活的一部分。

"Yeah，我最爱的跑鞋出新款了。"小米一边刷着手机屏，一边得意地向周边同学展示新款跑鞋的广告。"赶快试试货。"同桌小天建议的话音刚落，只见小米已经在手机上把新款跑鞋拖入了校运动场 800 米的跑道上。起跑、转弯、冲刺……各项检验满意，小米开心地将这款鞋中适合自己脚码的一双放入了购物车。

随时随地地检验商品，随心随型地选择商品，互动广告、享受购物，当下不论年龄，不论身份，所有的消费者都享有量身定做的广告，享有独一无二的服务。

史上最强尺——量身定做的技术（量）

2050 年，广告得以量身定做得归功于建立在云计算和移动互联技术基础上的庞大数据库。"庞大的数据库"主要依托于元数据和 XML 可扩展标记语言等技术来实现对每一位客户信息的获取与储存。

1. 获取客户信息的途径

小至客户的基本信息（诸如年龄、性别等），大至客户的喜好、近况，"庞大的数据库"里应有尽有，针对每一位客户都有详尽的记录。"庞大的数据库"是如何获取这些信息的，主要是依据两个突进：一是根据受众在线经常浏览的信息；二是根据受众对接触信息的反馈。

小米的爸爸经常会在开车时使用"及时听"设备收听体育新闻，也会在办公闲暇时间用掌上电脑收看篮球比赛。这些平日里的休闲娱乐活动在体验者看来都只是些随心情的消遣，但一旦记载在"庞大的数据库"里就成为了无线营销广告主争夺的一笔不可多得的资源。

图 3-8　大数据时代精准传播至关重要

　　小米的爸爸是篮球运动发烧友,高中起就一直是学校篮球队的主力军成员,曾经还在大学里创办过《篮球之云》的刊物。如今尽管已远离学生年代,整日忙于事业工作,但他对国际型篮球比赛的热情一直不减,在线观看完一场比赛,抑制不住内心的激动,他会在线写评论或者立马将视频链接转发给昔日同是篮球迷的好哥们。回复、评论、转发,相比较于被动的浏览信息,这一系列反馈式的举动更能把握一个潜在客户的更多信息,实现精准式的配对营销。

　　2. 确保客户信息的保密

　　更多的信息记录就意味着更多的虚拟关注,收到的促销广告基于自己以往的浏览偏好而量身打造,多少有点被窥探的感觉。让客户在享受量身定做的广告带来贵宾感的同时,减免客户对个人隐私泄露的担忧,关键是确保客户信息的保密。

　　"庞大的数据库"的强大之处不仅在于其对客户信息的获取,更在于其实现了对客户信息保密的允诺。客户信息的流向、交易,只要客户一旦感觉自己的信息被用于非法经营或是干扰式营销,就可以通过"庞大数据库"里的"二次跟踪"系统进行精确查询、责任追究,从而维护自己的合法权益。

　　3. 专属的客户信息管家

　　"庞大的数据库"为每一位客户量身打造了一个专属的客户信息管家,客户可以与信息管家实现互动，不再仅是被动的广告受众，还可以是自身主动的营销雇主。

小米的妈妈在一家外贸公司上班，逼近年底、工作繁忙，常常没有时间好好挑选一家人的日常必备品。借助客户信息管家，小米妈妈可以针对性地为家庭更新近期信息，避免不必要的广告信息干扰的同时，也实现了急需广告的及时获取。下午时分，小米妈妈要出一趟差，地点正巧在市中心商场集中的地方，抱着顺道为家庭购买一些食物的想法，她通过客户信息管家提前在未出门前就把自己的所在方位设置为市中心，同时标注一家人最需要的商品。这时信息管家就会及时地把这些信息传达到"庞大的数据库"，供有意向的商家针对性地投放广告。坐在出发的车里，小米妈妈就已经陆续收到了市中心好几家商场、超市的促销打折活动，她一边浏览广告，一边及早决定好了开车的路线，最大限度地节省了绕道的时间，提高了工作的效率。

客户信息管家在客户与广告商之间搭建了一座沟通的桥梁，实现了客户与广告商的双向互动。

人人成焦点——量身定做的依据（身）

广告商依据不同客户的身份特征、身体特征真正实现广告的量身定做。身体成为了广告实时变换的依据。

1. 脸部识别技术

2050年的今天，商厦里遍布携带 LCD 显示屏的信息亭，这些信息亭为每一位打算进入商厦购物的顾客提供了查询信息的平台。如果小米靠近信息亭查询一家餐厅的信息，那么 LCD 显示屏就会显示一则有关商城中一家冰激凌店的广告；而如果是小米的妈妈靠近显示屏，则有可能看见一则有关服装店的广告。通过手势动作，他们还可以与这些广告进行互动。

每个 LCD 显示屏都配备了一个摄像头，当一名消费者靠近一个信息亭时，摄像头会追踪他们的运动，而系统本身则会将其脸部与数据库中的信息进行比对，从而鉴别其年龄和性别，并加以记录。数据库里的信息是基于搜集的几万个人的面部信息的整合，对这几万人的性别和年龄进行了鉴别，此外还包括有关面部形状、皱纹和两眼距离的大约 10000 条信息。

许多营销公司都已常规性地利用摄像头技术、处理能力和软件的开发来运用和发展脸部识别技术这项业务，并逐步让脸部识别技术从一种高端的安全系统演变成了日常生活中的智能手机和动作探测器。

2. 定位跟踪技术

除了身体固有的特征，身体的位移也成了广告量身定做的依据。依据强大的 GPS 定位功能，进入商场的客户自愿选择了智能化广告宣传册，走到商场的不同商品区域，广告宣传册就会及时地变化为相应区域商品的广告。

前几天圣诞节的时候，小米跟着妈妈到超市大采购就享受了一番定位跟踪技术带来的量身定做的广告的快感。在超市入口选择购物车时，有两种购物车可供选择，一种是不携带智能化宣传册的旧式购物车，专供愿意慢慢逛的爷爷奶奶们使用；另一种则是携带智能化宣传册的新式购物车，专供快节奏的白领年轻人们使用。为了抓紧时间，小米和妈妈选择的是新式购物车，当他们推着购物车走向日用品专区时，智能化宣传册根据购物车的所在位置及时地翻页显示出关于沐浴露、洗发露等日化用品的最新促销广告；而当他们走向菜品专区时，显示的广告则自然变为肉类、蔬菜等食材的广告。利用这种携带智能宣传广告册的购物车，不到半小时，小米和妈妈就提着大包小包的东西离开了超市。

大型书店、家具店、电器店等都开始运用这种智能宣传广告册了，在偌大的商场里选购商品再也不用像从前一样拿着个促销广告到处找促销的产品，而是站在促销广告产品附近广告就自动提醒。真正地掌握了购物的主动权。

互动超时空——量身定做的形式(定)

量身定做的广告意味着更强的交互性和更加精确的产品信息搜索结果。结合线上和线下互动的广告以虚拟式和体验式的量身定做实现了广告超越时空的互动。

1. 超越时间的互动

"计划经济"时代悄然到来，量身定做的广告超越时间的互动性使得许多交易活动都可以提前进行预约，提前的时日数也比以前大有突破，有卖有买，及早地规划好每一笔交易活动，使得现今的买卖市场凸显了"计划经济"的资源最优化分配。

今天是 2050 年的倒数第二天了，小米爸爸正在办公室里规划来年的行程，每个月出差的时间和地点等。规划完毕后，他可以在选定的航空公司的官方网站上及时地标注自己的意向机票。相比较于以往只能提前一周或是一个月购票，如今超越时间的互动广告为每一个客户提供了更超前的预约机制，米爸爸甚至都可以为 2052 年的计划定下机票了。如此超前的预约机制也使得服务公司有充足的时间尽可能满足每一位客户的需求，及时需求无法满足，也可以早早地告知客户，以便客户有充裕的时间另做安排。

如此超越时间的互动广告改变了中国以往春节前期火车票一票难求的局面，也避免了乘车低潮期一人占多位的情况，实现了资源的合理利用和分配。

2. 超越空间的互动

"拇指经济"时代悄然到来，针对线上广告，客户只需要用手指轻轻点击，就可以实现超越空间的互动。

后天就是元旦节了，小米的妈妈打算给一家人添置新衣裳。坐在办公室里，她只需要用手指点击选中的衣服，进行在线试穿功能，就可以超越空间地观摩衣服上身的效果，而且可以全方位立体地环视整体效果。这一切无须购物者亲自跑到商场的试衣间，也无须衣服的接受者告诉代购者自己的尺码。如果小米的妈妈要帮米爸爸买一套西装，系统会自动参照购物记录中最成功的那次交易，调出米爸爸的着衣尺码，米妈妈只需就着这个尺码挑选点击试穿就好了。

广告商不仅为客户量身定做了广告，还为这种量身定做提供了互动的平台与渠道。

广告成"窄告"——量身定做的"代价"（成品）

2050 年量身定做的广告充斥着世界的每一个角落、生活的每一个时段。广告成了名副其实的"窄告"，要不是为了照顾大家习惯多年的"广告"的称呼，估计广告真的可以改名了。

量身定做的广告除了带给消费者莫大的至尊般享受外，也使得整个广告界的运营模式发生了变革。广告已基本结束了按一个广告位来购买的模式，取而代之的则是按照曝光量，甚至精确到按照一个受众的单位来购买。

如此精准化的营销模式，不论通过 CPC 或者是 CPM 来购买每一个意向受众，单价都是很高的，量身定做的"代价"是广告商在为高额的单价买单，但广告商们依然乐此不疲。因为相比较于投放 24 小时的低单价广告，95％都不是目标受众，明智的广告商更愿意小众的宣传，用更多的钱为更少的人服务，用更更好的服务换回更高的回报。

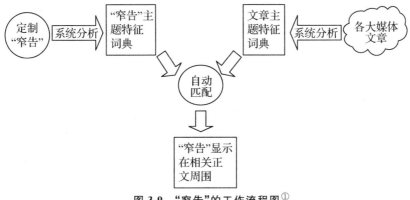

图 3-9　"窄告"的工作流程图[①]

（五）关于虚拟屏幕的四个猜想

猜想 1：神话里的永动机——生物能制动

不知你们还记不记得，21 世纪初流行过这样一个笑话："动车上，一群人在玩着手机，他们是用安卓（Andriod）的人；一群人在叹气，他们是用 iPhone 的，他们手机没电了；一会儿，用安卓（Andriod）的也叹气了，他们的第二块电池也没电了。突然，动车出事了，一群人拿出手机砸开窗户逃生了……他们是用诺基亚的人。"

这个笑话乍一看很无厘头，仔细分析甚至觉得它是在给诺基亚这个手机品牌做软广告。但是，它清晰直观地体现了电池对手机的制约作用。21 世纪初，伴随人们日常生活的电子产品，如笔记本电脑和手机，广泛依托于锂电池作为随身电源。在当时，锂电子电池确实具有电压高、体积小、重量轻、高功率等优点，然而，它的电容量毕竟有限。

如当时流行的 iPhone 系列手机，因为耗电相当大，一般使用时间仅仅为 8～10 小时，正如首段的笑话里所说：出差旅行或是走访亲友，在动车上最先没电的总是 iPhone。而在现代社会，人们往往依托于通信工具与社会产生联系。一旦电池耗尽无法及时充电，手机就会罢工。

出门在外，信息终端停止工作的后果是什么？——重要会议的通知无法及时接收，家里发生急事无法及时联系，无论是工作和生活造成了诸多不便。

---

① 图片来源 http：//lumengcard. vcp. bizcn. net/default/zhaigao _ explain. htm

电子产品有效使用功率完全受到有限电池电容的制约，工作时间大打折扣。

那么，有没有一个装置，它可以无休无止地工作，一刻也不停地为信息终端提供电能呢？答案是肯定的。

我们的生命之源心脏，一刻也不停息地在拼命工作。心脏将包含新鲜氧气和营养的血液输送到全身，把末梢组织中的脏血运回心脏，又将氧气加入其中变成新的血液再次送到全身。无论多高多胖的人，血液都从心脏所在的胸部被输送到脚趾，再被送回心脏。

像这样把血液送到全身各处再送回来，就叫做血液循环。这么复杂的过程平均一分钟要反复七十到八十次。

把血液送到全身的力就是血压，相当于把水银柱压至 120～130 厘米高的力再收回来。心脏担任着这个关乎生命根基的重要使命，一刻不休，即使在我们说话的时候、吃饭的时候，甚至睡觉的时候，它也在不停地工作着。

如你所见，虚拟屏幕现在的工作原理就是利用心脏产生的压力和血液循环发电。有了心脏这个犹如远古神话里"永动机"一样的发电装置，无论我们身处何方身在何时，只要心脏还在工作，虚拟屏幕就在兢兢业业地待命，随时准备着工作。

猜想 2：耳朵里的金箍棒——随身携带的信息终端

齐天大圣孙悟空的降妖利器定海神针，本是东海海底一根铁柱子，《西游记》中有这样的描述："斗来粗，二丈有余长。棒是九转镔铁炼，老君亲手炉中煅。禹王求得号神珍，四海八河为定验。"若要大时，顷满天地之间，若要小时，盈盈不足一握。细细想来真是神奇，本来重一万三千五百斤的大柱子，却能缩为小小一根绣花针，藏于耳内。

从 20 世纪 80 年代到 21 世纪初期，移动电话作为通信工具的新秀，取代了固定电话和传呼机的位置，发挥着"移动信息终端"的作用，在当时的社会活动中、人们的日常生活里扮演着渐趋重要的角色。单从移动电话的形态演变看，经历了砖头型—瘦长型—轻薄型—掌心型—微型化—个性化的变化。它由最开始的笨、粗、大、重，通过反复（先增大正面的宽度，减小高度和厚度；再减少宽度，增加高度；再减小高度；如此反复变化直至当时新款机型的形态）的过程不断进化，体积上大大缩小。

从移动电话的进化轨迹中，不难看出信息终端的发展规律：功能越来越强大、用途越来越集成、体积越来越小。这样的变化与人们对信息终端的日益变化的需求是相吻合的——若是移动信息终端能像齐天大圣的金箍棒一样，"藏于耳内"，甚至比起孙悟空更胜一筹，能将它化有形为无形，那真是一大妙事。

虚拟屏幕在2050年实现了这样的构想。它将信息终端与信息源融为一体，化有形为无形，达成了与人体的有机结合。像如意金箍棒一样，它能被随身携带——经由生物能驱动，借助特殊的光感转换装置，直接从人体中取出——准确地说，是从人体中发射出来，以空气为介质成像。

平时，它存放于掌心的皮肤之下，需要使用时，经由手指的触摸启动，通过指纹认证后，从掌心发射出可视信号，直接铺展显示于空气之中。

首先，屏幕大小可根据具体的个人需要调节。其次，成像方式包括平面、4D和全息影像。另外，对具体影像的控制也到了随心所欲的地步，包括拉伸、旋转、细节放大和数据分析等。无形的虚拟屏幕整体功能变得无比强大。

试想一下，2050年的你想走在陌生城市的露天广场上，对当地的一切都不熟悉的你需要查询一下城市地图，确认目的地方向。这时，你从容地摊开自己的左手，右手食指和中指在手掌上按了数下，一束光波便从左手心发射出来，顺着右手手指的指引和拉伸，在空气中成对角线迅速铺展开来。卫星定位之后，以你本人所在地为中心的虚拟地面微缩模型即时成形，顺着它的指引，你很快就确认了前进方向。使用完毕，你伸出右手手指在屏幕中心轻轻画了个叉，握起左手，停止发射视觉信号，虚拟屏幕就被收回手心了。

虚拟屏幕与人体的结合，将给人们的生活带来极大便利。最直观地讲，它减轻了出门在外的行李负担——出差旅行、访友探亲，再也不必像21世纪初期的人们一样，除了记得带上移动电话，还要在行李中放入充电器、数据线、转换插头等。既然不用的时候存放在身体里，便不必担心会不慎掉落或是被"三只手"给偷走。既然启动的方式是指纹认证，便不必担心泄露个人信息的问题发生……总之，虚拟屏幕与人体结合，好处无穷尽。

与其说虚拟屏幕变得像一件穿在人身上的衣服，不如说它已经成为了人体的一个有机部分，它就像一个器官。人走到哪里，它就被带到哪里，无形地"潜伏"在身体里，永不会遗落或丢失。

猜想3：作用于潜意识——人内信息的录播

每个人都会做梦。做的梦究竟意味着什么？为什么人会做梦？为什么会无数次梦见一个从来没去过的地方？为什么说梦和预感有联系？难道真的是

"日有所思，夜有所梦"吗？想必在梦醒后，每个人或多或少都有些这方面的疑问吧。

从往至今，各派学者对梦的诠释不尽相同。精神分析学的创始人西格蒙德·弗洛伊德，这个有着怀疑、孤独和好奇精神的奥地利医生在《释梦》中指出："梦并不是无意义的，并不是荒谬的，并不是以我们的观念储蓄的一部分休眠而另一部分开始觉醒为先决条件的。它是一种具有充分价值的精神现象，……在清醒时我们可以理解的精神动作的长链中占有它的位置，它是通过一种高度错综复杂的理智活动而被建造起来的。"

很多人曾经在记录梦境的道路上做过各式各样的探索，比如，用纸笔记录下零碎的梦境片段，或是通过精神催眠来回忆梦境。20 世纪西方巴黎画派充满幻想的诗人画家马克·夏加尔说："梦境是灵感的来源。"光怪陆离而又转瞬即逝，梦境充满了谜样的魅力。

意识是一个来无影去无踪的东西，它真的可以被捕捉吗？怎样才能将梦境如实地刻录下来呢？梦境可以被还原和放映吗？答案依旧是：当然可以。

试想一下，我们在人脑中植入一枚智能芯片。这枚芯片将与脑电波连接，记录下一切脑部活动。当沉沉黑夜里，你陷入安眠，这枚被启用的芯片会诚实地刻录下你的梦境。第二天醒来，当你打开虚拟屏幕，将它连接到芯片，虚拟屏幕就能读取到你的梦境内容，并像录像机播放录像带一样，将梦境百分之百还原回放出来。

2050 年，虚拟屏幕将用于潜意识的放映，这是它功能上的一大特色。对精神科学研究来说，更是一个突破性的创举。梦境被完整、真实地记录下来，将为心理学家、哲学家、社会学家、生物学家等一切需要人类潜意识这个神秘领域进行研究与分析的人群提供最有价值的一手素材。除了用于科学研究，虚拟屏幕记录梦境也将为人来生活带来一些有益的变化以及意想不到的乐趣。

阴雨绵绵的下午，你可以和亲密的朋友坐在的沙发上，手里捧着热乎乎的桂圆莲子汤，吃着绵软鲜香的荷叶糯米鸡，像看电影一样一起分享美好的、温暖的梦境。

著名的好莱坞导演在片场的休息之余，按惯例从手心里抽出虚拟屏幕查看电子邮件，只听"叮咚"一声提示音，屏幕显示收到一个全息视觉文件，他点开播放，竟然是一个完全出人意料但仔细想来又在情理之中的梦境。仿佛受到了缪斯女神的指引，一下子灵感上涌的他决定参考梦境情节安排来剪辑电影。

手夹香烟的冒险小说家躺倒在沙发上，胡子拉碴，表情焦虑。他的写作又一次面临瓶颈。抽完了第三包香烟，他不得不向好朋友兼编辑大人诉苦，编辑热心肠地回复道："我昨天上网的时候，找到一个很棒的素材喔！"说着给小说家传送了一个波谲云诡、光怪陆离而又惊心动魄的 4D 噩梦……

同样，既然虚拟屏幕可以直接映射出人脑的意识活动，那么作为大脑重要活动之一的想象，也将通过这样的原理实现录制和播映。

想象力和灵感一样，神出鬼没而又来去无踪。往往人们在脑海中浮现出一个有创意的产品，却苦于没有纸笔无法将它及时记录下来，短短几小时后做完其他事情回来，这个产品就被遗忘了，十分可惜。还有时，经过深思熟虑终于形成了一个精彩的策划，却苦于表达能力有限，无法完整地将它叙述出来，因而策划的价值被大打折扣，极其遗憾。还有建筑设计师，在堆积如山的案头前辛辛苦苦熬了十天半个月就是为了画出一张详细的建筑外观图，却因为不慎打翻手边的一杯水而使几百小时的工作成果付诸东流……

有了虚拟屏幕，这些困扰人们已久的问题都能得到妥善解决。如广告公司接待客户，双方坐下来开会，只需要在详细听取客户要求之后，工作人员经由短短几秒的思索，脑海中立即就能绘制出广告产品的模拟图样。这时他打开虚拟屏幕，将生成的产品模型展现在客户面前。而客户一旦直观地看到产品，就能即时做出反馈，而工作人员一边听取客户意见，同时对广告产品进行修改。

对广告公司而言，要完成一宗同样质量的广告策划，以前往往得耗费几周甚至几个月的设计时间——产品设计出来之后，将再次会见客户，客户看完设计，提出意见，反馈到公司，再针对设计的不足做出修改。现在，由于虚拟屏幕能够直观的播映人脑的想象，设计周期被轻松地缩减为一天、甚至是短短几小时。有了更少的时间成本和更小的人力、物力、财力投入，在同样的半年时间里，公司有能力完成的 Case 数量会百倍千倍地增长。虚拟屏幕的高效率赋予了广告公司强大的竞争力。若它广泛应用于文化创意企业，将给整个产业带来巨大的经济收益。

猜想 4：真实的公共信息——摄像机不会说谎

虚拟屏幕作为信息终端，不仅拥有从公共网络数据库下载信息、记录和播映潜意识活动等满足个人需求的功能，它还可以用于人内信息与公共信息的交换——上传记忆。

记忆也能够被上传和观看吗？下载的记忆会不会是虚构捏造的？如何搜

索和观看别人的记忆？记忆能够被记录和播放，具备怎样的作用与意义呢？

虚拟屏幕会告诉你关于这一切疑问的答案。

俗话说："好的相机就像情人的眼睛。"而到了2050年，已经很难说清到底是摄录设备模仿着人的眼睛，还是人的眼睛在模仿摄录设备——它们已经合二为一。人们若说起摄录设备，不再是卡片机或拍立得，也不再是LOMO或单镜头反光照相机，更不是手持DV或高清摄像机，而是——人的眼睛。准确地说，人的眼睛在2050年除了发挥"看"的视觉功能之外，已经具备了一切照相机或摄像机应有的功能，发挥着摄录设备的作用。

在眼睛录制画面的同时，耳朵也在录制着声音。云计算和云存储技术的广泛运用，为虚拟屏幕上传和下载公共信息提供了技术支持。当眼睛和耳朵完成摄像机和录音机的功能更之后，连接到虚拟屏幕，以它作为信息交换端口，通过无线传输技术将记忆全息文件上传到公共信息数据库。记忆的上传者将根据个人意愿对文件进行公开程度评级，规定哪些文件属于公开内容，哪些文件属于个人隐私受到保护。关系到公共利益时，在不对当事人正当权益造成危害的前提之下，公众享有对公共资源库中记忆全息文件的知情权。

在这个信息爆炸的时代，公共网络资源有如浩瀚的宇宙，想要在全民共享的信息库中寻找具备特定信息的记忆文件就如同在茫茫的撒哈拉沙漠中寻找几粒沙子。但是在2050年，借助虚拟屏幕，通过简单几步就可以做到信息的准确定位和迅速搜索。首先，打开端口进入公共网络；然后，在记忆全息文件的搜索栏中输入需要的视觉信息；接着，眼皮一眨的工夫，所有搜索到的与指定信息相关的记忆全息文件就会被筛选出来；同时，可以多选或自定义文件的排列方式，如以事情发生先后顺序列出时间轴纵向铺展开；基于记忆全息文件权威性由大到小呈现；根据记忆全息文件发布者与事件相关程度从高至低排列，或是因使用者对记忆全息文件反馈的效果的评价好坏显示。

尤为值得一提的是，由于虚拟屏幕具有特殊的把关功能，在转换和传输过程中，它可以自动给信息定性，将它们划分、归类。其中，梦境、想象这些潜意识方面的脑部活动属于人内信息，上传之前允许信息的发布人无数次地对其进行创造和修改。但是，一切通过眼睛和耳朵所录刻下来的"记忆"全息文件，属于真正发生的事实，在上传之前是不被允许做任何修改的。作为信息交换链之中的重要一环，强化虚拟屏幕的把关人功能，虚假信息源就得到了有效的控制。公共信息库内的记忆具备真实性与客观性，使信息价值得到了根本保证，信息使用者从中受益颇丰。

对新闻机构而言，公共资源库中"记忆"性质的文件都是可靠的消息源。记者要获得某重大新闻事件的相关讯息的时候，直接省略掉寻找、联系采访对象的烦琐过程，直接从公共信息库中搜索目击者记忆的记忆全息文件。新闻现场还原度高的视觉文件甚至可以直接运用于视频报道当中。事件相关者的记忆视觉文件还将为新闻提供背景材料和事实支撑。从视觉信息的排列来看，若列出时间轴纵向铺展开，将有利于还原新闻整体事实，能对新闻事件前因后果的进行全面分析；按记忆全息文件权威性呈现，将有利于收集各专家、学者对于事件的看法，有深度、多角度地分析和评价该事件；而据记忆全息文件使用的反馈效果显示的信息，将有利于对受众新闻兴趣点的准确把握。

不仅如此，对公检法机构而言，公共资源库中企事业单位的相关信息面向公众无门槛公开，有利于政务运转的公正透明。对公安机关而言，目击证人的记忆是侦破案件的有效线索，直接搜索监察犯罪嫌疑人的记忆有利于对犯罪事实的调查取证。而通过虚拟屏幕实现记录和阅读记忆，不仅在人际交往中有更多了解他人的途径，在生活中有了更多可靠地参考消息，会极大地改变人们思考问题的方式，从某种程度上说，可能带来一场世界观的革命。

(六)智能家庭

一段轻柔的音乐缓缓响起，卧室里的智能窗帘缓缓拉起，房间里照进一股和煦的阳光，卧室灯光自动亮起。由于突然的光线让你惯性地把被子蒙住头，然而，家里智能终端系统小美对于赖床，一直都有着特殊的办法，你没想到你正准备继续睡下去的时候，你的床自然地抖动，像触电，又像是在按摩，说不出是何滋味。仅十秒钟的时间，你睡意全无，很奇怪的是，像往常一样，你并不觉得生气，反而感觉神清气爽。刚一下床，智能家电电子感应系统将被子自动折叠，随后整张床开始移动，最后倒立在墙壁旁，腾出一块空地，书桌开始由角落向中间移动，停在了靠窗户的房屋正中心，上面整齐的摆放着你昨晚回来加班时的资料。

你走进浴室，浴室的灯光和音乐遇人体体温自动感应开启，浴室的光线缓慢的亮了起来，卫生系统向你喷来一阵喷雾，瞬间感觉精神抖擞，这是在对你的皮肤进行身体测试，并将监测信息传送至终端系统，由终端系统做出判断并给你提出相应的建议，进而方便在饮食处理中做好膳食搭配。等你还未从这舒适的感受中反应过来的时候，牙刷已经被自动牙膏机按时填满，你拿起牙刷放在嘴里，本来安静的牙刷瞬间360度旋转，让你的口腔360度无死角。刷完牙后，刚放下牙具，盥洗盆随即感应进行放水，你朝洗面奶盒伸手，一滴男士清爽洁面乳体温感应自动地挤出了适量在你手上，当你洗漱完毕，抬头却惊奇地发现了长在额头上的一颗"红豆"，你正念叨着，怎么脸上有颗痘，话音刚落，语音识别器发出命令，一阵药性喷雾喷在了你的脸上，脸上的红肿已慢慢消失，照了照镜子，还是那张帅气的脸，你自信地朝镜子里的自己比了个V。

从你起床的这段时间，屋里的豆浆机从饮食中心接收到工作信息，正在欢快地打着豆浆，智能厨房正在给你准备早餐，冰箱自动打开，向锅里传送着鸡蛋，同时，微波炉正在加热面包。

从卧室里出来，房间里放着的天籁之音由多媒体中心自动处理，戛然而止，随即信息中心向你传来今天的头条新闻。

• 中日关系愈加亲密，今日，日本外务大臣发言说，感谢中国为日本带来的经济繁荣和国家主权稳定，如果不是中国在十年前对日本的经济扶持和政治扶持，日本的国内与国外矛盾将不断激化，那将是一场无法想象的灾难。

• 昨日，美国总统来到中国，会见中国领导人，此次会面主要是因为美国再一次面对经济危机。同时，美国的游行示威者越来越多，美国政府面对如此压力，只好向中国政府求救，到底中方是何态度，我们拭目以待。

• 第一批飞船准备发射。数百万个约针头大小的纳米机器人将从月球基地发射，利用木星磁场绕过木星，前往其附近的一颗恒星。然而，只有少数纳米机器人能够最终抵达远在另一个星系中的目的地，这将需要花费数年的时间。

• 又一种早已灭绝的动物即将入住当地动物园。这一次是一种罕见的剑齿虎，是用冰冻苔原上发现的剑齿虎DNA克隆而来的。由于地球的温度不断升高，人们发现了越来越多的灭绝动物留下的DNA，并通过克隆技术复原后填补到世界各地的动物园里。

• 太空货运已经成功地实施多年，现在太空电梯也正把有限数量的游客送往外层空间。自从太空电梯开放以来，太空旅行的费用近年来已经暴跌至最初的五十分之一。

吃完饭，自动洗碗机开始洗碗，新闻也停止了，时间刚好8点整，走进卧室，按下衣柜的按钮，你的衣柜即从半空中滑下来，衣柜通过通信系统得知今天的天气状况，并通过系统终端给定的最佳穿衣判断，准备好了干净合适的衣物，放在衣柜的最外层。你拿起准备好的衣服，一阵男士香水味扑向你的鼻翼。你整理好后，时间是8点10分，衣柜自动上升。这时你的手提包响了起来，提醒你上班时间到了。你刚一踏出门，电梯的体温感应门自动打开，直接到车库，你的宝贝座驾已经等在那里了，你把手放在车门上，指纹感应器将车门自动开锁，你上车后，直接按"上班"键，之前设置的上班路线自动开启。

汽车里面连着无线互联网，和你其他的移动设备一样，能与家里及办公室里所有设备相连，你静静地坐在车里听着最新的行业新闻及办公室发来的今天的工作安排，看着汽车平稳地开在毫无阻碍的道路上，想着今天的工作总结发言。此时，歌曲自动中断，你的终端智能管家小美向你报告："Boss，三环这条路今早发生车祸，现在这条路正堵车，我将换条线路，以保证您的上班时间"。你双手抱胸，轻描淡写地说："OK"！半路上，你家小子的手表视频电话自动传送了过来。"老张，我和邓女士在这边玩得好 high，不过我们都很想你，老张啊，你下次休息的时候我带你来玩呗"，儿子顽皮的样子让你开心一笑。"老公，我们下午的航班，记得来接我们……"只见儿子和妻子的身影消失在层层波浪中。

8 点 50 分，保姆车把你准时送到公司办公大楼后安静地停在了车库等待你的下一次命令。

一天的工作自然、有条不紊地完成了，你正准备下班去机场接妻儿回家时，老板紧急通知加班，讨论解决刚才发生的一项突发事件的方法。你犹豫了一下，拿出手机，向家庭智能终端发送远程控制请求，将汽车路线重新设置后便跟着老板进了会议室。在两小时的紧张讨论后，方案总算得到了一致通过。此时你看了看表，整理好手提包，满意的下班了。刚出办公室大楼，就看到老婆和儿子正好过来，儿子正冲你做鬼脸，妻子微笑地朝着你挥手。儿子在车上不停地讲述着在度假遇到的各种有趣的事情，你微笑地盯着他，抱着妻子会心地笑了。

你们到车库后，根据车库面板感应信息，客厅灯光自动打开，客厅预设的"回家"灯光场景启动，背景音乐自动开始播放预设音量的 MP3 歌曲，客厅电动窗帘缓缓拉开，夜色美景尽在眼前，饮水机开始加热。当你们进入房间后，小美微笑地对着你们说："欢迎回家！"随后便启动检测装置，卫生系统检测出你们的衣服需要更换，你们脱下衣服，卫生系统管家将你们换下的衣服送至洗衣机清洗并甩干后存至衣柜。你和妻子坐在沙发上，小憩一下，让轻柔的音乐放松一下你们疲惫的身体；此时儿子已兴奋地跑到他的小天地里和小美开始知识竞赛，顺便将他的一大堆疑问向小美求证。"他这次出去，倒是学到不少东西，看看今天的表现如何"，妻子微笑着对你说。

智能厨房在你们刚踏入房门时便开始准备，冰箱里面的食物每天在管家小美的控制下进购的食物，由小美传送食品种类及数量给供货公司，并通过小区特制食品管道将食品送到冰箱，每月底通知你应缴费用，经过你的指纹确认后，将费用直接汇到该公司。当你进入厨房，轻按智能面板"烹饪"场景键，厨房背景音乐响起，并自动播放FM调频立体声，财经之声开始广播，排风扇开始排风；厨房的清洁系统为你清洗蔬菜和肉类，请按"切菜"功能，选择需要的大小，随后直接传送到锅里，选择烹饪时间和所需佐料后便可放心的休息了。"烹饪"完毕，小美自动提醒。轻按"结束"场景键，背景音乐关闭，3分钟后灯光自动关闭，5分钟以后脱排油烟机及排风扇停止排风。

准备好晚餐，轻按数字遥控器上的"晚餐"场景键，"就餐"灯光效果启动，餐厅窗帘自动打开，与妻儿一起享受夜色美餐。饭桌上，儿子不停地夸张小美越来越能干了，做的饭也越来越好吃了，你和妻子相视而笑。

餐毕，自动洗碗机开始洗碗，粉碎机开始粉碎食物垃圾。

吃完饭后，你和妻子走入客厅看电影，你只轻按了数字遥控器上"影片"场景键，预设关的灯光关闭，辅助照明灯自动开启并调暗到预设亮度，同时DVD、功放等影碟播放设备自动开机，电动投影幕自动拉下，投影仪启动，开始欣赏国际大片；半小时后，客厅电话响起，客厅家庭影院系统自动降低音量，摘机通话，影碟机暂停，音响静音；跟朋友通过话后，挂机，影碟机恢复播放，音响音量取消静音；此时你听到儿子的房间里传来了儿子的吼叫，走进一看，儿子正在和小美玩最新的益智游戏，看他的样子，就知道他又输了。"臭小子，好胜心总是那么强。""还不是像你"，妻子笑着嘀咕道。

欣赏完影片，儿子已经入睡。你们准备沐浴，时间已过9点半，进主卫生间，卫生间灯光自动感应开启，根据时间播放适当的背景音乐碟片，并根据室内温度进行调节水温；沐浴完毕，卫生间音乐自动关闭，3分钟后，卫生灯光自动关闭。进入卧室，准备看一下时尚杂志，轻按"阅读"场景键，"阅读"灯光效果启动；"阅读"完毕，准备和老婆聊聊这些日子发生的事，开启隔音效果，你和妻子安心地聊着天，说着悄悄话。到了11点，按一下床头控制面板的"就寝"场景键，卧室预设灯光场景开启，卧室窗帘自动拉上。设定好了明天的出行安排，并将其传输给保姆汽车。轻按床头智能面板"休息"场景键，所有预设关的灯光及电器全部关闭，窗帘关闭，安防系统开始"休息"布防，花园周界安防系统与窗门磁红外幕帘开始全部警戒。

半夜起床，轻按床头LED背光的智能触摸面板"起夜"场景键，卧室灯光开始慢慢亮起，你的眼睛从而既免受灯光的刺激，又延长了灯泡寿命，安全节能。同时从卧室到卫生间的沿路灯光自动开启，沿路的安防系统自动撤防，当"起夜"完后，直接按"休息"场景键，灯自动全关，安防系统自动再次进入"休息"布防状态。

凌晨 3 点左右，安防声光报警器开始鸣叫，整屋灯光开始忽明忽暗地闪烁，小偷被粘在了室外的墙壁上，小区保安很快赶到，2 分钟后小偷被抓获。而整个过程中，儿子仍在熟睡，完全不知情。

第四章
2050 年被媒体改变的那些人和事

随着数字媒体技术翻天覆地的革新，媒体观——作为意识层面，也应进行相应的调整以适应新的媒介环境。媒体观念的主体是使用者，详细点来看，是指发布者、观众、读者、网民、媒体从业者所需要的适应新媒体环境的媒介观。可以肯定的是，未来的多媒体形式的内容将完全按受众个性化需求提供内容服务。因此对于包括记者在内的媒体从业者，发布者来说，"去中心化"，以满足受众的个性化需求为导向是最重要，也是最需要的转变。相似的，对于网民和观众读者来说，提高自身媒介批评素养，吸取新闻与媒体中最有营养的信息，并能进行辨别是新媒体时代受众最需要做的思想转变。随着新媒体渗透到社会的各个领域，政治、经济、文化等，本章还将讨论，未来的政府如何将新媒体这个"烫手山芋"为我所用，存进民主政治的新契机与发展。新媒体的崛起对传统媒体造成的冲击也是毋庸置疑的。一方面，传统媒体需要改变观念，与新媒体合作共赢，找到再发展的突破口。另一方面，新媒体不能只是作为一个传播扩大的工具，而是应该找寻自己发展的特色方式，实现跳跃式发展。这便需要新媒体从业者，尤其是网络媒体工作者，改变传统的"复制粘贴"传统媒体内容的观念，形成更"新鲜"的思维。2050 年的媒体的具体形式也许我们现在只能做出大胆的猜想，但是媒体观念却应在过去的实践中总结，并及时调整，随着时代的变换，在 2050 年"信息大爆炸"之前，做好预先观念的构想与总结，能让我们不会在眼花缭乱新媒体的环境下迷失方向。

本章节将从传统媒体与新媒体角度，新媒体自身角度，以及媒体从业者与受众的角度来分析未来媒介观。

一　媒体身体融为一体

媒介融合依旧是主流趋势，不同媒介类型嫁接、转化、融合，并产生新的核心价值。媒介融合不仅体现在媒体技术、内容、制度和终端的融合，更体现在整个社会的趋于媒介化。

(一)报纸与新媒体对接共赢

新兴媒体突飞猛进的发展势头无孔不入的挑战着传统媒体的生存空间，有人预言"30年后报纸将死亡，因为30年后，目前那些'死硬派'读者将都去世"。于是，有关"报纸灭亡"的讲座、研讨会在各国没完没了地进行。在美国，就有人形容那里的报业市场已经"哀鸿遍野"，"报纸的艰难岁月已经到来"。

每当读到这些信息，总有些不以为然，难道从诞生到兴盛经历了400年的报纸，真的气息奄奄、寿数将尽？诚然，计算机和互联网的出现，使全球的信息传播方式产生了颠覆性的变革，使传媒的格局和生态发生了空前的异动，可是报纸的独特优势能有替代品吗？拥有无数读者的报纸竟会被无情PK，迅速地退出历史舞台？

这一系列的疑问让我们各自思索着关于报纸媒体的生存空间和未来的生存之道，我们不禁要问"报纸的使命和生命果真要终结了吗"？辩证地思索一下，就会感到重要的不是过于悲观，而是着眼于考量如何与时俱进。每次否定都是一种扬弃，一种飞跃。数字报是报纸媒体的另一种发展，电子纸是对报纸的一个颠覆，却并非彻底的根本的否定。高成本的投入，主要收入依靠广告植入却一如既往引起读者的反感，廉价地投放，这一系列传统媒体的劣势在当今的数字媒体时代不断的凸显，除了改版，除了数字化生存，还能怎么脱胎换骨，焕然一新。

1. 认清自身的优势是关键

有些发达国家的网络出版商也认为，平面媒体的存在有助于加强网络媒体的可信度，于是又开始纷纷投资印刷媒体了。报纸媒体自身严谨的生存技巧在大多数读者心中建立了非常强势的有利地位，报纸刊出的重重审核使其在公信力方面具有非常大的优势，网络舆论可以五花八门，但我们的传统媒体却不能因此而有所懈怠。有鉴于此，新闻人的使命不会终结，不必悲天悯人，不必怨天尤人。既然互联网、新媒体在对报纸的扬弃中高歌猛进，我们也需要直面现实，勇敢进取，努力地、主动地使报纸及其他传统媒体在与新媒体的博弈中，实现与互联网的对接、与电子纸之类的新媒体的对接、与高科技传播手段的对接。

2. 注重研究新媒体的特点和强项，提供增值服务

对于每一个重庆人来说，96006 是一个非常熟悉的热线电话，你可以打这个电话贡献自己身边的新闻事件，你可以通过这个电话进行各种家电维修、招聘咨询、就医咨询等。不错，这就是重庆发行量最大的报纸《重庆晨报》的服务热线。强大的报业团队造就了这样意向增值的服务。这也就是其竞争力的体现。前不久，在西班牙举行的世界报业协会会议达成的共识是：如果离开网络和数字服务，报纸将没有未来。既然如此，我们就要把学会驾驭新媒体的优势，将报纸与其嫁接。不久前，美国《华尔街日报》大刀阔斧地改版，亚洲版和欧洲版由对开大报改为 4 开小报，而更重要的是其核心理念——融合报纸与网络，"面对无处不在的网络新闻，报纸必须提供增值服务"。

3. 就是要始终以受众的需求为第一信号

目前，世界各大报纸都在大力扶持自己的网站，鼓励博客和制作音频报道，同时想方设法让读者提供新闻素材。《纽约时报》认为，我们要遵从读者的意愿。如果他们喜欢印刷版，我们就发行印刷版；如果他们需要网络版，我们就提供网络版。如果他们需要提供微博的互动，我们就用微博把我们的热点头条给围起来。如果他们需要我们投入圈子，有社区网站作为强大的网络支撑，我们就会找社区网站来发起合作。几个月前《舌尖上的重庆》这篇火到爆的帖子就是《重庆商报》与重庆一百度网站合作的杰出成果，包括"重庆火锅五十强""小吃一百强"着一系列都是我们传统媒体也新媒体合作的典范。受众的需要就是我们生存的方向标，这无疑应该是传统媒体的共识和一致的对策。

4. 传统媒体之前的优势互补，寻找新的生长点

内容制作是各种传统媒体的鲜明特长，假如能互联互动，优势互补，就可以借助多媒体，探索多元化，进而拓展新领域，打造新空间。这不仅有助于改善传媒生态、舆论生态，也有利于实现传媒结构优化，品质提升，品牌创新，加紧整合资源以增强实力。尤其是在报纸硬广方面，花样可以更多。举一个例子来说明，2012 年 5 月，龙湖地产源著项目及首推高层小户型，重庆晨报联合新浪与龙湖地产打造 VIP 尊享卡启办活动，4000 元抵 2 万元的

VIP 卡办理对于大多数人来说其实并不是实际省去了多少钱，而是借着这样一种活动的噱头，衍生出一种尊崇感，这样的合作对于传统报业媒体和新兴网络媒体以及我们国家支柱产业来说都是非常不错的选择。这种独树一帜的做法对其他媒体不无启迪。

5. APP 等新兴技术利用

管理后台一直是一个比较新的话题，如今已有部分传统媒体有了自己的 APP，并且上线时间较长，用户下载量也非常可观。用《Weekly》来举例，当我们进入 Apple Store 的新闻下载页面，排在首位的大多数情况下都是《Weekly》。这就是根据下载排行榜来尽心更新的。当大多数人用着外国人的收集也刷着外国的数字报，作为传统媒体的改革者是不是应该反思一下自己的发展渠道和思路呢？如果《重庆晨报》也能有自己的 APP，也能成功上线，能够成功地被安卓或者 ISO 系统轻松下载，你的新闻还怕没有更多的关注度，你的广告还会逃得过大多数人的眼睛？所以对于传统媒体而言，就应该加快对新媒体技术的关注，并因势利导地适时应用。报纸从根本上的转型或许为时尚早，但未雨绸缪的超前思维，全神贯注地迎接新技术革命的到来，却已是时不我待了。诸如参与投资新媒体的研制开发，率先引入一些高科技，尝试推出一些新媒体产品，培育电子时代的新一代受众和新兴市场，大概已经不是过于前卫、新锐的行为。

但是目前传统媒体的发展还没有清晰的市场模式、盈利模式。比如，我们常见的传统报纸办的网站的盈利模式常见的有五种：一是卖已放到网上的纸媒的信息；二是卖网络版；三是成立会员俱乐部，获取广告客户资助；四是举办论坛等活动，收取费用；五是通过经营好新闻内容来提升影响力，吸纳广告。但对于要养活一大帮报纸新闻人来说，这只是小本经营。怎么样才能找一个更有利的生存法则，是我们需要思考的另外一个重要的问题。

(二)网络体验的 Web3.0 时代

随着互联网应用程度的不断提高，信息革命以迅雷不及之势改变着这个网络时代。Web1.0 时代已经成为过去时，而 Web2.0 时代互联网应用的开放性、传播的交互性、读写并存的表达方式、社会化的联合方式和便捷化的体验方式，正潜移默化地让越来越多的网民参与到创造互联网内容的队伍中来。然而，随着海量信息的成倍增加，由此衍生的问题也接踵而至。网络把关人功能被虚弱而导致的信息杂乱无章，如信息可信度、精准度下降；用户需求的提升,如迫切需要及时获取准确的、符合自身需要的个性化信息,实现便捷的信息交流和同步信息共享。因此,旨在为用户提供高效、精准和个性化信息应用平台的 Web3.0 模式应运而生,而到 2050 年,这种模式将更加成熟全面,甚至进化到 WebN.0 时代了。

(一) Web3.0 的理念

当前,信息科学学界总结归纳出一个统一的认知:"Web1.0 的本质是联合,Web2.0 的本质是互动,它让用户更多地参与信息产品的创造、传播和分享,Web3.0 的本质是价值创造以及能够体现用户价值的均衡分配。"Web3.0 是新一代互联网应用的统称,它建立在 Web1.0 和 Web2.0 的基础上,它不仅包含了 Web2.0 的所有特点,而且同时更好地为人们提供一种方便整理、搜索信息资料,使自主控制一切信息成为可能的全新服务模式。在Web3.0 时代,不同网站间的信息可以进行有效地聚合与交互,这使用户能够对多家网站的相关信息进行整合使用,并根据每个用户的具体需求,智能化处理来自互联网的海量信息,最终满足用户个性化的信息需求。综上所述,Web3.0 的核心特征可以概括为"个性、精准和智能"。

在《企业家们看到了由常识指导的网络》一文中,作者约翰·马科夫(John Markoff)详细介绍了各大网络公司在计算机互联网方面的最新研究成果和设想,指出这些研究所描绘的蓝图就是下一代互联网模式即 Web3.0。马科夫认为 Web3.0 能够实现计算机智能化这一专家学者们一直以来孜孜不倦追求的目标。计算机智能化意味着将现有的网页资源视为数据库中的一部分资源元素,将传统的浏览器人工阅读模式优化为由应用程序自动阅读模式,这样可以有效地使现有的网页内容分类更简单明了,从而易于计算机读取。国内学者研究指出:"Web3.0 不仅是使用 RDF、0wL、SPARQL 标准技术产生的、可以作为各种应用程序数据库的智能化网络,而且是对 Web2.0 深入发展的结果,是对当前开源软件、资源共享、广泛参与等互联网观念的升华,是本体技术及知识组织观念在网络空间中的延伸和深入发展。""在 Web1.0 时代,以新浪、网易、雅虎等各大门户网站为代表,网站发布的信息均由网站的编辑进行撰写、编辑、发布,用户只能对这些信息进行阅读,而不能进行修改。在 Web2.0 时代,用户不仅可以在网站上发布信息,还可以对已发布的信息进行编辑,例如,维基百科、博客和各大视频网站。而 Web3.0 时代将进一步强调互联网与用户之间的互动性,网络将具有更易操作的平台,网络信息的编辑主体将更加多样化，用户可以将自己需要检索的信息输入搜索引擎，计算机将整个网络资源作为自己的数据库，自动进行搜索、分析、比对，直接向用户提供最匹配检索目标的信息。"①可想而知，Web3.0 时代必将使用户利用网络信息的效率跨上新台阶，产生质的飞跃。

(二)Web3.0 的核心特征

Web1.0 的核心特征在于信息的搜索与聚合。将互联网上提供的所有相关信息，例如，新闻标题、图片、音频、视频、博文甚至评论等内容，通过互相链接和海量存储的方式，展示给用户，并供其进行搜索、使用。而Web2.0 的核心特征则是用户的参与和互动。这是质的进步，因为它弥补了用户与网络信息资源之间缺乏交流的不足。曾任谷歌(Google)全球副总裁兼中国区总裁的李开复先生指出：Web3.0 有两个特性，"一是数据和应用可以全部存储在网络服务端，不再需要在计算机上运行；二是在任何一台电脑或终端上打开浏览器，就能进入属于自己的世界"。由此可见，Web3.0 不仅包含了 Web1.0 和 Web2.0 的全部特征，而且更进一步在信息聚合、终端平台和用户体验方面产生了质的飞跃，表现出深度智能化、兼容化和个性化的核心特征。

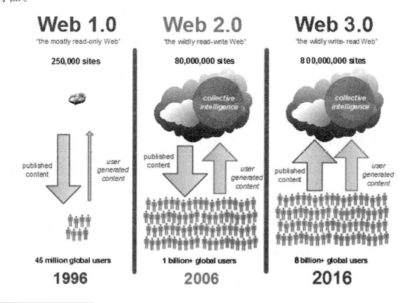

图 4-1 Web3.0 时代的网民规模

① 刘洋. 简析 Web3.0 环境下的图书馆服务工作[J]. 图书馆工作与研究，2011(8).

1. 信息聚合、搜索引擎智能化

在过去的 Web1.0 和正在进行中的 Web2.0 时代里，人们通过在搜索引擎内输入关键词获取信息，然后在搜索引擎给出的海量结果中逐条筛选符合自己要求的信息，搜索引擎给出的结果可能符合用户要求，也可能包含了大量无关的干扰信息，在准确性上有所欠缺。Web3.0 则使用户进入了智能语意搜索的时代，智能搜索"具有比较复杂的逻辑判断能力，能针对搜索人不同身份，不同要求而调整搜索结果及信息排列顺序，使搜索更加人性化和智能化"，即 Web3.0 将使计算机代替用户阅读、筛选网络信息并自行归纳整合，将准确的结果提供给用户。在搜索引擎实现智能化的前提下，用户不用提炼并不断试验组合查询词，只需用自然语言表达想要查询的内容即可。搜索引擎会对查询进行自动解析，然后提取相关概念，最后反馈准确的结果。

2. 多种终端平台适用兼容化

Web3.0 将整个互联网视作数据库，每一台服务器都是这个广阔无垠的数据库中的存储单元和查询入口。瑞达网络公司的创始人诺瓦·斯彼瓦克将 Web3.0 视为"全世界的数据库"，让网络"从网络连接的文本时代转移到网络连接的数据时代"。Web3.0 将互联网与多种通信服务如智能手机融合起来，打破用户接收终端的局限性，使连接互联网的终端从电脑扩展到手机、平板电脑、机顶盒等多种新型终端。这样一来，用户可以使用这些终端发布信息，同时享受及时交互的信息服务，使各种终端的用户都可以充分利用网络资源。

3. 用户体验个性化

Web3.0 使用户能够通过智能化的人机交互界面获得更加优良的个性化用户体验，能够更好地满足用户需求。例如，用户可以在一些网站添加自定义标签(Tag)，通过标签发表自己对特定信息的意见，对特定信息进行推荐，方便其他有相同需求的用户快速找到同类信息，并与信息发布者进行互动。通过这种方式用户可以根据自己独特的需求量身打造一个个性化的信息平台，这样的是具有定制功能的。微软的"Widget 可以是一个图像部件(小插件)，也可以是图形背后的一段程序，可以嵌在手机、网页和其他人机交互的界面(如电脑桌面)上，其目的是帮助用户享用各种应用程序和网络服务"。[①] 接收终端平台根据每个用户的不同需求，智能化处理来自互联网的海量信息，智能化聚合以满足用户的资源需求，以此形成个人门户。在这样的技术支持与

---

① 罗泰晔. 浅论 Web3.0 下的信息服务[J]. 情报探索，2011(6).

实现背景下，每个人通过浏览器看到的网页都带有强烈的个人喜好，而那些用户不感兴趣的信息是不会显示出来的。

（三）全媒体时代的新闻观

2003 年，"公民新闻"首次被鲍曼和威利斯提出。公民不再仅仅是信息、新闻的接受者，而是从被动的角色转换成为主动的角色——公民可以自由发布消息，成为非专业的新闻报道传播者。2007 年，Twitter 的兴起标志着新媒体的发展更上了一层楼。

新媒体的发展造福了公民，却给传统媒体当头一棒。数以百计的美国报业集团纷纷宣布破产，相继倒下。无数优秀的新闻工作者也因此失去了自己的饭碗，不知道何去何从。在媒体失去受众的同时，其商业盈利也随之消失。事实上，在传统媒体中，读者所看到的只是编辑对信息过滤、把关后的结果。相比之下，公民新闻最突出的优点则是把关人由编辑变成了公民，公民在网上共享的是信息传播者的原汁原味的信息，而作为专业新闻记者，他们永远也没有这个权利。

可是作为新闻工作者，我们无须如此悲观。自 2002 年在韩国走红，Oh-my-news 已经成为全球公民新闻的公认标杆。可是这个标杆近年来访问量却持续而平稳的下滑。于我看来，非专业新闻工作者尽管有其不可否认的得天独厚的优势，可其非专业性始终是公民新闻的硬伤。可以想象当新媒体的出现给公民自由选择阅读内容和报道内容的权利时，新的模式、新的平台都是刺激公民新闻蒸蒸日上的奠基石。可是，当潮流过后，读者又开始冷静地思考一个问题——每天花大量的时间阅读可能不是真实和确切的信息，这岂不是在浪费时间？没有专业新闻人的把关，公民永远都在阅读低水平质量的信息。这时候，那个曾几乎被忽视的职业——记者就会重新回到众人的眼中。

这就是新媒体和公民新闻的兴起下记者存在的理由。到最后，公民新闻网站、平台其实也不是一个纯粹属于草根的平台。为了确保网站的内容质量，提高点击率，专业新闻人将以一种必不可少的姿态介入。事实上，对信息的把关、过滤是必需的，公民新闻的信息泛滥和水平参差不齐的天生缺陷为记者的重登舞台创造了机会。

但是，作为未来的记者，我们更多的是需要摆脱传统媒体的工作模式对我们的影响。因此，未来的记者首先应当是"全媒体记者"，而且是"深度记者"。我们不只要报道整个时代，还要深度分析、深度解读与深度报道。虽然记者不需要在各个领域都成为高精尖的专家，但的确需要拓宽自己的视野，学识应当广而宽泛，至少应在各个领域有基本的常识。

是的，我们做新闻报道就是要打破各个行业之间的专业"壁垒"，让行外的受众也能浅显地明白新闻中在发生什么，这样才能最大程度地提升新闻的价值，这是时代和受众的共同要求，也应当是媒体从业人员的基本素养。

1. 开阔视野，广纳百川

新闻就是要还原事件真相，探索世界，发现规律，解释意义，推动社会进步。我们不能仅仅拘泥于已学的新闻学的知识，而应当在其他学科，包括但不限于哲学、逻辑学、经济学及其他自然科学有所了解、有所造诣，因为这些"软实力"才是媒体从业者的重要竞争力，而不仅仅是囿于遣词造句、排列组合。

2. 深谋远虑，预见未来

在越来越激烈的新闻竞争的媒体环境下，没有敏锐的判断趋势的能力，没有果敢的创新力和大胆的想象力，是很难在这样的"厮杀"中幸存下来的。作为一名优秀的从业者，绝不能容忍墨守成规，因循守旧。那种只知道"新闻是新近发生的事实的报道"，却不能预知未来将发生什么的从业者，不能称为合格的从业者。我们要能从已经发生的事实中预见到未来可能发生的事情，对新闻事件能够做出合理有据的趋势推断，提前做好报道追踪的部署。

3. 能说会道，游刃有余

全媒体时代下的媒体从业者应该是名"多面手"，他能够在选题会上清晰地表达自己的意见、阐述自己的选题，能够娴熟地与别的媒体部门协同合作，能够与他人建立良好的人脉关系，能够与目标受众保持互动；他还要清楚如何面对心急如焚的上访者，如何从无理取闹的人群中脱身，如何与死缠烂打的说情者保持距离，以上应当是我们基本的公关能力。

4. 紧随潮流，以"微"取胜

日新月异的新媒体在降低技术准入门槛的同时，也使得一种新的传播方式出现，它的核心是"微"：传播内容是"微内容"（一句话、一个符号、一张图片）；传播体验是"微动作"（通过简单操作就能完成互动）；传播渠道是"微介质"（除了传统的个人电脑，还包括手机、平板电脑、笔记本电脑等移动设备）；传播对象是"微受众"（分众传播，明确对象）。

新媒体并不以新闻的"量"取胜，而是针对不同的形态特征，有针对性地进行传播。就拿手机电视为例，单单把电视节目原封不动地移植到手机上显然不是一个合格的手段。移动设备的屏幕并不如彩电那么巨大，它随意性的特性决定了它的传播内容必须短小精悍，这就需要对传统电视节目进行重新剪辑，或者重新策划制作针对手机电视的专业节目。

因此，作为新媒体的内容把关人，我们需要彻底地重新认识人们的生活方式，学会使用新的主流话语，掌握新的思维，贯彻新的传媒游戏规则。我们还必须掌握新媒体的制作技术，能够运用身边的一切可用设备（手机、相机、录音笔、笔记本电脑等）在最短的时间内做出报道内容。

相对于传统的平面媒体、电视媒体，全媒体的优势就是时效与全面性，第一时间抢占先机，把深度报道交给报纸吧。

传统报纸的核心队伍是庞大的记者编辑，他们经过长时间的历练打磨，采编团队已经相对成熟。而我们全媒体的采编人员编制上没有也不需要这么多，很明显不能跟传统媒体比拼自采报道与深度报道。

不得不提，当前还是有很多媒体人仅仅把网络这个全媒体平台当做传统媒体来看待，他们只顾伏案做新闻，不自觉地把新媒体当做传统媒体来运作，却客观地忽略了网络是一个更大更强的综合信息平台这个事实。在互联网里，媒体可以 24 小时发布信息，快捷成为了我们最大的优势，可以做到第一时间、第一时效发布。我们必须将"快"的概念强化在自己的心里，对于社会热点的内容，一定要做到第一时间转发、关注。

全媒体时代，每个人都可以是一个记者（全民记者），也就是前文我们所提到的"公民记者"，每个人都可以是新闻发布源。我们可以建立一支覆盖面较广的通讯员队伍，务必更大范围地调动网民的力量。全媒体时代，充分地将互联网这个平台的开放性功能用好，竭尽所能发挥网民资源的优势。而我们所要做的仅仅是维护、服务好这个平台，让网民来做这个时代的主角。

我们虽然看不见互联网，但它其实是个立体式的空间，我们既可以用图片、文字来展现内容，又能用声音与视频等多媒体形式来表现。这样，我们就有了一个多维空间，使得我们的思维立体起来。我们可以充分地整合各种资源，充分地运用报纸、电视及微博、论坛、博客等资源优势。

比如，2012 年的美国大选，网络媒体可以迅速制作专题，将不同类型、不同渠道的资讯进行整合呈现。他们可以使用 CNN 的现场视频，可以在 Facebook、Twitter 采集网民的观点、态度，也可以调动此前报道的相关资料，如美国的当前经济形势、国防政策，给受众展现一种立体式的新闻报道，充实、生动。

全媒体时代，受众需要的是综合性的人才，而不仅仅是"只懂新闻"。这就迫使我们必须熟知全媒体技术与特性，真正地把自己先融入全媒体的时代中去。

二 "我时代"的信息"我"做主

信息之"平"，在于身份的平等、获取的公平、传播的扁平。因为信息是平的，政府、媒体和公众三者之间更为开放协作；因为信息是平的，受众成用户，媒体则以用户为中心。因为信息是平的，2050 年将是一个真正的"我时代"。

（一）信息是平的

21 世纪 50 年代距今大约 40 年，40 年的岁月中科学技术的进步、社会事务的变迁自然与今日不可同日而语。正如《世界是平的》一书所表达的核心思想一样，未来世界变"平"了，信息也变"平"了。

互联网至诞生之日起就与传播活动息息相关。Web1.0 时代对应的是大众传播时代，借助网络平台，整合的是单一的、笼统的信息。Web2.0 时代对应于新媒体传播时代，多元化、精准化、主体化的信息和去中心化的传播渠道随之出现。Web3.0 时代代表的核心理念则是个性化，以及更多元化、整合化的信息传播活动。按照这样的时间逻辑顺序，20 世纪 50 年代将会是WebN.0 时代。

WebN.0 时代的信息传播活动将会是另外一番面貌——信息是平的。首先 WebN.0 时代的 Web 的意义，不会是当今简单意义上的互联网或者代表传播活动中的网络媒体，它会使真正意义上的网，一张无所不包的联通信息网。这一张信息网内，人作为平等的传播主体，利用扁平的传播渠道，通过无所不在的信息载体会实现信息的平等。

信息主体的平等

在《世界是平的》这本书里面，作者弗里德曼将全球化分为 3 个阶段："全球化 1.0"主要是国家间融合和全球化，开始于 1492 年哥伦布发现"新大陆"之时，持续到 1800 年前后；"全球化 2.0"是公司之间的融合，从 1800 年一直到 2000 年，各种硬件的发明和革新成为这次全球化的主要推动力——从蒸汽船、铁路到电话和计算机的普及；"全球化 3.0"中，个人成为了主角，肤色或东西方的文化差异不再是合作或竞争的障碍。人是世界变平了的主角，人亦是"信息是平的"的主角。

信息主体的平等便是"传受关系"的革命。大众传播时代，传播者与受众由于占有的社会资源和媒介资源相差甚远，造成了一个处于主动一个处于被动的局面，过于单向性的传播渠道使得受众的反馈活动并不积极，受众在传播活动中长期处于一种劣势地位。随着以互联网为代表的数字传播技术的出现和推广，Web1.0、Web2.0、Web3.0……WebN.0 时代接踵而至，使得传播者和受众的身份差异不在明确，普通社会公众能够更快、更及时、更丰富地对传递出信息的组织进行反馈，每个人既是受众，每个人又都是传播者。

WebN.0 时代的"传受革命"不仅仅是传播者和受众之间的革命，更是传播者之间、受众之间，所有的传播主体之间的革命，可以期待的是 21 世纪 20 年代，可以做到消灭信息孤岛，弥合"数字鸿沟"，实现真正的信息主体平等。

"数字鸿沟"与"知沟理论"有异曲同工之妙。随着网络技术的发展，和数字化程度的加强，信息富有人群和信息贫穷人群间的信息获取差异不但没有自动缩小，反而进一步扩大了这种现象被称为"数字鸿沟"。"知沟理论"则认为随着大众传媒的信息进入社会体系的增多，人群中具有较高社会经济地位的那部分人会更多地接受信息，较低社会地位的人机会也会相对较低，这两部分人的信息差距就会增加而不是减少。这两条鸿沟之间体现的都是同一社会背景下，那些未拥有时代工具的人较之拥有的群体来说，必将处于弱势地位。WebN.0 时代将会弥补数字鸿沟。其一，未来数字时代的科学技术发展构建的将会是一个巨大地覆盖方方面面的信息网，借助一个健全的、科学传播体系实现各个信息主体的平等。其二，信息主体的平等、信息的平等与社会的进步有本质联系。经济的健康协调增长、人们社会地位的普遍提高、思想观念的与时俱进，社会总是向前发展的，与之相对应的应该是信息主体能够平等的接触 WebN.0 时代的信息传播工具。其三，事物总是遵循一定的规律向前发展，"知沟理论"的鸿沟随着新媒体时代的到来正在缩小，"数字鸿沟"在各项新兴技术的影响下也会得以解决。

信息传播的扁平

信息传播的扁平即是信息通过传播渠道，实现扁平式的涌现。传播渠道，大众传播时代是单行道；网络成为新的媒体代表，Web1.0时代、Web2.0时代、Web3.0时代的发展，从双行道走向立交桥，传播渠道从单一走向了多元；WebX.0时代处处无路亦是路，并不是传统的自上而下、从一点到另外一点，人人都能发布信息，走向信息的海洋。

大众传播时代，报纸和电视是最主要的传播渠道；到了新媒体传播时代，网络走进了普通受众的生活，一个互联网是传播渠道从1对N走向了N对N；WebN.0时代多元化的主体带来了传播自由、分散和开放的优势，促进的是传播渠道的更多元化。信息的海洋里扁平的信息传播更加注重对信息的有效控制和获取，具体表现为信息的"整合"和"呈现"。整合是对信息生产、传播、组织过程中内容的获取，并不是单纯的加法与减法，而是众多信息、多种手段的有效结合；呈现是运用不同的符号呈现信息的能力，它是整个信息活动最后的一个环节。传播渠道的扁平化直接影响的就是信息的整合能力和呈现能力，360°全方位的道路与信息的平等传播相辅相成。

对于传播活动的主体来说，传播渠道应该是无处不在，完全方便快捷、畅通无阻的信息通道。21世纪50年代，超级城市的出现，在高楼大厦鳞次栉比的现代化都市中，主要的交通工具汽车沿着大厦之间的空中公路飞驰，新科学技术的运用使空中公路上下两侧皆可通行，合理的道路规划造就的是都市交通的良好运行。把信息传播的渠道形象化应该就是这样的情境，公路是通道，汽车便是信息。就如在天上飞的不一定就是飞机，磁悬浮技术不一定就是运用于火车，传播渠道的发展都旨在更好地促进信息传播。

信息场所的铺平

2050年WebN.0时代背景下，媒体无处不在，除了现知的电视、报纸、手机、互联网，一切东西都能成为信息载体。

结绳、号角、龟壳、纸张、报纸、杂志、书籍、电视、手机，直到互联网出现，这些都是信息得以传播的信息场所。传播媒介的世界中，一定的时代背景下，信息场所即载体有不同的特性。报纸和杂志的纸质媒体，其信息载体在很长时间内并无大的变化，仅仅只是制作技术变化了许多，比如，发行速度和报刊种类。电视作为大众传播时代主要的信息载体，不断地有新技术的渗入。从最初的电子管、晶体管，到最新的等离子液晶显示屏、4D电视机，不断地根据受众需求和市场在向前发展。电脑和互联网的发展从诞生之日起，更可以用日新月异的变化来形容。媒体是感官的延伸，从用户的角度出发，未来的信息载体形态上还是应该满足视觉和听觉的需求。在此基础上，WebN.0 时代信息载体在功能设计方面并不是越多、越全越好，而是要方便使用，要满足用户定制化、个性化的需求。

WebN.0 时代，信息场所的发展有两个总体趋势。其一，对整个信息传播体系来说信息载体的发展是丰富的、多元化的。前文提到，信息主体的平等必然会带来各个主体不同的信息选择，不同的需求借由多元化的传播渠道需要不同的信息场所来整合和呈现信息。科学技术的发展，信息网的广布性提供了信息载体的丰富性。其二，对于信息传播活动的主体、尤其是受众来说，获取信息的载体有着集中化、精准化的趋势。个人有着自己不同的需求和习惯，WebN.0 时代传播者和受众关系的平等决定了信息消费者在传播过程中，能够挑选最适合自己、最喜欢的信息载体，从而改变信息消费习惯和传播活动的传统模式。

未来的 21 世纪 50 年代，应该是一个充满各种"屏"的世界，这些形形色色的"屏"就是最好的信息载体。对于人来说，最便利的信息载体莫过于自己的身体。指纹和眼睛可以是辨别一个人身份的钥匙，通过这把钥匙，记录的是所需要的所有信息；手机真的可以变成手机，通过某些芯片的植入和程序的运行，人类的手直接就可以替代手机这一实体进行通话；最神奇的大脑，可以是人类最佳的信息载体，借助一个屏，就可以显现图像、画面……最人性化的、最合适的信息场所加之无处不在的"屏"，构建的是信息平等的基础。

信息获取的公平

WebN.0 是信息大爆炸的年代，却不是大轰炸的年代。大轰炸的信息杂乱无章，像海水一样从四面八方涌向信息主体，这种信息的泛滥本质上来说对信息接收者是不公平的。未来的信息传播处在内容大爆炸的时代背景下，在信息消费者的自主选择下，不会等同于信息大轰炸，信息主体将会真正体验信息获取的公平。

其一，信息获取的公平要求"所需能取"，信息主体不管是传播者还是受众，要做到的是信息的不隐瞒，每个人需要且应该知道的信息可以获得。客观条件新兴科学技术的发展，传播渠道的无限畅通，信息载体的人性化和智能化，主观条件是信息主体地位的平等，人是这个过程中信息内容的生产者、提供者、吸纳者、分享者。主客观条件的共同作用，信息堵塞、信息壁垒、信息垄断将会被打破，信息孤岛不复存在，实现真正的"所需能取"。

其二，信息获取的公平要求"各取所需"，人们获取信息可以自由定制，智能化获取，每个人只接收自己想要了解的信息，这是 WebN.0 时代信息活动最终的目标。以迅速发展的电子科技为前提，各种独立的网融合在一起形成一个巨大地信息网的时候，每一个人将会拥有自己的一个数据化中心，这个中心能够智能化的运转，自动帮助信息消费者获取有用的信息，剔除无关的部分，使个人免受信息的大轰炸。在信息海洋中，通过传播渠道卓越的整合力和呈现力，借助主体自我选择的一个信息载体，个人获取的会是定制化、人性化的信息内容，避免信息隐瞒、信息歧视，能够"各取所需"。

传播活动发展过程中，传播内容会有"大而全"还是"小而精"的争论，在以人为本的 WebN.0 时代，"所需能取"和"各取所需"相辅相成，这样的信息传播需要的是"大而精"。在丰富的信息海洋中，呈现的是有价值的、人性化的精品信息，是真正的公平的获取信息。

世界正走在变平的路上，"全球化"的脚步越来越近。信息主体的平等是前提，信息传播的扁平和信息场所的铺平是基础，信息获取的公平是结果，但四者都不是独立的存在，他们一起构成了信息的平等，并且互相影响、互相促进，使得"信息是平的"也指日可待。

(二)Web3.0时代的政府媒体观

从前，媒体基本是当做政府的发言人或传声筒，政府怎么说媒体怎么传百姓就怎么听。随着互联网的高速发展，特别是 Web3.0 的背景下，关于政府的信息，不管是好是坏都通过网络快速传到老百姓的耳朵里，政府的围墙正在消失，新技术帮助政府实现众全方位的无缝沟通。政府正在积极地争取信息传播主动权，着重建立了新闻发言人、信息公开制度，利用网络作为与民互动、为民办事的平台。通过媒体发布信息、引导舆论、了解民意、开展服务，并接受监督。

1. 未来伙伴关系下的媒体协作

媒体应该是政府最真实、最客观、最便利的一面镜子，政府的一言一行，在媒体上得到反映；公众对政府得失的种种评价，在媒体上一一折射出来。如果善用媒体，媒体就会成为政府的朋友，成为政府的眼睛，成为为人民服务的益友。如果不这样做，这把双刃剑就可能掉转过来对政府造成伤害，让新闻监督成为政府代价最沉重的监督。

在民主互动的社会，任何谎言都有被戳穿的一天，对待媒体的态度真诚与否，决定着政府的可信任度和公信力。真诚地面对媒体，一同解决问题，才是连接政府与媒体的真正纽带，才能真正使政府和媒体成为亲密的伙伴。"凡是成功的政治家，大都是媒体的好朋友。如果他惹怒了媒体的话，那离他的政治生涯的结束也就不远了"。因此，政府离不开媒体，媒体同样也需要政府，媒体如果和政府主要领导关系搞得很僵，得不到重要的"独家新闻"或"内部新闻"，那么就难以吸引受众，发行量、收听收视率下降，那是媒体难以承受的。

政府不能回到老路上来，去强烈地控制住媒体，让媒体报喜不报忧。但是事实上，现在的媒体监督依然或多或少地受到政府的控制，从一些现象上可以看出，比如：中国特色的敏感词；还有遇到突发或重大社会事件时，网上就无法搜索到相关内容；还有强大的"中国长城"等。

同时，作为媒体的代表，记者也受到某些官员和政府的"拳头"。那些经过各种关于危机公关和媒体应对方面的培训后的地方官员们却依然在"如何与媒体打交道"上毫无长进，甚至不断退步。有的矢口否认，拒不承认；有的编造"善意的谎言"蒙骗民众；或者是以沉默或"无可奉告"应付记者。更有甚者，抱着"防火防盗防记者"的心理，对新闻监督采取一种武力抵触的态度，选择了最粗暴、最让人接受不了、最容易激起舆论反弹的方式。

未来的政府必须充分认识到伙伴关系的实质，"媒体不是你的部下，也不是你的敌人，而是你的朋友，不过这个朋友确实是带有挑战性的。"聪明的官员应该明白不能去"操纵"记者，聪明的记者也不能够真的"打败"政府。两者应是竞争性的伙伴关系，既竞争又合作，力求双赢。形成政府与媒体间的良性互动关系，进而借助媒体传播实现政府与公众之间的信任和责任关系。

2.Web3.0 的新闻发言人是突破点

新闻发言人是政府与媒体的直接连接点，因此未来新闻发言人制度的发展也会深刻影响到政府与媒体的关系，怎么样的发言人表现了政府对待媒体的观念。传统的新闻发言人制度核心在发布和宣传。政府与媒体、公众之间缺乏更高水平的互动沟通，发布形式单一，发布程序烦琐。在各种新闻发布会上，发言人长篇大论，官话多，套话多，宣传多。其中见的最多的要数"有关部门"这类词语，网络上甚至调侃，"中国最神秘的部门是什么？答案，有关部门。"拿这样的空话套话对付媒体，搪塞群众是无法解决问题，反而影响对政府的信任感。媒体只能得到一些官方的场面话，被动接受的后果是所有的媒体得出的新闻都是千篇一律的。

当今社会，无论是媒体的规模，还是媒体的结构都和从前大不相同，任何事件要瞒、要遮、要捂都是做不到的。模糊隐瞒只会使事态更加失控，正所谓"别人说不如自己说，被动说不如主动说，明天说不如今天说，说一次不如天天说"，因此，必须明白只有自己主动先说才能减少误会，控制住局面，真正充分地发挥新闻发言人这一制度，否则新闻发言人就是表面功夫，形同虚设。

特别是在突发事件中，新闻发言人更显得重要，第一时间通过召开新闻发布会、恳谈会、听证会等互动形式，及时答复来自媒体的各种质询，坦诚真实地表达官方态度，不给媒体进行炒作性报道的机会，才能平息萌芽中的受众非理性舆论压力。如果还是一味的"无可奉告"或者"有关部门"等，那么由于网络时代的特殊性，引起民众失望和激愤。而这些极可能被反动势力所使用，导致严重后果。

未来信息传播趋势是Web2.0所代表的互动与沟通，以及Web3.0所代表的个性化和社交化，因此需要出现个性化的新闻发言人进行个性化的发言，而如果没有一些机制保障的话，发言人只能是明哲保身的说一些中规中矩的话。现今发言人单兵作战，相当于"箭靶"，试问这样的情况下有谁会去愿意做出头鸟？因此要为新闻发言人免除不必要的思想顾虑，让其适应Web3.0新语境大胆开展工作，为公众及媒体提供富有个性化的互动沟通，必须形成完善的保障机制。

Web3.0的新闻发言人是Web3.0政府的开端，更加亲民的政府人员组成的政府才能使公众产生亲近感，才能打破公众对政府的不信任感。一味的口号式宣传和发布是无法得到成功，是无法增强政府与民众互动关系的。

3. 电子政府转向政府3.0发展

多年来，我国电子政务方面取得了一些成效，"两会"的网络专题报道中，新华网开通了"微政务"，包括"两会微地图"和"网友微心愿"，至此各级政府，各个部门陆续开通了微博门户，各个政府领导也开通了个人微博等。但是，由于多年来各部门各自建设政府信息化，必然形成信息化程度参差不齐的局面。同时，因为所采用的技术不同、模式不同、标准不同，各个政府之间缺少合作和交流，"信息孤岛"普遍存在。这一现象也导致跨区域的政府工作效率不高，民众跨区了解信息、办理事务程序依旧烦琐重复。

目前，电子政务资源共享整合程度较低，公众参与保障不到位，电子政务总体发展水平不平衡，"马太效应"越来越明显。一些优先发展的地区在电子政务上取得很大进展，如宁波市的"i(爱)宁波"政府官方微博就实现了政府网站从以信息为中心到以用户为中心的转变，对政府网站的建设与管理注入新的活力。再比如，武穴市开展主题为"优化环境促发展——关注办事程序和办事效率"的"电视问政"，人社局、国土局两个单位的"一把手"走到前台成为考生接受问政，随着一段段暗访短片播出，让接受问政的"一把手"们神情凝重，频频"冒汗"。

　　然而有一些地区则依旧草草了事，政府网站几百年也不更新，无法满足当地民众了解政府信息的需求，形同虚设，就更别提有什么创新的方法。有些甚至非但没有积极建设电子政务，还无视群众"上门来信"和媒体监督，这样的事例比比皆是。

　　也怪不得有人悲观的说，发达国家的电子政府的发展现状就是未来几十年中国电子政府所要努力的方向。不可否认，众多发达国家目前在电子政府方面确实领先于其他国家，但是未来不管是发达国家还是发展中国家都需要不断探索如何有效地进行电子政务资源整合，为公众提供更多、更好的政务服务。

　　未来电子政府应该是一个以公众为中心、以公众需求为导向、以公众满意度为评价标准的一站式服务的服务参与型政府，是一个与世界各个国家政府进行广泛联系和紧密合作，整合除政府资源外的所有社会资源的全球化与合作化电子政府，也是一个低碳、绿色运行的电子政府，更是一个智能化政府、智慧城市、智慧国家。

　　总之，未来政府将由各个单一的"信息孤岛"高度整合信息资源，形成统一的服务平台，实现全球一站式发展；由简单单纯的政府服务电子化向借助先进的技术和平台不断创新政府服务发展；由单纯的政府服务逐步向提供丰富便捷的公共服务延伸；由机械被动地为公众提供服务向主动为公众提供便捷的个性化、互动化、亲民化服务发展；由公众被动参政问政向公众主动提供信息进行个性化治理政府发展。

　　然而，政府 3.0 又不仅仅是传统意义上的电子政府或者网上政府，作为电子政府的下一步，更是成为作为一个整体、开放的平台，与民众进行直接的互动和沟通，象征着政府在执行上的一个根本性转变，更加开放互动和协同合作，以促成更多的创新应用。

　　正如微软把 PC 放进了每一个家庭的桌面、Google 哺育了一代由广告养活的中小网站、苹果通过让用户们轻松地开发各种应用软件而颠覆了手机市场一样，真正的互联网时代一定不能是少数网站的时代，所有人都有自己的个人网站，通过个人网站来问政参政，用户主动参与网站建设与管理。用户可根据自身需求对资源池内的各项内容及功能进行自我组装或 DIY，而这也是 Web3.0 的应有之义。

（三）以用户为中心

"以用户中心"的传播理念在未来社会中会越来越成为现实，特别是在这样一个媒介大融合的时代背景下，各个媒体在无论是传播形态还是在内容、盈利模式上都会发生大的改革。所有的媒体面对不仅仅自己原有的受众，而是融合汇聚在一个群体——"用户"。在未来，媒体也不仅仅只是传播信息，更多地考虑在品牌和内容的影响力下，吸引更多的受众，走向更多元的媒介，更加强调以用户为中心。

在产品开发和设计的时候，基本很多人都认为应该把"用户"放在一个重要的位置，这时候我们面对的问题就是如何做到以用户为中心。而未来的媒体更是要做到"以用户为中心"，一个全新的信息时代必将到来。

说到以"以用户为中心"，也许很多人会想到荷兰皇家飞利浦电子公司的品牌承诺"精于心，简于型"，其目标定在"了解消费者与客户的需求和渴望，提供创新先进、轻松体验的解决方案"。其要求在产品开发和创新中必须是从用户心里的需求出发，产品设计需要站在用户的角度甚至高于用户的角度用心思考；产品外观上，尽量地趋于简单、智能、好用，因为绝大部分用户在使用产品时，都希望方便有效。这两点，正好是抓住在创新过程中，技术和设计两个角度的完美结合。在未来，媒体也必将走上这样一条道路，一切以用户为中心，以满足受众需求为前提。

在这样的"用户中心"要求上，作为媒体行业，我们的理念也必须契合并顺应时代发展。"一切以受众为归依"要求了我们必须了解用户最终的需求与渴望出发，把受众的体验置于媒体的核心部分。所以，受众体验和研究也成为未来媒体必要的考虑。"以用户为中心"的媒体观，包含很多的元素。这些元素并不是独立的，而通常是相互关联或包含的体现在整个媒体中。下面，我们来看一下，我们可以从哪些方面来做。

1. 轻松

大多数用户喜欢在轻松的氛围下接受媒体传递的信息，即使是会让人兴奋而刺激的内容，用户也希望能够不那么紧张。在这点上，媒体在传递一些诸如战争、火灾、自然灾害等事件信息的时候，可以考虑更多人性化的报道。报道的画面、视频应该更多考虑受众看到后的心理感受，而不是一味地选择血腥、冷暴力方面的内容来引起高关注度。

2. 舒适

舒适性是受众追求的一个重要特征。在生活中，我们在获取互联网、报纸或者杂志等媒介传递给我们的信息的时候，我们总会有各种各样的不适，如报纸很容易脏手，互联网网站页面设计不够舒适，杂志的纸张反光等问题。而在未来的媒体中，我们更多关注受众的体验感受，让用户在获取信息的时候有一个更加舒适用户体验。当然某些改变是需要的技术和资金支持的，所以，日新月异的科技发展，给以用户为中心的未来媒体带来了更多的可能。

3. 自然

在未来社会里，人们会越来越关注环境和健康的问题，而人的健康其实和自然有着密切的联系。在现代社会中有这样一种现象，似乎越来越多的人追求返璞归真，回到大自然中。所以在未来的媒体中，我们就需要深入挖掘用户的这种隐性需求。在未来，会出现这样的一款媒介，比如，在用户在浏览信息的时候，媒介会根据信息的内容，自动播放一些来自大自然的声音，比如潺潺溪水声、虫鸣鸟叫声、微风拂面的感觉。

4. 便利

未来发展中，时间、效率越来越被强调，所以高效便利通常被用户列为需求较高的一个方面，也是未来媒体要追求的。生活中，人们常常会抱怨某些产品或某些流程不方便，效率低。在媒体产品使用中，用户追求的是一种高效而非冗繁的过程。所以，产品本身就应该考虑用户没有考虑到的内容，让用户使用更加高效便利。在未来的媒体中，必须考虑到用户使用的便利性，考虑到设计要满足在不同媒介上使用的适应性，让用户获取信息查找信息更加便利、可靠。

5. 拟真

在这样一个科技高速发展的时代，人们在使用一样产品的时候会越来越追求拟真性，3D、4D、5D 这样的产品也越来越被熟悉。我相信，很多用户都会希望在安全的环境下去体验自己不可能体验到的一些场景。这一点在现代电影发展中明显可见，4D 电影空前发展，就连很多年前的《泰坦尼克号》都被重新制作成 4D 电影，让用户有一个更加拟真的观影感受，仿佛自己就是电影中的一部分。所以正是基于这种用户心理需求，未来的媒体要想出奇制胜，让受众更多地感受新闻现场，就要考虑把这样的因素加入传播中。当然，这也需要未来强大的技术支持。

6. 定制

用户定制这个功能越来越受到关注，翻阅网上很多资料，就会发现越来越多的用户表示对于产品的许多的功能希望自己能够或多或少的参与进来，希望能够跟设计方有一些交流，能够有更多自定义的功能。所以，市面上就出现了类似于定制机这样的产品。而这种自定义，往往能够提高这些用户对产品的兴趣。在未来，媒体可以给用户更多的空间，让他们参与进来，感受主人翁的立场。

7. 智能

智能化一直以来都是近代科技发展和产品设计中的一条主线，比如，已经司空见惯的智能手机、家电等产品。但是在现实生活中，我们听到的用户声音往往是：这东西能不能做得更加智能些，能不能自动的实现某种功能呢。用户永远都会觉得产品不够智能化。在我们的未来媒体中，同样会有这种类似的声音，用户会要求媒体更加智能化，满足他们的需求。智能其实也包含了用户对易用性、方便性、有效性等方面的综合需求。未来媒体可以依托高新技术，采取智能手段，满足用户的需求。

在现实生活和未来生活这两个空间中，媒体是否能找到更好的以用户为中心契合点？是否能够实现以用户为中心的同一理念？是否能不断给用户带来满足和惊喜，带来高端而有内涵的体验？我想，回答是肯定的。我想，以用户为中心，我们还有更广阔的空间、更多的需求和更有价值的灵感可以去挖掘、创新。未来的媒体一定会让用户体验更加完美，一切以用户为中心，为基本的出发点。

(四)超智能电视时代的电视媒体观

在 21 世纪 50 年代，"电视"很可能与我们现在所熟悉的电视大相径庭。就目前而言，虽然国内外的家电厂商们正争先恐后地进行智能电视的研发，但离普及尚需一段时日，眼下我们日常生活中的电视，还是以收视功能为主。不过，"高清化""网络化""智能化"已成为电视发展的主流方向。在 30 多年后，传统意义上的电视可能已经从人们的视野中消失，取而代之的是基于开放式操作系统的"超智能电视"——集家庭影音、娱乐、学习、安防等生活中各个方面于一身的应用终端平台。这就是说，在未来的几十年里，我们将逐步实现从"看电视""用电视"到"玩转电视"的演化。

2050 年的电视与传播模式预想

由于未来的不可精确预见性，以及笔者的知识、阅历的有限，对于未来的这种"超智能电视"，我还不能给出很具体的定义，去精确地描摹它究竟会是什么样的。但在这里，我不妨大胆地预测一下"超智能电视"的可能具备的功能特点及传播模式。

其一，基于成熟的三网融合体系的一体化媒介。未来电视将享受成熟的三网融合技术，接入互联网与电信网，电视不再局限于收视这个单一的功能。因此用户不仅可以使用电视进行高清视频通信，还可以在电视上获得互联网中的信息与内容。利用先进的传感技术、声控技术，口头指令就可以操作电视，大大提升了电视使用的便捷。

其二，电视节目不再以收视形式接收，而是以定制为主；以非线性编辑的流媒体为主流。在这样的模式下，受众不仅将不再受时间限制，可以自由地倒退、前进、录制（下载）节目。各国家级、省级及地市频道的概念可能会越来越淡化，最终可能异化整合为主题模块的表现形式，比如，用户的体育信息专区、金融信息专区、娱乐信息专区等，以信息类型聚合分类，而不是以电视频道来区分。在这种背景下，电视台也会逐渐转型，而成为单纯的节目制作方，为各种信息社区提供节目。而受众也不再被动地接收频道、收看节目，而是根据自己的需求定制节目，从而便捷地讲自己想要了解的信息一网打尽，使电视成为"我的电视"。

其三，基于开放式操作平台，泛电脑化的应用终端。如同电脑一样，电视机也将能够下载与安装各种各样的应用程序，极大地丰富了电视的功能用途，也最大化地满足了用户的个性需求。包括常用的地图、淘宝等应用，也包括满足用户特色需求的应用软件，如各类趣味小游戏等。

其四，实现多屏无缝连接，电视只是其中一屏。未来，屏幕是无处不在的，电脑、手机、电视等多种屏幕可以实现无线对接，相互之间可以互相转化，电视机可以依托其高清、宽大的屏幕成为其中最有视觉享受竞争力的"一屏"。

未来的电视可以说是以个人或者家庭为单位的专属综合信息平台与应用终端。一改传统电视单向传播、受众被动接受局面，超智能电视是人机交互的双向选择模式，受众拥有了极大地自主选择权。其次，超智能电视联结互联网，包含的信息量要比传统电视大得多。最后，未来的电视如同网络一样，降低了视频播映的门槛，除了各电视台(或者我们应该可以称为专业的电视节目制作商)制作的电视节目外，在超智能电视机上，我们还可以看到小成本制作的作品。因此电视节目、视频的竞争将会比现在激烈得多，要想在众多信息以及影音作品(节目)中争夺受众的注意力，明智的节目制作商应该树立与时俱进的节目制作理念。

"我"时代的"碎片化传播"

就目前而言，我国受众群体的"碎片化"趋势已经越来越突出。所谓"碎片化"，英文为 Fragmentation，原意为完整的东西破城诸多小碎块。而在当今媒介受众的语境中，碎片化指的是，受众由于地域因素、收入水平、文化水平、思维观念、行为特征等方面的差异被分化为不同的阶层，或者更确切地说是群类，每一群类通常有相对比较固定的思维模式、兴趣偏好等，形成受众分化，而受众地不断细分，达到极致便是一种"碎片化"。而碎片化群体接触习惯变化的显著特征，即他们不再相信单一的所谓权威的信息来源，而希望从不同的角度了解更全面的信息，在意其他消费者的意见，更看重自身的使用感受和经历。自我意识加强使得个性化消费需求和自我表达欲望增强。根据个性化需求再次黏合到一起的受众，形成了一个个新的小众受众群体①。

而对比目前，三十多年后，受众的"碎片化"将会达到一个高峰。与Web3.0相对应，电视受众的"我时代"也即将到来。为什么我会做出这样的预测？

首先，从物质技术层面，在未来，"屏"将会成为我们生活中无处不在的事物(这在本章前文和本书第三章已做出过预测和论述)，而媒介融合与三网融合也已是成熟的技术成果，大大打破了我们接触媒介的时间、空间限制，我们可以随时随地地获取信息、满足个体需求。在这样的背景下，与其说受众为多种媒体所影响，不如说受众自主选择媒体，每一个受众都有惯性接触的媒体群，这为受众搭建个性化信息系统提供了技术保障。

其次，物质生活的极大丰富，使人们不论是在学习、工作还是娱乐等方面，都有了更多的选择，人们的消费需求多元化，个性需求愈加凸显。面对繁多的媒体以及选择，受众根据自己的兴趣和欲望，自选组合自己的专属信

---

① 薄琥. 媒介社区化聚合[M]. 中国传媒大学出版社，2011：10.

息平台，这是个体化的传媒消费的内推力。

再次，在这种受众掌握选择权、打造个体信息平台与终端的"我时代"，受众对信息的要求是更为细致和高端的。大众化的信息服务——已经满足不了受众的需求，这要求电视节目制作商进行相应的"碎片化传播"，为特定受众量身定做节目。

最后，电视节目的已经呈现出一定的分众传播倾向，主要表现是频道的分化，例如，音乐频道、电影频道、纪录频道、戏曲频道等各种专业化频道的涌现。这表明电视台已经不再把受众一概而论，进行无视个性需求的、强迫性的大众传播，而是把需求不同的受众分门别类，将具有某些共同兴趣的受众作为目标群体。

然而如我在上个小标题中所预测的，在未来几十年的变迁中，频道和电视台都可能不复存在，取而代之的是主题化、社区化的播映模式。其中，电视台也许会异化为纯粹的电视节目制作与提供商；频道很可能已经异化为以信息类型区分的主题专区，专区可能由更为细化的模块构成。

于是未来电视"碎片化"传播的表现，就是为各种专区乃至模块提供节目，为特定的节目定制群体（关于节目定制我将会在下一个小标题论述）进行碎片化传播。好消息是随着数据库技术的发展，在未来，完备的电视用户信息数据库将不会是无稽之谈。利用数据库分析受众兴趣偏好、定位"碎片化传播"的具体对象受众群类，一定程度上会为节目制作商提供一定的便利。

电视"定制时代"的"内容为王"理念

可以预见地，2050 年将是一个比现在更为夸张的"信息大爆炸"时代，我们将会被淹没在信息泛滥的洪流中。技术的革新，使得将会我们能够收到信息总量、范围、种类、深度得到扩大与扩充。同时信息的外在表现形式——如沉浸式全景影像、全息影像等——也会更加多元化、生动化。在信息生产者剧增、零成本传输的时代，过剩的信息使得人们眼花缭乱。

戴维·刘易斯（David Lewis）曾指出当今消费者有三个特征：缺乏时间；缺乏注意力；缺乏信任度[①]。这样的困扰，同样适用于媒介消费，并且我相信在三十多年后其不但没有减轻，反而愈演愈烈了。

---

① ［美］戴维·刘易斯，达瑞恩·布里格著. 新消费者理念［M］. 江林、刘伟萍译，机械工业出版社，2001。

　　面对浩瀚的信息大洋，如何提高信息获取效率、降低选择难度，省时省力地获取自己需要的信息内容？"电视定制"就是一个很好的解决方式。在未来，电视节目制作商要争取的不再是受众的收视率（因为随着电视的发展，其收视功能已被大大弱化，在人机交互的模式下，电视节目是被受众主动选择的而非被动收看的），而是节目定制率了。

　　但是在未来的"超智能电视"时代，能借用电视这个载体播映的便不只是电视节目以及碟片等影音制品了。电视节目制作商们不仅要和同行竞争，更要和各类智能应用、互联网图文及影音信息抢夺受众的注意力。然而受众的注意力资源是有限的，30多年后，虽然电视节目的外在技术表现形式很可能会变得高端以及多元，但相信在各种炫技的时代，受众也许已对这些华丽的技术有了审美疲劳，剥离这些华丽的技术辅助，要争夺受众注意力，内容与权威性才是获得节目固定定制群体的争胜之法。

　　对于专业的节目制作商而言，一方面，他们的专业制作水平是争取固定定制受众的筹码；另一方面，相对于不专业群体的小成本制作，他们的权威性也相对较高。因此，电视节目相对于互联网即时而海量的信息而言，其核心竞争力在于质量、品质以及深度。举个例子吧，拿最近很火的纪录片《舌尖上的中国》来说，它凭借其丰富的饮食文化内涵、制作精美的画面、深厚的文化底蕴，赢得了非常优良的收视率以及各界好评，还收获了一大批铁杆"粉丝"。这给我们一个启示：无论是多么信息爆炸的时代，有内容、美感、深度的精品大制作总是很能吸引眼球的。

三　信息就是生产力

　　媒体的竞争力从过去的信息采集和首发演变到如今的信息核实与确认，正在向大数据时代的信息甄选和排兵布阵发展，到2050年，媒体的优势将体现在拥有"独到的解释权"，即媒体所持观点和理念是否能与受众共鸣。

(一)"信息的独到解释权"

　　随着时代的发展，网络的普及率越来越高，在2008年，我国网民数量还仅为2.98亿人，到了2011年12月底，我国网民数量已突破5亿人，达到5.13亿人，普及率高达38.3%。虽然相比发达国家71.6%网络普及率还有很大差距，不过，在可预见的将来，我国的网络普及率也将接近发达国家标准。而网络的普及也推动了博客，微博等传播方式的发展，根据资料显示，我国微博用户占网民总量的 88.81％。这一方面，给当今的媒体，带来了很大的挑战，我们可以看到，近期的重大事件，几乎都是现在微博曝光，然后媒体才跟进报道。另一方面，我们也要看到，这也给未来的媒体，带来了很大的机遇，网络和微博的普及乃至以后物联网的逐步推广，使得全时化新闻已经成为现实，同时也降低了新闻的成本，从形式和内容上都提高了新闻的质量，甚至消除了新闻传播的时空限制。

从 BBS 到博客，再到微博和轻博客，历史的经验告诉我们，在未来，几乎肯定会有优于微博的传播形式出现，这就要求媒体的观念及运行方式必须有深刻彻底而且具有预见性的变化。只有掌握这种趋势，采取应对，才能在未来的媒体竞争中，占有一席之地甚至是占据优势。

从纸的出现，历经电报、电话、Web1.0、Web2.0，直到现在的 Web3.0乃至 Web4.0 和物联网，信息传播的阻碍都在缩小，而信息量都在呈指数型的上升。媒体如何在信息爆炸的时代掌握主动，在未来媒体竞争中取得优势呢？我觉得，最重要的是抓住信息的独到解释权。信息永远都是无限量的，而每个人所能接收的信息却是有限的。对受众来讲，无限量的信息的价值远不如一条与其切身相关的信息重要。在未来时效性的内涵也应有所改变，在未来，时效性往往比的不是谁更快、更新，而是谁更能先被信息接收者接受。未来媒体的作用，是对信息的独到解释，这也是未来媒体的价值所在。

信息的独到解释，是甄别核实。网络带来的开放性和便利性，一方面极大地带动了信息的传播，但是另一方面使其成为了虚假信息的温床。网络上的传播者，目前来看，大部分不具备新闻从业者的基本素养，也没有新闻发布的专业知识，而且，在可预见的未来，这种情况也不会改变。这就使得，媒体的权威性和专业性远高于一个普通的信息发布者。但是，目前来看，中国的媒体对信息的甄别核实还做得远远不够。报道的真实性是新闻价值的要素之一，在媒体已经追不上时效性的未来，新闻的真实性更是媒体的生命。

信息的独到解释，是分类排序。受众永远无法去接受无限量的信息，一个普通的微博使用者，所关注的人肯定是有限的，而且他所能读到的微博也肯定是有限的。信息就像是装在一个水缸里面的水，而人的手中都只拿了一个小吸管，人们不可能直接从水缸里吸水，这样不方便也喝不完，而未来的媒体更像是一个水杯，把水缸里面的水装到杯子里，甚至加上你所喜欢的味道送到你面前。这才是我心目中未来媒体的存在形式。大量的信息带来的是大量的无用信息，信息的重要性不同，每个人所关注的方面也会有所不同。而且，在当今时代，媒体的议程设置功能在网络时代也不再那么显著，往往是用户创造热点，而媒体才后续跟进。所以，媒体如何抓住用户的口味，成为了未来媒体成功的关键。同时，技术的进步也使得媒体掌握用户习惯、性格、利益、态度和行为等成为了可能。谷歌已经开发出了，根据用户的访问习惯而显示不同的广告的技术，而淘宝的广告显示也是由每个人购买或者浏览的商品所决定的。微博的信息显示也是同一个原理，只显示用户所关注的其他用户所传播的信息，不过微博这种由用户自己选择的方式还是比较原始的，因为在很多情况下，用户并不一定知道哪些信息会是自己感兴趣的。在未来，媒体会根据不同的受众，分类排序显示不同的信息，这也是在未来，媒体的成功之道。

信息的独到解释，是深入报道。网络就像是一个只有三分钟热度的小孩，很快就把之前发生的事情给忘记了。而未来的媒体，如何在信息爆炸的环境下另辟蹊径显得与众不同，占据有利地位呢？更加深入的长期的报道是关键。网络热点事件，往往过了一个月就再也没人提起，网络红人，如果没有长期的炒作，也大多会被人很快忘记。这是由网络的用户所决定的，作为一个普通的用户很难愿意加入一个已经发生一个月的事情的讨论。但是媒体是不一样的，媒体有更多时间、精力以及专业知识进行更加深入的挖掘，找到新的"爆点"，也可以进行后续的跟踪报道，使一个热点事件加以延续，使其再次引起受众的关注，这些也是普通用户很难做到的事情，也是的媒体的特点所在，也使媒体真正形成独家优势。

未来的媒体的竞争，与过去争夺独家、最快不同，未来的媒体竞争，争夺的更多是信息的独到解释权。而独到解释之中，信息的甄别核实是基础，信息的分类排序是保障，信息的深入报道是关键。

(二)网民与未来的媒介批评

媒介批评，即在解读新闻及媒体的过程中对其内在意义及社会影响的鉴别与判断，它以新闻活动为对象，包含新闻活动的各个领域和环节，涉及对媒体本身、媒体所做报道的质量及新闻报道的社会影响等的评价。媒介批评的有效进行，有利于对媒体和新闻报道起到监督和促进作用。

随着时代的发展，媒介环境正在发生日新月异的变化，媒介批评活动必然会做出相应调整。五十年后，科学技术的进步，相应制度的完善，受众素质的提高，在这种种因素的作用下，未来的媒介批评必然与当下的活动存在巨大差异。本文以当前的媒介环境以及媒介批评活动为基础，展望五十年后的媒介批评形态，希望能够对读者起到一定的参考作用。

1. 网民成为媒介批评的主体

网络出现以前，媒介批评活动几乎为政府、媒体和学术机构垄断，受众作为媒体信息传播的最主要接收者，却在实际的媒体批评活动中占据极小的比例。这既是由于受众最初尚未形成参与意识，也是由于传统的媒介批评成本较高，受众只能通过电话或信件等方式向媒体反馈信息。时间、空间和资金上的阻力，使受众尽管有进行媒介批评的愿望，却无法真正参与其中，即使用户做出信息反馈，也无法及时在媒体活动中体现出来。因此，传统媒体环境下，受众只能居于媒介批评活动的外围。

网络出现之后，时空上的距离被极大缩短，受众参与媒介批评的成本降低，能够随时随地通过发帖评论、电子邮件等形式反馈信息，这为网民参与媒介批评创造了可能。另一方面，随着网络的普及，越来越多的媒体注重对网络平台的建设，重视网民的反馈意见，这对网民参与媒介批评具有极大的激励作用，网民在媒介批评中的作用愈发突出。

由于网络影响力大，同时具备开放、包容、自由等特点，传统媒体与网络融合成为当下的一种趋势。目前，这种融合处于初级阶段，传统媒体仍然依靠报纸、电视等平台为主要传播渠道，网络起辅助作用；但是，正如本章前面所论述的，报纸、杂志、广播、电视等传统媒体与网络的融合成为一个必然的过程。五十年后，我们可以凭借手中的任何媒介终端上网，可以一边看报纸一边发表评论，一边看电视一边与其他网友交流，随时随地反馈信息，受众不再有读者、观众、听众之分，而有了一个共同的名字——网民，网民即是受众。

数量上的增加，参与方式的便利，使网民成为媒介批评的主体有了可能，然而，要想真正在媒介批评活动中起到主要作用，媒介素养的提高成为必需，它决定了人们对大众传媒及其产品进行鉴别和批判的能力高下。就前五十年至今来看，教育的普及度呈上升趋势；五十年后，网络授课等形式更为人们接受，教育成本大幅度降低，网民的文化水平普遍提高，有能力对媒介传播过程做出自己的判断，网民在媒介批评活动中的发言具备了有效性。参与媒介批评者数量的增加以及自身媒介素养的提高，网民成为未来媒介批评的主体，公众作为主要力量监督媒体行为，促进媒体的发展。

2. 网民由客人变成了主人

对于众多网民而言，网络最大的魅力在于自由。通过注册虚拟账号，网民几乎可以不受约束地表达自己的观点，无论说话的人是大学教授还是小学生，无论这种观点是对还是错，网络都会接纳，从某种程度来说，每个人的表达自由都得到了尊重。这种空前的自由度让网络迅速普及，成为人们表达观点、分享见闻的最爱。

诚然，以传统媒介相比，通过网络传播、接收信息是最便捷的，尤其是在科学技术日新月异的今天，网络的概念大大拓展开来。走在路上，用户可以通过手机上网；吃在餐馆，用户可以通过平板电脑等设备连接 WiFi；忙在办公室，用户可以忙里偷闲，用电脑刷刷微博；闲在家中，也可通过智能电视上网冲浪。今天，网络已经深入我们生活的每个角落，用户只需花费几分钟后注册虚拟账号，便能在绝大多数网络社区畅通无阻。然而，即便网络已经拥有多样的平台、海量的用户、海量的信息，但网民在媒介批评活动中起到的作用并不大，与传统媒介批评方式相比，大多数情况下仍处于弱势。其原因在于网民话语力量的不足。由于网络中存在大量虚假、低俗、激进信息，且存在众多网络推手、网络炒作，网民理性的表达被淹没，在媒介批评中发出的声音难以取信于人。

如前文所述，网络本身对网民的约束力量是微弱的，因此，对网民起到规范作用的主要有两点：外部的制度、规则；内部的道德自律。在任何时代，个人素质从来都是参差不齐的，在对网民起到规范作用的两种方式里，前者显然更为重要。目前，大大小小的网络社区以千万计，每天的发帖、回帖不计其数，相对于如此庞大的数量，设专人从事网络监管尽管有作用，但这种作用微乎其微；而在当前各大论坛中，最有效的方法是赋予部分网民以权力，让网民成为某网络社区的主人，自律的同时也对他人进行约束，努力维护该社区的文明、和谐、秩序。然而，目前有主人意识的网民仍然是少数，以百度贴吧为例，只有吧主、小吧及部分资深吧友具备主人观，绝大多数吧友以潜水党等形式存在，他们只是该社区的过客，注册的简易性和身份的隐匿性使其发帖没有拘束，大量虚假恶俗信息充斥其间。

当前的网络状况为未来的发展提供了真实有效的参考。要使网民真正成为媒介批评的主要力量，不仅要在数量上占优势，媒介批评的质量同样重要。五十年后，网络成为每个人生活的一部分，每种媒介终端都将与网络相连，上学、购物、出行，读书、看报、看电视，都将通过网络进行。当此之时，网络账号的安全性、可信性必然受到所有人的重视，相应的保护机制和信用机制将伴随人们的需求而建立并完善。届时，每个人都拥有独一无二的虚拟账号，这个账号将与个人在网络世界中的一切活动相关联，包括教育、信用、资金等，网民真正成为该账号的主人，而非一个简单的马甲，自然会注意自己的言行，在理性的支配下发帖、回帖，媒介批评的有效性增强。当然，由于网络的开放性，未来人们可能仍然保有多种虚拟账号，某些虚拟账号并不纳入信用体系中，网民在某些社区依旧可以随意发表言论，不必担心后果。但就网络呈现的趋势来看，虚拟账号保护机制和信用体系的建立是主流，在未来的媒介批评活动中，纳入信用体系的网民将具备更大的话语权，其他虚拟账号则会不自觉地被边缘化，在媒介批评中的作用微乎其微，甚至完全排除在外。

3. 媒介批评的标准更丰富

在本文第一点中有提到，当前媒介批评的主体是政府、媒体和大众，而大众是分散且素质参差不齐，不能形成有效的媒介批评力量。在实际的媒介批评中活动中，政府和媒体以及部分学术机构是主体，由于立场的不同，媒介批评的标准是多样的。政府会从维护社会稳定和谐的角度评价，媒体会从新闻技巧、新闻价值、新闻趣味性、可看性等角度做评判，而学术机构则会联系历史等因素判断某则新闻报道在历史中的作用及其社会影响。

正所谓"一千个读者有一千个哈姆雷特"，事实上，无论是当前的媒介批评，还是未来的媒介批评，由于每个个体的独立性和差异性，对同一则新闻的评价必然不同，有的人注重真实客观，有的人看重趣味性，有的人则关注教育意义。多种多样的标准，一方面，使人们在媒介批评活动中的评价更为丰富；另一方面，也使这种评价显得杂乱而无序。未来的媒介批评活动中，网民的评价只有集中起来，才能具备相应的力量，这必然需要依托某个科学的媒介批评系统，它会综合每个人的评价出发点和评价内容等因素做出计算，将每个人参与的媒介批评量化，给出一个具有参考性的分数。另外，新闻本身具有一定的属性，有的是时政新闻，有的是科技新闻，该媒介批评系统需要针对新闻不同的属性在细化的标准上形成侧重点。以社会新闻为例，对社会的影响和趣味性是该类新闻的重点，系统在做出计算时则会偏重趣味性和社会影响，在总评分中这两项标准共站60％，对该新闻的评价起到支配作用。这种具有针对性的媒介批评系统，一方面，会以网民的反馈为原始素材，使网民真正在实践中成为媒介批评的主体；另一方面，根据新闻的不同属性，又会做出针对性的系统评分调整，从而更人性化，更科学。

与丰富的标准相对应，网民参与媒介批评的方式更多样、更便捷，除了传统的发帖回帖、留言评论等方式，还可直接就自己关注的某项标准进行打分，或者通过其他目前尚未出现的某种方式参与媒介批评。就微博而言，这是在短短几年时间迅速席卷全世界的网络平台。微博的诞生与发展，催生出了多种全新的交流方式，比如，将某句话置于两个"♯"间，则表示这是你发表的某个话题；在"@"后面加上某人的 ID，则表示你在呼叫对方且对方能够接收到。这些简单、有效的交流方式为未来网民参与媒介批评提供了很好的范例，用户可以在接触到某条新闻时，@作者、@被采访者、@有关部门，对新闻的真实性等进行质疑，媒体与受众间的距离大幅度缩短，网民参与媒介批评的成本降低，参与度自然提升。

时代在发展，科学在进步。五十年后的今天，网络终端或许将成为一个非常普及的事物，被广泛应用于生活的方方面面；网络世界也将与我们现在看到的完全不同，从而呈现出一个与今天迥然相异的媒介环境。因此，本文论述的五十年后的媒介批评只是一个设想，一个基于当前媒介发展趋势描画的未来雏形，至于未来参与媒介批评的人究竟是谁，进行媒介批评的标准、方式究竟是怎样的，尚待时间检验。

(三)新闻真实性是永恒准则

网络新闻报道的及时性和报道主体的复杂性，以及报道心理的随意性等特点，使得"真实"这一新闻的生命属性受到威胁。因此如何保证网络新闻的真实性是摆在网络新闻发展的道路上的一个切切实实的难题。下面我们将就这个问题做一个解决方法的探讨。

1. 实现盈利方式的多样性

网站的创建者，也就是网络公司，从最基本的来说，公司是一个企业，其根本目的也是最直接的目的是盈利，那么，如何改变网络公司对广告商的依赖性，也就能从根本上解决有些网站一味地追求噱头，追求黄赌毒的新闻现状，从而实现网站盈利模式的多样性，也就从一定程度上摆脱了虚假新闻。那么如何来实现网络盈利方式的多样性，就是网站的经营者所要考虑的问题了，我在此提出几点提议。(1)可以实行网络新闻收费。当然，这是难度最大的一种方式，因为大家都习惯了那种隐藏式的付费收视习惯，突然间让大家拿钱来买新闻看，心里肯定不平衡。但是只要网站能够把新闻的做得更加有实效，更能够给读者的生活带来影响，那么就能够实现这种盈利方式。（2）网站可以和知名的专业性的杂志来合作，通过其电子版刊物的发授权，来实现双方共赢。这样，也可以为纸质杂志节省一部分印刷费用，双方互利共赢。（3）让每一个网络终端的主人都注册一个账户，里面存入一定金额的保证金，如若发布虚假新闻，如编造、污蔑、诋毁等新闻，就处以一定金额的罚款，这样既是一种警示，也能实现网站的盈利。但是，这个措施的基础是必须制定一套切实可行，不仅保证新闻真实性的最大化，而且保证用户的利益不受非法侵害的规章制度，最好是法律法规，由专门的部门来实行管理。这些费用，一部分可以用来支持网站的工作，另一部分则可以用于一些公共服务性的网站，来为大家提供服务。

2. 改革审核方式

现在网络新闻的审核完全依靠受众的白觉网站的审核以及相关机构的审查，这样造成了人力的大量投入而且由于网络上信息量的海量化，很难实现对每一条新闻都做审核。在此，我们需要提出一个问题，是不是每个发布到网络上的新闻都有必要进行审核，是不是每个发布的新闻都会有受众，这是一个很现实也是一个很难统计的问题。一些权威媒体或者知名度高的媒体人所发布的信息可信度高，但是是不是这就证明，他们的可以不用审核，或者完全信赖他们的内部审核。因此在这里如何审核，那些需要审核，那些审核有必要就很难界定。我们相信，随着科技的进步，自动化会越来越发达，而我们完全可以自动地融入读者的审核意见。我们人类的大脑会发出脑电波，而脑电波是会随着大脑的运作，包括思考和判断来变化的。这样，我们就可以发明一种程序和终端，把网页新闻的真实性的判断和读者的脑电波联系起来。例如，读者读这则信息，觉得他是真的，会是一定的波形，一定的频率，如果觉得是假的，会是另外的一种波形一种频率，当然也有疑惑或者不知道真假的，也会有相应的。所有的脑电波都是读者最原始的想法，这种方法，不知真假的会很多，但是我们所要搜集的是见到过这个新闻场面，或者对此有了解的那部分人的意见。他们的意见是鉴定这条新闻真假的最直接的证明。这样，通过信息的反馈，就可以对这条新闻的真假做出一定程度的判断，当然这只是判断这条新闻真假的一方面，只在评定新闻真假方面占一定的比例，另外的入网站自己的评定，以及专门结构的评定也会占一定的比例。这样受众，网站自身，相关机构都能做出相应的鉴定，有利于督促新闻发布者提高意识，发布真实可靠的新闻，这个措施和之前提到的存入保证金的举措同步实施。

3. 最大限度地把新闻板块精细化

把网络新闻尽最大可能的板块化，板块只有做到足够的精细化、专业化，才能够吸引更加专业的读者受众。一方面可以节省网民的搜索时间，另一方面，更加专业的受众对相关新闻才会有更加挑剔的眼光，才能对相关领域有更加深入的和专业的了解。这样就能够很大程度上保证新闻的真实性和质量。因为大家关注，所以新闻发布者必须把握好新闻的真实性，这样才能赢得受众。板块的精细化要做到国内与国外的分别、各个类别的分别，例如，体育类可以分为国内体育和国外体育，进一步细分可以分为国内篮球和国内羽毛球、国内足球等等相关专业领域，这样，信息一目了然，受众更加专业。另外，我觉得还应该设立专门的娱乐板块，这个板块是不设反馈的，但是要接受相关机构的审查，保证内容至少不败俗。受众进这个板块完全是为了获得消遣。这样把专业和非专业的分开，受众在进入这个板块之前就会有心理上的差异，他们不自觉地就会承认进来这里，不一定都是真的，只是来看一看，猎奇或者获得欢乐。这样，专业的受众才能促使专业的记者的出现。

另外，审核机构和审核制度的不断完善也是必不可少的。

（四）媒介素养的分化

近几年，随着微博等一系列新媒体的兴起，使得传统媒体不再是唯一的信息源，公众成为各种消息的重要来源。因此，消息源的分散逐渐使得公众话语权不断加强，有力的冲击着过去传统媒体的统治格局。

媒介素养，作为大众文化素质的重要组成部分，对于新闻媒介和公众参与新闻活动有着重要影响。在新媒体层出不穷，公众话语权不断提高的背景下，传统媒体时代对于媒介素养的要求显然不能适应这种新的变化，那么50年后的新闻活动对于公众和媒体工作者的媒介素养有何新的要求，我们是否也能顺着新闻事业的发展趋势一窥未来的媒介观呢？

1. 何为"媒介素养"

媒介素养，从字面意义上来，"素养"本属于文化学的范畴，"媒介"则处于新闻传播学的范畴，因此它本来就是学科交叉融合的产物。

美国媒介素养研究机构曾对传媒素养下过定义："媒介素养是一种能力，用这种能力来接触、分析和评价大众媒介中所传递的诸多复杂信息。"美国著名传媒素养研究者詹姆斯·波特在其1995年出版的著作《媒介素养》一书中则认为媒介素养是一种观察方法，即置身于媒介中时，为了解读所遇到的信息时主动采用的一种方法。

英国传媒教育专家大卫·布金汉姆在其 2003 年出版的著作《媒介教育》一书中提到："媒介素养是指使用和解读媒介信息所需要的知识、技巧和能力。"

此外，美国学者比尔·沃什从传统"读写能力"的角度来诠释媒介素养，把它看作大众生活的组成部分，作为生活中必备的能力，他提出"媒介素养是对读写能力的扩大或延伸，而不是替代。"

在国内，复旦大学的博士张志安、沈国麟写道认为："媒介素养使指人们对各种媒介信息的解读和批判能力以及使用媒介信息为个人生活、社会发展所用的能力。"上海交通大学媒体与设计学院的陈先元认为："传媒素养，是指受众对于传媒及传媒信息的认知、解读、评判及接受的基本素质和实际能力。"

因此，综合上述媒介素养的界定上看它包括四种技能：即接触信息、分析信息、评价信息、制作信息，具体细分又可以分成两个部分：解构信息（接触、分析和评价）和建构信息（创制或传播信息）。那么，50 年后的媒介素养又将会是怎样的呢？

2. 未来新闻传播活动初想

要看未来媒介素养的变化，首先要预见未来的新闻活动的情况。一方面，50 年后，多种新媒体并存，将取代传统媒介成为信息发布的主要平台，传播主体不再仅掌握在少数人手中，传播权力，信息的话语权也被分散到了普通个人手中，人们可以根据自己对信息的解码自由发表言论。而公众不再只是信息的接受者与使用者，实实在在地成了信息的生产者与传播者。

公众能之所以成为信息的生产者与传播者，新闻传播的双向沟通和去中心化不可逆转，在 Web2.0 的时代，传播权与话语权进一步被分散，公众在接受信息的同时又制造和传播了信息。那么可以想见到了 Web3.0、Web4.0 甚至是 WebN.0 的时代，公众必然成为制造和传播新闻的主体。

另一方面，随着社会经济的发展，教育水平的不断提高，公众的科学文化素质得到大幅提升，特别是过去由于缺乏网络使用规范与新闻传播素养造成的网络暴力、网络水军和虚假新闻等问题将大幅减少甚至消失，伴随而来的将是理性的评论、网络论政、网络破案以及网络慈善等有益于社会的现象。

此外，由于未来社会处于信息大爆炸的状态，信息不可能在被传统媒体所独有，而科学技术的进步，新媒体的不断出现，为广大的公众掌握和发布各种信息创造了条件。

既然公众成为新闻传播的主体,制造传播新闻,那么新闻媒介又将充当什么角色呢?新闻媒介对于公众一直有着自己的优势,虽然随着信息时代到来,之前新闻媒介对信息的垄断或者绝对占有不复存在,但是新闻媒介的新闻专业性是不可忽视的,不仅在现在,对于未来的新闻活动依旧起着议程设置、分析把关以及舆论引导的作用。

那么新闻媒介在未来又如何进行把关和引导呢?虽然公众是新闻发布与传播的主体,但是公众制造与传播的信息是零散的,或者说是初级产品,这样会大量占用社会资源,同时也不符合未来新闻传播活动的要求。所以这时就需要媒体工作者进行议程设置来引导新闻传播方向,并通过专业把关筛选信息,同时还要及时对于有误或者失实的信息及时进行辟谣。

综上,我们可以看出未来新闻活动的分工更加明确:公众是新闻制造与传播的主体,新闻媒介作为专业机构起着把关与引导的作用。

3. 媒介素养的分化

随着公众与新闻媒介在新闻传播活动中的分工趋于明确,媒介素养也同时进行着分化。在传统媒介时代,新闻媒介是制造和传播新闻的主体,而公众处于被动接受的地位,因此对于两者的媒介素养要求是不同的。

一方面,在未来,公众作为制造和传播新闻的主体,那么对于其媒介素养要求的侧重就在于建构信息的能力,而不仅仅是像过去理解信息、学会使用媒介那么简单。中国人民大学教授喻国明说:"人人都可以参与新闻的传播,而不可能人人都具有职业道德,也难保证每个人都受到过新闻专业的严格训练,通过他们所传播的信息,很难说是真正新闻还是无知之见。"

在相关法律政策加强对网络、手机短信等管理监督的同时,公众也要提高自我的艺术与道德境界,使自身了解了传播实质,明了传播意义,知道话语权的重要性,成为真正意义上的媒体人。

另一方面,作为把关人和引导者的新闻媒介,就需要注重分析和评价能力的提高。特别是面对公众提供纷繁复杂的信息时,要理性地辨别信息的真伪,并进行批判性的接受。同时,还要学会如何让使用大众传媒来发展新闻事业,推动新闻传播事业的发展。

最后一句话,未来的媒介素养要求简言之就是美的创造、去伪存真和善的追求。

参考文献

1. 图书著作

[1]郭庆光．传播学教程[M]．北京：中国人民大学出版社，1999．

[2]马歇尔·麦克卢汉．理解媒介：论人的延伸[M]．何道宽译，北京：商务印书馆，2000．

[3]何传启．第六次科技革命的战略机遇[M]．北京：科学出版社，2011．

[4][美]戴维·刘易斯，达瑞恩·布里格．新消费者理念[M]．江林、刘伟萍译，北京：机械工业出版社，2001．

[5]薄琥．媒介社区化聚合[M]．北京：中国传媒大学出版社，2011．

2. 期刊论文

[1]喻国明．民生新闻的未来发展与角色转型[J]．新闻与写作，2010(9)．

[2]夏琼，林忆夏．社交媒体语境下"全民记者"的概念误读[J]．新闻实践，2012(3)．

[3]许鑫．Web2.0时代人人都是记者的理想与现实[J]．新闻爱好者，2008(6)．

[4]蔡雯．人人都是记者，参与式新闻的影响与作用[J]．对外传播，2010(3)．

[5]罗新星．公民新闻，人人都是记者——基于新闻从报道到共享的思考[J]．社会科学评论，2009(3)．

[6]刘锋．互联网与神经学的交叉对比研究[J]．复杂系统与复杂性科学，2010(21)．

[7]王君超．报纸的未来：消亡还是再生？[J]．新闻记者，2009(8)．

[8]刘建强．报纸如何开发分类广告？[J]．青年记者，2006(6)．

[9]刘云丹．论互联网冲击下的电视媒体未来发展战略[J]．中国校外教育，2011(22)．

[10]陈业雷，陈红．新媒体时代受众心理特征变迁[J]．青年记者，2011(3)．

[11]罗泰晔．浅论Web3.0下的信息服务[J]．情报探索，2011(6)．

[12]刘洋．简析Web3.0环境下的图书馆服务工作[J]．图书馆工作与研究，2011(8)．

3. 报纸文章

[1]白春礼．中国科技革命的拂晓[J]．中国科学报，2012-01-01．

[2]韩曙．人口老龄化拖累欧洲经济文汇报[N]．文汇报，2007-07-12．

[3]新京报：2006年境外杂志的生与死[N]．2007-01-09．

[4]长江商报：微博是门户网站的取代者[N]．2011-01-14．

[5]现代快报：人类未来，电脑即人！[N]．2012-03-15．

[6]颜伟杰．未来30年，互联网将会变成啥样？[N]．科技日报，2008-12-26．

后　记

　　美国哥伦比亚大学新闻学院教授约翰·V.帕夫利克在《新闻业与新媒介》中阐述道："21世纪的记者将不再是唯一或甚至经常不是关于新近事实的大量新闻和信息的主要提供者。"2050年的媒体对所有传媒工作者也是巨大的挑战。很多时候，我们追随新一代手机、更便捷的平板电脑，却没有真正思考过未来的媒体是以什么形式来展现和使生活更便捷。我们在日常生活中虽惊奇于每一次新的体验却很少真正对未来的媒体进行探讨，形成一个模型和理论。我们亲身体会到纸媒向数字媒体的飞跃，电视、电脑、smart phone，已经如我们身体的一部分一样不可代替，所以我们更有理由相信科技在未来能给新媒体注入更多的活力。为读者提供一个对未来媒介展望的平台，给读者留下一点灵感和启发，也是创作本书的初始愿望。

　　本书不仅对未来媒体的形式与功能进行了探讨，也更关注未来的媒体观；传统媒体如何在潮流中转身并占有自己的一席之位；新媒体如何发挥更人性化智能化的优势；未来的政府、记者、大众观念应该做何许转换。2050年，正是当下的年轻人在工作岗位上大施拳脚的时候，通过此书，我们对以后工作的媒介环境、理念及技术也算是提前有一个"构想"与更特别的体会吧。

　　这本书得以顺利完成，要特别感谢重庆大学新闻学院2009级广播电视新闻学专业的全体学生。我们在课堂上发起了关于未来媒体生死存亡的热烈讨论，每位学生"天马行空"的想象都成为了本书的精彩内容，同学们对媒体的感悟、对现实的疑惑以及对未来的期盼都给予了本书丰富的营养。

　　这些学生的名单为：陈秋月、孟徽、黄晶、韩宁宁、吴小琳、李璐、杨琼、杜玲玲、郑铃峰、韩子墨、陈蓉、张丹、张欣、张馨元、赵琼萱、尹畅、张冲、葛城城、何春青、张特、熊靖灵、雷杨、廖太平、王攀、刘育龙、熊淡雅、杨秀、薛琳玥、梁高燕、夏景、邓洁、李雪会、吴雪阳、鲁婧、黄艺芹、刘维、刘昕、刘梅、潘家玉、石雯、马丽娜、李婉馨、徐虹圆、王丽洁、杨海燕、金燕、杜静宜、康思嘉、余琴、张旭、喻奉云、李彦博、秦晓强、粟国芮、曾实、薛阳阳、陈玉洁。

　　同时，本书虽在创作过程中下了不少苦工，但难免存在笔误，文中的观点也肯定存有诸多不成熟的地方，敬请专家指正，同仁批评。

　　最后，需要指出的是，本书部分图片来自网络，版权归原作者。原作者见书后可与我方联系，邮箱为 iamyanxf@163.com。